AF232480

LA
CHASSE A L'HOMME

GUERRES D'ALGÉRIE

PAR

LE COMTE D'HÉRISSON

PARIS

PAUL OLLENDORFF, ÉDITEUR

28 *bis*, RUE DE RICHELIEU, 28 *bis*

—

1891

LA

CHASSE A L'HOMME

GUERRES D'ALGÉRIE

DU MÊME AUTEUR :

ÉTUDE SUR LA CHINE CONTEMPORAINE, 1864 (*épuisé*).

L'ESPRIT CHINOIS ET L'ESPRIT EUROPÉEN, 1868 (*épuisé*).

LA RÉFORME DES HUMANITÉS, 1872 (*épuisé*).

DESCRIPTION GÉNÉRALE DE L'ANCIEN BOURBONNAIS, 1875 (*épuisé*).

RELATION D'UNE MISSION ARCHÉOLOGIQUE EN TUNISIE, 1884.

L'EXPÉDITION DE CHINE, d'après la Correspondance confidentielle du général COUSIN DE MONTAUBAN, comte de Palikao. — Ouvrage mis sous séquestre par « Raison d'État », puis acquis par le Ministre de la Guerre, 1883.

JOURNAL D'UN OFFICIER D'ORDONNANCE, 55e édition, 1 vol. gr. in-18 . . . . 3 fr. 50

JOURNAL D'UN INTERPRÈTE EN CHINE, 28e édition, 1 vol. grand in-18 . . . . 3 fr. 50

LE CABINET NOIR. — Louis XVII. — Napoléon. — Marie-Louise. — 19e édition, 1 vol. grand in-18. 3 fr. 50

LA LÉGENDE DE METZ, 20e édit., 1 vol. gr. in-18. 3 fr. 50

AUTOUR D'UNE RÉVOLUTION, 10e édition. 1 vol. grand in-18. . . . . 3 fr. 50.

NOUVEAU JOURNAL D'UN OFFICIER D'ORDONNANCE, 17e édition, 1 vol. grand in-18. . . . . 3 fr. 50

JOURNAL DE LA CAMPAGNE D'ITALIE, 11e édition. 1 vol. grand in-18. . . . . 3 fr. 50

UN DRAME ROYAL, 16e édition, 1 vol. grand in-18. 3 fr. 50

LE PRINCE IMPÉRIAL, 18e édit., 1 vol. gr. in-18. 3 fr. 50

PRÉFACE

Malgré tous les ouvrages qui ont été publiés
sur l'Algérie, une interpellation au Sénat, qui
a pris les proportions d'un véritable événement,
m'a porté à croire que le moment est bien
choisi pour ajouter un nouveau volume à ceux
qu'on a déjà consacrés à notre grande colonie,
volume qui a le mérite de révéler beaucoup
de faits inconnus et dont l'accent de sincérité
n'échappera à personne.

La peine que j'ai prise de le composer témoigne que, pour mon compte, j'ai cru ferme-
ment qu'il devait servir à mon pays.

Le mouvement irrésistible qui entraîne, à
l'heure actuelle, Français, Allemands, Anglais,
Belges et Italiens, vers le continent noir, et dans
lequel se précipitera bientôt forcément l'Espagne,

à la suite des signes de prochaine dissolution dont l'empire du Maroc est menacé par de formidables révoltes, ce mouvement a son point de départ, son idée géniale dans notre magnifique développement sur les plus belles régions du nord de l'Afrique. Il est né autant d'un peu de jalousie que du besoin qu'éprouvent les nations de s'étendre et de s'agrandir, pour créer des déversoirs au trop plein de leurs populations, détourner leurs émigrants de l'Amérique, et détruire la concurrence écrasante que fait celle-ci aux produits de plus en plus restreints de leur sol, au moyen de vastes cultures dans des colonies leur appartenant.

Nous ne pouvons le trouver mauvais, n'ayant point à exhiber le plus petit testament d'Adam qui nous constitue seuls propriétaires ; mais la consolation nous est facile, puisque nous avons certainement la meilleure part à notre porte, et que le Transsaharien, en nous mettant en communication directe avec nos possessions plus lointaines, nous fera co-participants aux avantages des pays que nous ne posséderons pas.

Alger, qui tient Tunis, sera donc la véritable capitale de l'Afrique française, de la Méditerranée au lac Tchad, à l'océan Atlantique et au

Congo. De là rayonnera notre influence, et de là aussi partiront, il ne faut pas se le dissimuler, des troupes expéditionnaires. Le Sahara n'est pas aussi inhabité qu'on le croit généralement, et les Tóuaregs et les Mores peuvent vouloir jouer avec les trains-éclairs.

Nous allons nous heurter, dans les immenses espaces, à des peuplades inconnues, surgissant, comme de sombres apparitions, sur la mer tourmentée des dunes de sable mouvant, et toujours prêtes pour la guerre.

Nous souviendrons-nous que les puits artésiens d'un simple ingénieur dans l'Oued-Rhir ont plus fait pour nous attacher les hommes du Souf que nos généraux, suivis d'interminables colonnes? Ou, reprenant des traditions moins semeuses de progrès et d'idées que de hauts faits d'armes et de bulletins parfois mensongers, commencerons-nous par tuer une partie des gens et ruiner le reste, pour essayer de les civiliser après?

Ce sont ces traditions néfastes, qui ne forent pas de puits, mais ouvrent entre les peuples d'infranchissables abîmes, que j'ai voulu tirer de l'ombre, où elles sommeillent peut-être plus qu'elles n'y sont mortes, pour en montrer les conséquences et plaider la cause du nomade et du sauvage contre l'Européen.

Elles ont éternisé la lutte en Algérie et compromis plus d'une fois la conquête et la colonisation, en mettant toujours le gantelet du soudard là où le gant de l'homme civilisé aurait souvent mieux réussi.

Le gouvernement de l'Algérie va passer dans d'autres mains; quelles seront-elles? Un homme était désigné : M. Étienne, sous-secrétaire d'État aux colonies, mais M. Étienne est député d'Oran, et son choix pourrait lui faire des jaloux, parmi ses collègues même de la représentation algérienne. C'est fâcheux, à mon avis.

J'ai choisi de notre histoire dans ce pays l'époque la moins connue, celle qui a le moins tenté la plume des écrivains. La grande guerre est finie. On ne s'aligne plus face à face; on se traque vingt contre un, on s'assassine, et ce ne sont pas toujours les barbares qui paraissent les plus impitoyables.

Selon mon habitude, j'ai fait appel aux témoignages, j'ai demandé des renseignements aux hommes de bonne foi qui ont été mêlés aux événements de cette période, et ils ne m'ont ménagé ni les documents ni les souvenirs.

Un officier supérieur, aussi modeste qu'instruit, brave soldat et bon patriote, a bien voulu me confier le journal qu'il tenait lorsque, jeune sous-lieutenant, rêvant de combats héroïques, il suivait les chasses à l'homme froidement organisées, et assistait aux pillages à main armée auxquels répondaient le guet-apens et les têtes coupées en trahison. Je donne son récit presque tout entier, sauf les remaniements indispensables, sans autres réticences au sujet de ses appréciations fréquemment très vives, que celles dues aux familles de certains personnages qui, pour eux-mêmes, ne mériteraient pas tant d'égards. .

C'est une des nécessités de l'histoire contemporaine et elle a l'inconvénient grave d'induire en erreur la postérité, en jetant un voile sur bien des tares et les faisant bénéficier de l'absolution du silence ; mais Juvénal ni Pétrone ne sont plus de saison et eux-mêmes n'ont pas tout dit.

J'ai complété ce journal précieux, base de mon travail, avec tout ce qui a été mis à ma disposition de divers côtés. J'y ai joint ce que m'a dit personnellement le général Cousin de Montauban, comte de Palikao, dont j'ai été le secrétaire-interprète, et je crois être parvenu à peindre un tableau fidèle, où je n'ai flatté ni les vaincus ni les vainqueurs, m'efforçant de traiter les uns et les autres avec une égale justice et la même impartialité froide, en ne disant que la vérité, sans passion comme sans faiblesse.

Quelques personnes trouveront peut-être excessif le titre de ce livre. Il y a, en effet, quelque chose à dire contre lui et je vais le dire tout à l'heure, mais l'idée fondamentale de mon travail le comportait et je l'ai maintenu.

« La chasse à l'homme », c'est la guerre des civilisés contre les Peaux-Rouges, qui a préparé les destinées du nouveau monde. La guerre d'Afrique a eu un tout autre caractère. C'était bien une guerre, une vraie guerre, très dure, très laborieuse, très difficile, mais *sui generis*. Le lecteur en jugera. Ce *sui generis*, notre incommensurable vanité s'est refusée à en saisir la mesure. Elle a vu dans les soldats de la guerre d'Afrique les continuateurs de ceux d'Austerlitz et d'Iéna, les précurseurs des futures grandes victoires en Europe, et dans les généraux heureux à cette guerre, des éminents, des illustres, des capitaines d'armée. Ils le crurent de très bonne foi et on a vu le plus insigne vaniteux d'entre eux (qui, de toute sa vie militaire, n'avait commandé que 1900 hommes au combat de l'Oued-Foddah) dire solennellement à la France menacée, sans rire et sans faire rire, « qu'il avait l'habitude de vaincre et l'art de manier les troupes ».

Jusqu'à sa mort il est resté grand capitaine, et sur sa tombe, en termes olympiens, on le lui a dit.

La nation, l'armée, ont vécu dans ce périlleux mirage jusqu'en 1870, convaincus que le principe algérien du « débrouillez-vous », qui suffisait devant les Arabes, suffirait partout. Nos victoires de 1859, en Italie, l'affirmaient surabondamment, autre mirage pire encore que le premier, car il nous confirma définitivement dans l'abandon des études attentives, des comparaisons qui éclairent, des persévérants efforts qui créent pendant les longues paix le progrès des armes et préparent les succès des guerres à venir.

Voilà pourquoi la continuité et la diversité de nos guerres ont beaucoup moins bien servi notre état militaire, que soixante ans de paix merveilleusement employés n'ont servi l'état militaire prussien.

Au surplus, la question très intéressante de

l'influence qui fut loin d'être unique, mais qui
fut, je pense, principale, de nos traditions militaires algériennes sur les événements de 1870,
ne peut être ainsi traitée en quelques lignes ni
même en beaucoup de lignes; mais j'ai cru de
mon devoir de la signaler.

COMTE D'HÉRISSON.

Je reproduis sur la couverture de ce volume un dessin original fait par Horace Vernet et qui mérite que je
lui consacre quelques lignes.

Un soir, après dîner chez mon père, le Maître, à la
suite d'une conversation sur l'Algérie, trempa sa ciga-
rette dans l'encrier, en guise d'estompe, et s'en servit
pour esquisser, avec quelques traits de plume, la tête
d'un des khalifas d'Abd-el-Kader, qui l'avait particulièrement frappé.

LA
CHASSE A L'HOMME

CHAPITRE PREMIER

Départ de France. — Désaccord administratif. — Séjour à
Oran et à Alger. — Rentrée en France : Avignon. — Réveil
de l'émir. — Le guet-apens de Sidi-bel-Abbès. — Fanatisme de la patrie et de la religion. — Ab-el-Kader envahit
la province d'Oran.

Sorti de Saint-Cyr à dix-neuf ans et sept mois,
j'étais, selon l'usage, en congé dans ma famille,
en attendant ma lettre de service et mon ordre de
départ, lorsqu'un beau matin un gendarme en
grande tenue vint m'apporter l'une et l'autre.

Le duc de Dalmatie me nommait sous-lieutenant
au 6e léger et me prescrivait de rejoindre tout de
suite mon régiment à *Ténez*. J'étais prêt et, naturellement, enchanté.

En Afrique, depuis le mois d'avril 1841, — nous
étions à la fin d'octobre 1844, — le 6e régiment

d'infanterie légère avait fait parler de lui dans les expéditions de Takedempt, de Mascara, contre les Cheleg et les Beni-Issard, fractions des Flittas, de l'Ouarensenis et sur l'Oued-el-Hammam. Sa réputation me l'avait fait mettre en tête des trois corps que j'avais eu à désigner, avant ma sortie définitive de l'École, comme étant ceux de mon choix. Le succès, ce qui n'arrive pas toujours, avait répondu à mon classement.

J'allais servir sous les ordres du brave colonel Renault, surnommé l'Arrière-Garde !

Je courus à Toulon, aussi vite que me le permirent les Messageries, et, le 7 novembre 1844, je mis le pied à bord de la *Perdrix*, vieux bâtiment à voiles qui, peut-être depuis la prise d'Alger, transformé tant bien que mal en transport, faisait consciencieusement la navette entre Toulon et Oran. Car je n'allais plus à Ténez, malgré l'ordre impératif du maréchal Soult. M. le Sous-Intendant chargé des passages avait changé ma destination.

Empoignée par des vents d'est et d'ouest à sa sortie de la rade, la *Perdrix* me promena de Toulon à Barcelone, de Barcelone à Port-Mahon, de Port-Mahon aux îles d'Hyères, courut, au gré du vent, quantité de bordées, de manière à me faire voir tantôt les côtes d'Algérie, tantôt les pics pointus des sierras espagnoles et, enfin, le 26 novembre au soir, le vingt et unième jour de la traversée, parvint à jeter l'ancre dans le port d'Oran, Mers-el-Kebir.

Le 27, à dix heures du matin, je débarquai avec mon modeste bagage et foulai pour la première fois la terre algérienne.

Le soir, j'offris un punch formidable à tous les officiers, présents à Oran, du 6ᵉ léger, à mes camarades de traversée sur la *Perdrix* et aux officiers du bord, et je continuai le lendemain mes largesses par un brillant déjeuner. J'étais aux anges. Je voyais l'avenir à travers le prisme de mes vingt ans. Je ne me doutais pas qu'une nuée grosse d'orage se formait au-dessus de ma tête et qu'elle allait brusquement réduire à zéro mes décevantes illusions.

Le colonel du 6ᵉ léger, auquel je m'étais empressé de faire ma première mais courte visite officielle, m'appela chez lui un beau matin.

Il avait alors à peu près trente-sept ans et était déjà commandeur de la Légion d'honneur. Petit, sec, noir, nerveux, il avait guerroyé en Afrique, en Espagne contre les carlistes, et de nouveau en Algérie. Au mois de juillet de l'année précédente, il avait été blessé en quittant la vallée de l'Oued-el-Hardjem, dans une vive attaque de l'arrière-garde de la colonne dont il faisait partie par les Arabes. Du reste, ses grades se comptaient par ses blessures et par ses citations à l'ordre de l'armée.

Il était l'orgueil de son magnifique régiment, qui lui devait presque tout son prestige.

Il me tint à peu près ce langage :

— Je n'ai pas voulu troubler la joie de votre arrivée au milieu de nous. Sorti moi-même de Saint-Cyr, je suis heureux de voir s'augmenter autour de moi le nombre des élèves de l'École. Néanmoins, j'ai été fort surpris de votre débarquement. Des instructions ministérielles, dont vous n'avez pas eu sans doute connaissance, prescrivent de laisser aux dépôts, pendant six mois, dans l'intérêt de leur instruction et même de leur santé, les élèves nouveaux promus dans les régiments d'Afrique. Le major du 6e léger à Avignon, et l'Intendance de Toulon, à son défaut, aurait dû modifier votre feuille de route et suspendre votre embarquement.

Je répondis que je ne m'étais pas arrêté à Avignon, mon ordre de service me donnant Ténez comme destination, et qu'à Toulon, le sous-intendant chargé des passagers, loin de m'arrêter, avait substitué Oran à Ténez comme point d'arrivée. Je terminai en priant le colonel de me laisser en Afrique, où il y avait des vacances, puisque j'étais là présent, rempli de santé et de bon vouloir.

Il tint bon. Il me dit qu'il ne pouvait aller contre les ordres du ministre; que mon séjour en France serait probablement de courte durée, mais que son devoir, malgré mon désir bien légitime, était d'obéir

aux prescriptions; et qu'il fallait, en conséquence, me tenir prêt à partir par le prochain
courrier d'Alger.

On m'avait prévenu du caractère entier et domi-
nateur du colonel. Insister davantage eût été inutile, nuisible peut-être. Je m'inclinai, lui fis mes
adieux séance tenante, et le quittai les larmes aux
yeux.

La douleur peinte sur tous mes traits le frappa.
Il me rappela et me dit :

— Restez encore quelques jours au milieu de
nous. Faites connaissance avec vos camarades,
avec vos chefs. Au lieu du premier courrier, vous
prendrez le second, c'est-à-dire dans huit jours.
Soyez sûr que votre départ est tout à fait indépendant de ma volonté et contraire à mes désirs.

Et voilà comment, venu en Algérie par ordre du
ministre de la guerre, je fus obligé de la quitter en
toute hâte, en vertu d'un ordre du même, qui lui
interdisait formellement de m'y envoyer. Les con-
tribuables étaient là pour mettre l'accord, en payant
les frais de l'un et de l'autre.

Je remerciai vivement le colonel de sa complaisance. Un mot de son discours m'avait surtout
frappé, malgré mon chagrin : c'était Alger. Je pris
mon parti de ma mésaventure et ne songeai plus
qu'au plaisir de voir bientôt la ville des deys, des
pirates, de Bourmont et du maréchal Bugeaud.

Plus tard, l'expérience m'étant venue, j'ai su que
le colonel aurait parfaitement pu me maintenir à
Oran; mais il lui aurait fallu pour cela provoquer
les ordres du général de la Moricière[1]. Or, le colonel Renault demandait beaucoup pour lui, peu
pour les autres. De plus, peut-être était-il de bonne
foi en obéissant à l'ordre-contre-ordre du ministre.
Peut-être s'intéressait-il sérieusement à ma jeu-

1. J'écris *De la Moricière* en trois mots, malgré les nombreux changements d'orthographe qu'a subis ce nom, possédant des pièces ainsi signées par de la Moricière, général, et
de la Moricière, ministre de la guerre.

Voici, du reste, comme témoignage, un document qui édi-
fiera le lecteur sur la vraie signature de La Moricière et sur
ses sentiments *discutables* à l'égard de la couleur et de l'exhibition des drapeaux.

MINISTÈRE
DE LA GUERRE
—
Direction
du personnel et des
opérations
militaires.
—
Bureau
des opérations
militaires et de la
correspondance
générale.

RÉPUBLIQUE FRANÇAISE

LIBERTÉ, ÉGALITÉ, FRATERNITÉ

———

Réponse au Rapport n° **98** *de la* **6**° *division
militaire.*

———

Paris, le 14 décembre 1848.

R. 17.

Le Ministre a reçu le Rapport de la **6**° division militaire, n° **98**.
C'est au préfet à apprécier les circonstances et à requérir l'action
des troupes, s'il le juge nécessaire. L'exhibition d'un drapeau, quel
qu'il soit, n'est un délit que suivant les idées qu'on y attache. Cette
appréciation ne peut appartenir à l'autorité militaire, cela pourrait
donner lieu à de regrettables méprises.

Le Ministre de la guerre,

DE LA MORICIÈRE.

Au Général commandant la **6**° *division militaire, à Lyon.*

nesse d'apparence peu vigoureuse. Peut-être encore avait-il à caser quelques sous-lieutenants auxquels il devait porter plus d'affection qu'à un nouvel échappé de l'École. Peut-être était-ce tout cela à la fois, ennui des démarches, intérêt pour moi, affection pour d'autres.

Mon séjour à Oran se prolongea jusqu'au 7 décembre, jour où je montai sur le *Ténare*, qui me conduisit à Alger par un temps superbe.

Du 9 au 31, pendant vingt belles journées, j'employai bien les loisirs que me fit l'intendance et ne laissai pas inexploré un coin de la capitale de l'Algérie. Il fallut la quitter et retraverser la Méditerranée. La frégate à voiles l'*Égérie*, poussée par des vents propices, me débarque à Toulon, le 7 janvier 1845, deux mois après mon départ de France, et, le 9, à dix heures du soir, j'étais à Avignon, où j'avoue que j'attendis, sans me trouver par trop malheureux, l'expiration des six mois que m'avait fixés le colonel Renault comme stage hygiénique et instructif.

Cependant, lorsque les six mois furent au nombre de sept, et que je me vis au milieu du huitième, le Palais des Papes commença à me paraître assez monotone, et je ne goûtai plus que médiocrement les pèlerinages à la fontaine de Vaucluse.

Mais de sinistres nouvelles nous arrivèrent bientôt de la province d'Oran et, le 29 octobre 1845, nous reçûmes à cinq heures du matin, pour les trois dernières compagnies des trois bataillons d'Algérie, l'ordre de quitter Avignon.

Voici quels étaient les événements qui me ramenaient en Afrique, avec la certitude de ne plus m'y heurter à un contre-ordre ministériel, faisant échec à un ordre de même provenance.

Grâce au système de la paix à tout prix adopté par M. Guizot, la bataille d'Isly et les succès maritimes de Tanger et de Mogador n'eurent point les conséquences qu'on était en droit d'en attendre, et la convention signée avec l'empereur du Maroc Abd-er-Rahman par des plénipotentiaires français, porteurs d'instructions secrètes approuvées, paraît-il, par l'Angleterre, ne nous avait assuré ni avantages pour le présent, ni garanties pour l'avenir. Abd-el-Kader, il est vrai, devait être expulsé du territoire marocain, mais cet article fut éludé immédiatement par le shérif.

L'émir y aida de tout son pouvoir en ne faisant plus parler de lui pendant quelques mois, et nos généraux se figuraient déjà qu'il avait renoncé à la lutte ou qu'il était réduit à l'impuissance. C'était une erreur. Jamais il n'avait été plus redoutable. Jusqu'alors c'était surtout comme représentant de la nationalité arabe qu'il nous avait combattus, et le patriotisme avait été son arme principale. Désormais il fit appel aux passions religieuses, et prêcha

uniquement la guerre sainte. On le supposait oisif
et indifférent : en réalité, ses émissaires allaient et
venaient, recrutaient des adhérents parmi les sectes
fanatiques et encore peu connues qui s'agitent dans
les bas-fonds de l'islamisme, et préparaient la grande
insurrection, qui faillit, une fois encore, compromettre les résultats acquis.

Ce mouvement s'était annoncé par le guet-apens
de Sidi-bel-Abbès. Le 30 janvier 1845 — pendant
que je m'organisais pour vivre de mon mieux à
Avignon — cinquante-huit Arabes, précédés de
femmes et d'enfants faisant des tours et chantant
des chants sauvages, se présentèrent devant la redoute de cette petite ville, dont ils approvisionnaient
habituellement le marché, et cherchèrent à pénétrer à l'intérieur. Le factionnaire, selon sa consigne,
voulut s'y opposer; mais le chef de la redoute, voyant
cette troupe d'apparence joyeuse et inoffensive,
crut qu'elle allait en pèlerinage à la mosquée et
que la curiosité seule lui inspirait le désir de visiter un établissement nouveau pour elle, et l'admit
sans hésitation. Femmes et enfants redoublant alors
leurs chants et leurs tours, les soldats quittèrent
leurs jeux de cartes pour former le cercle autour
d'eux et contempler leur adresse. Mais, à un signal
donné par un Arabe qui s'était précipité sur le factionnaire de l'entrée et l'avait jeté à terre d'un
coup de bâton, les autres sortirent de dessous leurs

1.

bournous des pistolets et des fusils et firent feu à
bout portant sur ceux qui les entouraient. Nos
hommes coururent aux faisceaux d'armes et pas un
des misérables qui avaient pénétré dans la redoute
n'en sortit vivant. Nous n'en avions pas moins
vingt-six blessés, dont trois officiers, et huit tués.
On sut plus tard que ces gens appartenaient à la
secte des Derkaouas, qui croient avoir mérité le
ciel quand ils ont assassiné un infidèle. Le chef de
leur tribu, marabout, leur avait persuadé qu'il les
introduirait dans la redoute, les rendrait invisibles
aux Français et que, par suite, les balles de ceux-
ci ne pourraient les atteindre. Il avait été la première victime de son fanatisme.

A la suite de cette tentative, de sanglantes insurrections avaient éclaté à la fois sur tous les
points de l'Algérie. Bou-Maza s'était annoncé
comme le prophète promis par le Koran pour la
délivrer, et on l'avait cru sur parole. Ses succès
avaient été tels que partout s'étaient levés d'autres
Bou-Maza, à tel point que nos généraux ne savaient
plus s'il en existait réellement un véritable et prenaient ce nom pour un titre.

Le sang avait coulé à flots dans cette lutte où nos
soldats avaient fini par adopter l'abominable usage
de leurs adversaires, qui coupaient la tête aux cadavres tombés entre leurs mains, et recevaient de
leurs chefs le prix de ces hideux trophées. J'ai en-

tendu raconter par un officier des plus brillants de l'armée d'Afrique, qu'il avait déjeuné souvent avec son général, sans songer qu'on avait jeté dans un coin de sa tente plusieurs sacs remplis de têtes coupées. « On s'habitue à tout, ajoutait-il, et nous n'y pensions plus. »

Il n'y avait pas, d'ailleurs, à se le dissimuler : on se battait contre une nation tout entière, animée par le double fanatisme de la patrie et de la religion. La guerre en acquérait un caractère plus violent et plus sombre, et donnait lieu à des répressions atroces, commandées peut-être par la nécessité, mais que répudient le droit des gens et l'honneur d'une grande nation. Nos soldats glissaient peu à peu sur la pente insensible qui ramène si vite l'homme civilisé à l'état barbare. Ils tuaient sans pitié, ils frappaient sans nécessité, ils mutilaient pour châtier.

Un des épisodes les plus affreusement célèbres de cette impitoyable répression avait été celui des grottes du Dahra où, de la puissante et nombreuse tribu des Oulad-Riad, une quarantaine d'individus survécurent seuls à l'incendie.

Le vengeur de ces malheureux n'était pas loin, et aux fagots enflammés du colonel Pélissier allait répondre le plus cruel événement de nos guerres africaines : le massacre de Sidi-Brahim, et une douloureuse humiliation : la capture de deux cents Français à Aïn-Témouchent.

Le Maroc avait laissé l'émir se refaire, se remonter, s'organiser, et lui avait procuré toutes les ressources possibles. Au commencement de mai 1845,
il partit de la Malouïa dans la nuit avec cinq ou
six cents cavaliers parfaitement montés et armés,
et se dirigea vers le sud pour, de là, gagner l'est
de la province d'Oran, en laissant sa daïra sous le
commandement de son frère El-Hadj-Mustapha,
avec douze cents fantassins réguliers.

Quelques jours après, il faisait plusieurs *ghazias*
— d'où notre mot *razzia* — du côté de Mascara et
venait couper des têtes aux environs d'Oran. Tous
ses khalifas l'accompagnaient.

Le général de la Moricière, lancé à sa poursuite,
le battait près de Sidi-bel-Abbès. Cela ne l'empêchait pas de faire une ghazia sur les Djaffras et de
leur prendre beaucoup de chameaux et de moutons
que le fameux Bou-Hamedi, l'ancien khalifa de la
province de Tlemcen, dirigeait sur la daïra.

Presque aussitôt on apprenait qu'il venait de
razzier les tribus du désert, entre autres les Hamians, et qu'il avait fait vendre sur le marché d'Oudjda la majeure partie des chameaux pris dans
cette affaire, afin d'acheter des chevaux pour monter le plus possible de ses fantassins.

Le général Cavaignac avait été prévenu du mouvement et de la ghazia d'Abd-el-Kader et il s'était
porté de ce côté, comptant empêcher la rentrée à

la daïra de cette prise; mais, comme certain marquis, il était arrivé beaucoup trop tard, et l'émir, ravitaillé, grandi malgré son échec devant La Moricière, rentrait mettre son butin à l'abri dans sa daïra, toujours immobile sur les bords de la Malouïa, entre le pays des Kïlaias et celui des Kabdanas à vingt-cinq lieues de Djemmaa-Ghazaouet (*réunion des voleurs*), nom que nous avons remplacé par celui de Nemours.

Ses ressources et sa famille en sûreté, rien ne gênait plus les manœuvres d'Abd-el-Kader. Il allait nous en donner une sanglante preuve.

Au mois de septembre, après le Ramadan, il s'apprêta de nouveau à envahir notre frontière, à la tête d'une armée que la complicité des Marocains lui avait permis de réunir.

CHAPITRE II

Le kaïd des Souhalia, Mohammed-Trari, qui avait acquis des droits à la confiance du commandant supérieur de Djemmaa-Ghazaouet par ses anciens services, fut le principal agent du complot ourdi contre les Français.

Ce commandant supérieur était Lucien-François de Montagnac, lieutenant-colonel au 15° léger.

Nature ardente et audacieuse, cherchant à dominer les autres par la puissance du caractère, le colonel de Montagnac, depuis un an commandant du cercle, était un homme trempé comme Pélissier, dont il avait fort applaudi les *enfumades*, et il guettait Abd-el-Kader, ne désirant qu'une chose, que le *sanglier* débuchât de son côté et voulût bien lui sauter dessus.

Redouté et haï des indigènes qu'il considérait comme des bêtes fauves avec lesquelles il fallait employer d'autres moyens que les *moyens sentimentaux*, il avait fait ce rêve, auquel il revenait tous les jours :

« L'Afrique nous appartient aujourd'hui, nous pouvons la sillonner en tous sens. — Mais toutes les populations, soumises en apparence, ont besoin d'être maintenues, dans le cas où elles auraient la velléité de bouger; d'être protégées, dans le cas où elles sont fidèles, et d'être châtiées, si elles se révoltent où ne veulent pas accepter nos conditions.

« Il faudrait un corps spécial pour atteindre ces différents buts, un corps de dix-huit cents à deux mille hommes, faits de volontaires, de jeunes gens aventureux, n'ayant d'autre pensée, d'autre avenir en partage que la mort, ayant un costume fantastique en rapport avec leur mission. »

Le colonel de Montagnac avait dessiné avec soin cet uniforme. Il se composait d'une veste et d'un gilet ressemblant un peu à ceux des spahis; d'une culotte courte, avec des guêtres en treillis de toile, montant au-dessus du genou ; d'un petit shako en feutre clair, de forme très légère, dans le genre du *ross* des Espagnols, mais avec une seconde visière derrière, pour protéger la nuque. Cartouchière, sabre et baïonnette à la ceinture. Comme couleur, à peu près celle des zouaves pontificaux.

« Ce corps, destiné à tenir continuellement la campagne, ne rentrerait dans la ville que deux fois par an, pour y prendre les choses de première nécessité, vivant par conséquent sur les tribus, battant, tuant les uns, protégeant les autres, se portant dans toutes les directions où il y a un ennemi à combattre... Ce serait un *corps franc* commandé par un homme à qui on laisserait toute latitude. Cet homme ?... Ce serait... *Moi*. Eh bien ! dans deux ans, je vous promets qu'il ne resterait pas un Arabe ayant la plus légère velléité de lever le nez, à cent lieues à la ronde.

« Que le gouvernement ait assez de confiance en moi pour me confier ce corps comme je le comprends, tel que j'en ai établi les bases, et il verra s'il n'y a pas, pour lui, économie d'hommes et d'argent, si la plus parfaite sécurité ne régnera pas partout, et si les troupes qu'on est obligé de lancer dans toutes les directions — en pure perte souvent — ne rendraient pas plus de services en protégeant, dans les zones déjà complètement pacifiées, les individus qui viendraient s'y établir pour coloniser le pays. »

Si Abd-el-Kader était jamais tombé entre les mains d'un pareil homme, la France aurait économisé une grosse pension.

« Je sacrifierais, sans sourciller, dix mille ennemis, disait-il, pour sauver un de mes soldats. »

Au mois de mars 1843, dans les montagnes
d'Edough, province de Constantine, Si-Zerdout,
pris par lui, avait été fusillé immédiatement; il lui
avait fait couper la tête et le poignet gauche et
était rentré à son camp, la tête piquée au bout
d'une baïonnette et le poignet accroché à la baguette d'un fusil. Et, depuis qu'il commandait à
Djemmaa-Ghazaouet, il n'avait pas eu recours à ces
stupidités que nous appelons nos lois et nos tribunaux pour placer au-dessus d'un poteau la tête de
l'assassin du sous-lieutenant Duchochoir, du 32ᵉ de
ligne, l'un de mes co-passagers de la *Perdrix*, ce
qui lui avait attiré de violents reproches de la part
du général Cavaignac.

L'ardeur qu'il mettait à souhaiter que l'émir
attaquât la province d'Oran, en commençant par
le poste qu'il gardait, poste d'une extrême importance pour les ravitaillements par mer pendant la
belle saison, semblait l'inspiration d'une fatalité
mystérieuse chez un soldat qui se rendait si bien
compte de la situation de nos affaires en Afrique à
cette époque, des rivalités qui paralysaient toutes
les opérations, du nombre dérisoire et du peu de
qualité de nos troupes.

Nos affaires d'Afrique sont loin d'aller bien, écrivait-
il le 31 mai 1845; notre armée est disséminée sur tous
les points et nous ne pouvons faire face partout avec nos
squelettes de régiments. Nos plus forts bataillons n'ont

pas quatre cents hommes. Lorsque nous perdons des effectifs de cinq cents hommes, on nous en envoie deux cents pour les remplacer, et deux cents quoi? Deux cents soupes au lait et au fromage, qui ont la morve au nez et la peur dans le ventre !

Un grand gueux de Kabyle me demandait dernièrement ce que ces enfants-là mangeaient en France, pour être si blancs.

Et le 22 juillet, deux mois jour pour jour avant la catastrophe :

Jusqu'à présent, l'Afrique n'a été qu'une ferme exploitée par chacun dans un intérêt particulier; les uns s'y sont enrichis, les autres engraissés, ceux-ci s'y sont dorés sur toutes les coutures, ceux-là s'y sont empanachés de toutes les couleurs; mais au milieu de tout cela, pas un système nettement arrêté pour le bien général. — C'est à qui braillera dans les journaux, à qui renversera ce que son voisin veut faire; pas d'ensemble, par conséquent pas de force; une vénalité dans toutes nos opérations dont nos ennemis s'aperçoivent et profitent, et qui mine la confiance de nos alliés.

Tiraillements partout. — Nos généraux ne s'entendent pas.

A la fin de l'été les effectifs des corps étaient peu considérables, à cause de la libération et des maladies qui sévissent principalement à cette époque. Le général de la Moricière avait quitté la province d'Oran pour aller prendre, à Alger, le gouvernement général par intérim, en l'absence du maréchal Bugeaud.

. Abd-el-Kader, qui était à la piste de toutes les nouvelles, quitta le camp qu'il occupait sur la rive gauche de la Malouïa et concentra ses forces à Aïn-Aghbal, en face et à quelques kilomètres seulement de l'Oued-Kiss, sur les derniers contre-forts du pâté montagneux des Béni-Snassen.

Dès que ces dispositions furent prises, Mohammed-Trari informa perfidement le colonel de Montagnac qu'Abd-el-Kader venait razzier les Souhalia et les Djebala, et lui demanda un secours immédiat.

Le 10 septembre, le colonel, emmenant avec lui le chef d'escadrons Courby de Cognord et le capitaine de Saint-Alphonse, fit une reconnaissance du côté de Sidi-Brahim, à la tête de soixante hussards.

Le pays paraissait calme.

Cependant les chefs des tribus alliées faisaient savoir au commandant supérieur qu'elles étaient de plus en plus menacées par l'émir, lequel avait traversé l'Oued-Kiss, et imploraient notre secours avec instance.

Le colonel de Montagnac, après avoir exposé la situation au général Cavaignac et lui avoir demandé des troupes que celui-ci ne put pas ou ne jugea pas nécessaire de lui envoyer, reçut *l'ordre de faire son devoir*.

Le général avouait plus tard que cette affaire était le remords de sa vie. Cet aveu rend plus que

suspect un autre récit d'après lequel Cavaignac,
entrant chez les Traras, aurait appelé à lui toutes
les troupes disponibles, et que cet ordre n'étant pas
parvenu au colonel de Montagnac, celui-ci se serait précipité au-devant d'Abd-el-Kader, sans s'assurer d'aucune coopération, ni douter du succès,
par suite de la confiance qu'il avait en lui-même
et plus encore du mépris qu'il faisait des Arabes
comme combattants.

Pour le commandant supérieur du cercle de
Djemmaa-Ghazaouet, faire son devoir, c'était prévenir un soulèvement. Combinant donc son expédition avec la colonne du lieutenant-colonel de Barral, partie de Lalla-Maghrnia, il sortit de Djemmaa,
le 22 septembre à une heure du matin, emmenant
quatre compagnies du 3ᵉ bataillon de chasseurs
d'Orléans, formant trois cent cinquante-cinq soldats et neuf officiers, sous les ordres du chef de bataillon Froment-Coste; soixante-six cavaliers et
trois officiers du 2ᵉ régiment de hussards, commandés par le chef d'escadrons Courby de Cognord;
un médecin, un interprète, deux soldats du train,
un du 15ᵉ léger.

Il emportait trois jours de vivres et laissait le
commandement du camp au capitaine du génie
Coffyn, qui avait l'ordre de se maintenir en communication avec lui. Chaque homme avait reçu soixante
cartouches.

A la pointe du jour, il faisait le café à quinze kilomètres de Djemmaa, au lieu dit Si-el-Hadj-Abdal-
lah, un peu en avant de Zaouïet-el-Mira, où il fut
rejoint par Mohammed-Trari. Ce traître eut alors
avec le chef de la colonne française un entretien
particulier qui eut pour résultat de lui faire opérer
une marche rétrograde jusqu'à Sidi-bou-Rahhal,
dans la direction probable où devait déboucher
l'ennemi.

La colonne établit son camp à proximité de l'Oued-
Tiouly; mais, ayant aperçu des éclaireurs qui l'observaient des hauteurs voisines, elle plia bagage à
l'approche de la nuit pour aller dresser ses tentes
à Es-Slalou, à deux kilomètres au sud du marabout
de Sidi-Brahim.

Le colonel, en informant le capitaine Coffyn de
l'endroit où il était campé, lui disait d'envoyer tout
ce que le colonel de Barral lui demandait. Preuve
évidente que les deux petites colonnes étaient en
communication par Djemmaa.

Bien mieux, il écrivait ensuite directement à son
collègue, lequel se trouvait à quatre ou cinq lieues
dans la direction du sud, avec deux bataillons, un
escadron de cavalerie et une section d'artillerie, en
tout sept cents hommes, pour le prévenir que l'é-
mir, qui avait passé la frontière, était en sa présence — il avait déjà échangé quelques coups de
fusil avec des goums considérables, composés de

gens du Maroc, — que le lendemain, 23, à sept heures du matin, il commencerait l'attaque.

La nuit du 22 au 23 se passa sans combat. Dès l'aube, le colonel de Montagnac vit reparaître les vedettes ennemies qui l'observaient du haut du plateau de Karn-Amsel, dont il n'était séparé que par un ravin.

Pensant que le colonel de Barral ne pouvait être loin, puisque lui, à sa place, serait déjà arrivé; qu'au bruit de la fusillade, le commandant de Djemmaa — capitaine Coffyn — viendrait opérer sa jonction; qu'une colonne de douze à treize cents Français renfermant la combinaison des trois armes — infanterie, cavalerie, artillerie — devait vaincre les Arabes si nombreux qu'ils fussent, il prit le parti d'engager l'action. Il faut dire aussi qu'il comptait sur les tribus alliées, surtout sur les Souhalia.

Le commandant Froment-Coste fut laissé à la garde du camp avec deux compagnies; le reste de la colonne en sortit à six heures et demie du matin. En tête marchaient le colonel de Montagnac et le chef d'escadrons Courby de Cognord, suivis des hussards en selle nue.

Ils longeaient le ravin sur le bord duquel le camp était établi. Les cavaliers, à pied, conduisaient leurs chevaux par la bride. La colonne marcha pendant une heure, masquée par des crêtes et des plis de terrain, si fréquents dans cette région tourmentée.

Ces précautions adoptées pour cacher la direction prise aux partis ennemis n'eurent pas d'effet.

L'avant-garde aperçut des goums de cavaliers qui, à son approche, se replièrent.

Le colonel, voulant atteindre ces cavaliers, fit monter précipitamment les hussards à cheval pour les poursuivre; l'infanterie fut promptement distancée, et les hussards se trouvèrent en présence de deux cents cavaliers qui s'étaient abrités derrière un pli de terrain et auxquels vinrent se rallier les fuyards.

Le commandant de Cognord échelonna alors ses peletons; le front d'attaque se couvrit de tirailleurs qui échangeaient des coups de feu avec les plus avancés de l'ennemi.

A peine l'action était-elle commencée que des partis considérables d'Arabes vinrent s'y mêler; les tirailleurs furent insuffisants; il fallut recourir à la charge pour arrêter l'ardeur de l'ennemi, dans les rangs duquel combattaient nos alliés de la veille, ceux qui nous avaient demandé avec tant d'instance de les protéger contre l'émir!

Le colonel plaça M. Courby de Cognord à la tête de la 2ᵉ division, se mit en avant de la 1ʳᵉ, et fit des charges successives qui dégagèrent le terrain.

Après ce premier effort, les pertes étaient déjà irréparables : le capitaine Gentil de Saint-Alphonse était frappé mortellement à la tête ; le lieutenant Klein, couvert de blessures, venait de mettre pied à terre pour apaiser ses cuisantes douleurs et rendait le dernier soupir sur un rocher arrosé de son sang.

Le colonel de Montagnac, atteint d'un coup de feu dans le bas-ventre, se soutenait héroïquement à cheval, pour commander ses hussards jusqu'au dernier soupir. Une main sur sa blessure, d'où le sang jaillissait, il manœuvrait son cheval avec ses jambes et de l'autre main frappait du sabre.

Le cheval du commandant de Cognord avait été tué et les hussards allaient être privés de leur chef, lorsque le brave Louis Testard mit pied à terre pour lui donner le sien, ce qui permit au commandant de se reporter à la tête de sa division pour la ramener au combat. Au même instant Testard fut entouré et fait prisonnier.

L'ennemi cédait néanmoins le terrain, lorsque Abd-el-Kader intervint lui-même à la tête d'une multitude d'Arabes à cheval, formée des goums du Maroc et de Kabyles composant une masse d'au moins six mille hommes.

Sa présence était signalée par le drapeau blanc qui se tenait à ses côtés dans les jours de poudre. Il lança en avant de lui un corps nombreux de cavaliers pour soutenir ce qui n'était que son avant-garde.

Le combat devint acharné, les hussards perdaient insensiblement la position qu'ils avaient conquise.

Enfin, ils peuvent gagner un mamelon sur lequel il sera possible d'attendre l'infanterie, qui ne peut tarder à paraître... Elle arrive en effet ; déjà le colonel reprend l'offensive ; le capitaine de Chargère reçoit l'ordre de s'emparer, sur la gauche, d'un mouvement de terrain par lequel on pourrait être tourné. Une section, commandée par le sous-lieutenant Larrazet, est désignée pour cette mission. En un instant elle est foulée aux pieds des chevaux et anéantie ; son chef, frappé de coups de sabre à la tête, reste évanoui au milieu des cadavres de ses soldats.

Le colonel de Montagnac espérait néanmoins encore reconquérir, au moyen de l'infanterie, la fortune qui l'abandonnait, car les Arabes à pied fuyaient déjà pêle-mêle la baïonnette dans les reins ; il allait recueillir les avantages de cette attaque, lorsque l'émir descendit de la montagne sur laquelle il se tenait et s'engagea avec la partie de ses forces qui n'avait pas donné.

Le choc est terrible. Le combat devient affreux par l'inégalité qui y préside. Cavaliers, fantassins, Arabes, Kabyles, n'offrent plus qu'une mêlée horrible. Le colonel de Montagnac reçoit une nouvelle blessure. Le lieutenant de Raymond est tué à la tête de sa compagnie. Le capitaine de Chargère est tué également après avoir essayé de faire former un carré, aussitôt renversé.

Les fantassins et les cavaliers encore capables de combattre se groupent autour du colonel. Assis sur un tertre, souffrant horriblement, il avait mis son mouchoir entre son ceinturon et son ventre, pour arrêter le sang qui s'écoulait de sa blessure. Inaltérable au moral, il encourageait ses soldats et les coujurait de finir comme lui, plutôt que de se livrer à la discrétion des barbares. Mais, bientôt se sentant mourir, il remit le commandement au chef d'escadrons Courby de Cognord : « Ne vous inquiétez pas de moi, lui dit-il, mon compte est réglé. Tâchez de gagner le marabout de Sidi-Brahim. »

Il se fit soutenir par le chasseur Perrin et ferma les yeux en s'écriant : « Courage, mes enfants, courage ! »

Certes à ce moment encore il devait compter sur le secours du colonel de Barral.

Ce secours ne vint pas !

CHAPITRE III

En recevant la lettre du commandant supérieur
de Djemmaa-Ghazaouet, le 22, M. de Barral avait,
tout d'abord, fixé l'ordre du départ au lendemain,
à deux heures du matin ; mais il donna contre-ordre
dans la soirée, et ne se mit en marche qu'à six
heures ! Durant toute la matinée, sa colonne enten-
dit le bruit répété de la fusillade et ne se hâta pas.

Elle n'était plus qu'à une petite distance de l'endroit où se passait un des drames les plus sanglants
de notre histoire militaire, lorsqu'elle fut rejointe
par deux fuyards, deux soldats affolés du 8ᵉ bataillon
de chasseurs, qui annonçaient l'entière destruction
de la troupe du colonel de Montagnac. Malgré les
vives instances de ses officiers, — surtout du commandant du 10ᵉ bataillon de chasseurs d'Orléans,

— le colonel de Barral crut prudent de ne pas s'avancer davantage et ordonna la retraite.

Sa conduite fut jugée très sévèrement dans l'armée. Si la jonction s'était faite, il aurait eu le commandement des troupes, à l'ancienneté. Concurrent de son collègue pour le grade de colonel, on peut supposer qu'il craignit d'engager sa responsabilité dans une tentative dont le succès lui paraissait douteux. Peut-être même, — et son inexplicable conduite justifie toutes les suppositions, — peut-être même la pensée de laisser son concurrent se compromettre dans une affaire dont il n'entrevoyait pas alors toute la gravité, traversa-t-elle son esprit et influa-t-elle sur ses décisions. Ce qu'il y a de certain, c'est que, Français et officier supérieur, il recula devant l'appel de la fusillade !

Avant d'abandonner le commandement, le colonel de Montagnac avait donné l'ordre au maréchal des logis chef Barbut d'aller chercher au camp la compagnie Burgard, à la tête de laquelle se mettrait le commandant Froment-Coste.

Barbut partit accompagné d'un hussard. Poursuivis par une grande quantité d'Arabes, ils arrivèrent sains et saufs au camp.

Le commandant, laissant à sa garde la compagnie de Géreaux, partit en hâte avec celle de M. Burgard et se dirigea vers le lieu du combat.

Lancée au pas de course sur les crêtes, animée

par les coups de feu qui annonçaient que la lutte
n'était pas terminée, la compagnie approchait du
lieu du carnage. Elle rencontra le hussard Metz,
retranché derrière un arbre. Il rapportait les armes
du lieutenant Klein, et avait déjà tué trois Arabes
sur cinq qui le poursuivaient; il se joignit à la
troupe, à laquelle le commandant le donna en
exemple.

La fusillade devenait moins vive, lorsqu'un autre
hussard, arrivant à toute bride, s'écria :

« Ils sont tous morts... Tout est fini... »

Le commandant Froment-Coste, le capitaine
Burgard et Barbut gravirent rapidement la pente
d'un mouvement de terrain; arrivés sur la crête, ils
aperçurent le lieu du combat...

La position défendue si longtemps par MM. de
Montagnac et Courby de Cognord était occupée par
les Arabes, il n'y avait plus trace de soldats français.

Ils rejoignirent la compagnie et M. Burgard dit à
ses soldats : « Mes amis, ils sont tous morts en
braves, apprêtons-nous à faire comme eux. »

La retraite est ordonnée. Après un quart d'heure
de marche, elle devient impossible. Déjà entourés,
les chasseurs ne peuvent faire un pas de plus. Un
jeune soldat effrayé s'écrie : « Nous sommes perdus ! » — « Vous êtes jeune, mon ami, lui dit le
commandant Froment-Coste, je m'en vais vous
montrer comment un soldat doit mourir. »

2.

Sur le sommet d'un mamelon, au milieu de brous-
sailles et de rochers, les chasseurs forment le carré.
Assaillis de toutes parts, ils sont promptement dé-
cimés.

Le commandant tombe le premier, frappé d'une
balle à la tête. L'adjudant-major Dutertre prend le
commandement et succombe bientôt lui-même.
Burgard lui succède, il a le même sort.

Enfin, restés presque seuls, l'adjudant Thomas
et Barbut sont pris par Kada-ben-Hachmi, commandant les spahis de l'émir, qui les conduit à Abd-el-
Kader.

Après de prodigieux efforts, le capitaine de Géreaux, demeuré à la garde du camp avec une compagnie du 8e bataillon, parvint à gagner le marabout de Sidi-Brahim. Il s'y enferma avec quatre-
vingts hommes, soutenus encore par l'espoir d'une
prochaine délivrance.

La koubba est entourée d'une cour carrée de
quinze mètres de côté, dont les murs, élevés d'un
mètre et demi, sont crénelés. L'émir en ordonne
l'assaut : trois attaques sont successivement re-
poussées.

Dans l'éventualité possible d'être aperçu par la
colonne de Barral, de Géreaux prend son mouchoir
blanc, le mouchoir bleu du caporal Lavaissière et
la ceinture rouge du lieutenant Chappedelaine; il
les fait nouer ensemble. Lavaissière attache ce

chiffon tricolore à un bâton et le plante au sommet
du marabout.

Abd-el-Kader somma le capitaine Géreaux de se
rendre. Il répondit : « Nous avons encore des cartouches, et nous ne les rendrons qu'une à une, au
bout de nos fusils. »

Le 26 septembre au matin, après trois jours de
souffrances épouvantables, n'ayant rien à manger,
rien à boire, voyant les munitions s'épuiser et le
nombre des assaillants augmenter sans cesse, les
soixante-douze défenseurs encore debout de Sidi-
Brahim, épuisés par la fatigue et les privations, prirent le parti de tenter une trouée dans la direction
de Djemmaa, en emportant leurs blessés.

Leur élan fut tel qu'on n'osa les attaquer qu'à
distance et qu'ils purent faire une marche de trois
kilomètres en ligne droite, sans autre perte que
celle d'un homme. Mais l'hostilité des villages que
l'on traversait augmentait à chaque pas les difficultés.

On approche cependant, on n'est plus qu'à deux
kilomètres de Djemmaa-Ghazaouet. Il faudrait
encore un léger effort. Les malheureux sont à
bout de forces; ce dernier effort, ils ne peuvent le
faire. Ils espèrent que leur clairon aura été entendu
de la place, qu'on va venir à leur secours, et après
avoir brûlé leurs dernières cartouches, ils s'arrêtent
au fond d'un ravin étroit où coule un peu d'eau.

De la place, on les a bien entendus. Le capitaine Coffyn, réunissant environ cent cinquante hommes valides, marche à leur rencontre. *Il est trop tard*, et la petite colonne est trop faible pour empêcher un épouvantable massacre. Le capitaine de Géreaux, le lieutenant de Chappedelaine, l'aide-major Rosagutti, sont tués à quinze cents mètres de Djemmaa; elle perd elle-même trois hommes et ne peut arracher à la mort qu'un caporal et douze soldats du 8ᵉ bataillon de chasseurs d'Orléans, qui viennent tomber, à bout de forces, sur la ligne des tirailleurs.

Pourquoi le capitaine Coffyn était-il arrivé trop tard et pourquoi ne s'était-il pas tenu en communication, ainsi qu'il en avait reçu l'ordre formel, avec le colonel de Montagnac, auquel il devait envoyer, le 23 septembre, huit mulets chargés de vivres pour deux jours au bivouac de l'Oued-Tiouly, en le tenant au courant de tout? Si l'exécution de cet ordre précis avait présenté des difficultés, ce contre-temps l'aurait tenu en éveil, lui eût fait pressentir que son commandant supérieur était en péril et inspiré la résolution de se porter à son secours. On ne saurait guère admettre qu'il n'eût que cent cinquante hommes à mettre en ligne, puisque le général Cavaignac, tout en prescrivant au colonel de faire son devoir, lui demandait de lui envoyer trois cents hommes de son bataillon de chasseurs.

Si, réellement, le capitaine n'avait que ce nombre de baïonnettes sous la main, il avait tout le temps pendant les quatre jours que la colonne de Montagnac a lutté, tant à Es-Slalou qu'à Sidi-Brahim, de réclamer l'aide du général. Les communications, même complètement coupées, ce qui n'existait pas encore, n'empêchaient rien.

Moyennant quelques douros, il eût trouvé dix cavaliers pour un, même parmi les Arabes peu sûrs, qui se seraient chargés de prévenir Cavaignac.

Lors de la révolte des Haracta, legs de Saint-Arnaud, rentrant en France pour préparer le coup d'État, à son successeur dans le commandement de la province de Constantine, la redoute et les deux bordjs d'Aïn-Beïda furent attaqués inopinément par de telles forces, qu'une résistance de quelque durée y était impossible.

Malgré la plaine toute blanche de burnous ennemis, un cavalier, Ali-ben-Mami, que l'on fit ensuite brigadier puis maréchal des logis de spahis et que l'on médailla, porta à Constantine, où son cheval tomba mort en arrivant sur la place du Palais, les dépêches du commandant supérieur. Les secours survinrent, prompts comme la foudre, et les Haracta furent écrasés.

Il est, du reste, inadmissible que la fusillade des Français et des innombrables soldats de l'émir,

crépitant durant trois jours à Sidi-Brahim, n'ait pas
été entendue à Djemmaa-Ghazaouet.

Il faut dire toute la vérité : M. le capitaine Coffyn
n'aimait pas Montagnac.

Le Génie, arme savante, ne pouvait pas mener à
sa guise ce *lignard*, un des officiers les plus ins-
truits et les plus distingués de l'armée d'Afrique.

La correspondance du colonel avec sa famille
montre combien les relations étaient tendues entre
le commandant supérieur et le chef du génie de
Djemmaa :

6 novembre 1844. — J'ai à lutter contre un capitaine
du génie, mais il n'a pas encore eu le dessus et il ne
l'aura pas, dussé-je lui brûler la cervelle. On ne se
figure pas, quand on ne s'est pas trouvé à la tête d'un
commandement pareil au mien, les difficultés que peut
vous soulever un officier du génie qui n'est pas militaire,
et qui, avec cela, a de la mauvaise volonté. La position
que s'est faite le génie, à l'égard des autres armes, est
tout à fait indépendante, et par conséquent il n'accepte
en aucune façon l'autorité, quel qu'en soit le rang, qui
émane d'un officier appartenant à une autre arme. Par-
tant de ce principe, il n'est pas d'entraves qu'il n'apporte
au service... C'est là le cas de mon génie infernal, de
qui je ne puis obtenir qu'en bataillant qu'il m'exécute le
plus petit ouvrage pour nous mettre à couvert contre
l'ennemi; on ne se fait pas d'idée des niaises difficultés
qu'il soulève...

Il a planté sur des positions fort importantes deux
malheureux blockhaus vermoulus, dans lesquels j'ai

trente hommes. Ces blockhaus, établis sur des points
très élevés, ont failli dernièrement être culbutés par le
vent (à la lettre). Je lui ai ordonné de les étançonner
pour éviter que nos hommes ne soient pris comme des
grillots, sous cette masse de bois, et pour nous éviter, à
lui et à moi, une mystification ; croiriez-vous que cela
m'a valu un plaidoyer de dix pages, pour prouver que
les blockhaus étaient solides, et qu'il était inutile de les
soutenir? Il a fallu le menacer de lui enlever tous ses
ouvriers, ses matériaux, ses outils, et lui dire que je
me chargerais, à l'avenir, de la direction de tous les travaux, si dans deux heures les blockhaus n'étaient pas
étayés ainsi que je l'avais ordonné. La chose a été faite
immédiatement...

Ce bougre-là vient de France, et n'entend rien à son
affaire, pour ce qui est des travaux à exécuter dans ce
pays, de sorte que tout ce qu'il a fait ici est réellement
fait en dépit du bon sens. Voyez-vous, le plus simple
maître maçon, le dernier maître charpentier feront
mieux que tous ces sacrés tire-lignes qui ne veulent
pas se figurer qu'avec leurs beaux plans et leurs teintes
conventionnelles, ils n'empêchent pas l'eau de nous
inonder et l'ennemi de nous tuer du monde...

Je vais toujours parfaitement, je suis sous la tente,
bien entendu, et mon capitaine du génie *est dans un joli
petit appartement, bien couvert en tuiles.* Tout ceci, pour
moi, est la moindre des choses ; j'ai comme principe
que le chef d'armée doit être logé le dernier ; mais c'est
l'impudence avec laquelle M. Coffyn est allé se construire une maison, au moment où l'on avait besoin de
matériaux, qui me vexe, et l'aplomb avec lequel il vient
quelquefois me parler de son abnégation. — Il est bien
reçu...

J'ai, comme noyau de ma basse-cour, deux poules et deux coqs. Une de ces poules couve deux œufs. Lorsque mon mauvais génie m'aura élevé le misérable appentis en planches qui devra former le *palais* du commandant supérieur, alors je tâcherai d'organiser une basse-cour un peu plus considérable.

Ainsi, le colonel de Barral ne s'était pas fourré dans le guêpier de Sidi-Brahim, par prudence; le capitaine Coffyn, par rancune. Il reste à se demander pourquoi le général Cavaignac, prévenu que l'émir menaçait notre frontière, s'en allait expéditionner à droite dans les montagnes des Traras, tandis qu'en expéditionnant à gauche dans les mêmes montagnes, puisqu'il y tenait, il se serait trouvé face à face avec Abd-el-Kader et l'aurait très probablement capturé. Les velléités de révolte des Beni-Ouersous se seraient évanouies du coup.

Peu de jours après ce désastre, un convoi de deux cent vingt hommes partait de Tlemcen pour aller renforcer le poste d'Aïn-Témouchent, sous le commandement du lieutenant Marin, du 15e léger. Ce détachement, assailli par des forces supérieures, mit bas les armes, après une résistance insignifiante. Les soldats du lieutenant Marin devaient regretter un jour de ne s'être pas fait tuer tous jusqu'au dernier. Que l'oubli voile à jamais leurs noms.

Il ne saurait en être de même pour les prisonniers de la colonne de l'héroïque Montagnac. Ils furent dignes de leur illustre chef, et il est bon pour l'armée, pour la France, que leur souvenir glorieux reste dans les mémoires. C'est pénétré de ces sentiments que je donne. ici la liste de ces braves :

2ᵉ Régiment de hussards

Courby de Cognord, chef d'escadrons : trois coups de feu à la tête, deux coups de yatagan, l'un à la joue l'autre à la partie antérieure du col. Deux chevaux tués sous lui.

Barbut Pierre-Auguste, maréchal des logis chef : son cheval tué sous lui en combattant auprès du commandant Froment-Coste.

Barbier Jean-François-Régis, maréchal des logis : coup de feu avec perte de l'œil droit, coup de yatagan à la partie supérieure de la tête.

Metz Mathias, hussard : ce hussard mérite des éloges pour les soins qu'il a donnés sur le champ de bataille à M. Klein, blessé mortellement.

Testard Louis, hussard : donna son cheval au commandant Courby de Cognord, démonté dans la première charge.

Sutty Louis, hussard : trois coups de feu et deux coups de yatagan.

Tiral Joseph, hussard : un coup de yatagan à la tête.

Blois Louis, hussard : coup de feu à la cuisse, coup de feu à la tête.

Peignet Charles-André, hussard : deux chevaux tués sous lui ; trois coups de poignard et un coup de yatagan à la tête.

Maréchal Philippe-Bastien, hussard : coup de feu au-
dessous du teton droit.

Dutrouilh Jean, hussard : sans blessure.

Kandel Chrétien, hussard : cheval blessé.

8e Bataillon de chasseurs à pied

Larrazet Jérôme, sous-lieutenant : coup de yatagan à la
partie supérieure de la tête, coup de yatagan à la
joue droite.

Thomas François-Xavier, adjudant : sans blessure.

Andrieux Léon, sergent : un coup de feu à la joue, un
autre à la main droite, deux coups de yatagan.

Bellont Pierre, fourrier : sans blessure.

Beylier Charles-Jean-Joseph, fourrier : coup de feu à la
main droite avec fracture.

Parrès Hippolyte, caporal : deux coups de feu, trois coups
de yatagan et sept coups de poignard.

Mozer Jean-Baptiste, caporal : sans blessure.

Chateau Jean, caporal : sans blessure.

Faty Etienne, caporal : coup de feu et coup de yatagan
à la tête, un coup de poignard au poignet droit.

Moulin Jean-Antoine, caporal : un coup de feu à la tête.

Alexandrie François-Antoine, caporal : un coup de feu à
l'abdomen.

Marie Hippolyte, chasseur : sans blessure.

Bollot Michel, chasseur : sans blessure.

Mollet Philippe, chasseur : un coup de yatagan à la tête
et l'autre au poignet droit.

Morasse Joseph, chasseur : coup de feu à l'abdomen.

Poggi Pierre-François, chasseur : sans blessure.

Thioly, chasseur : sans blessure.

Guittet Laurent, chasseur : coup de yatagan à la tête, un
second à l'épaule gauche.

Laccan Joseph, chasseur : coup de yatagan à la tête.

Franck Jean, chasseur : sans blessure.

Perrin Jules, chasseur : coup de yatagan à la tête.

Galtier Anselme, chasseur : sans blessure.

Denoux Jean-Marie, chasseur : coup de feu au côté gauche.

Gontier Louis, chasseur : coup de feu au côté gauche.

Delcrox Etienne, chasseur : sans blessure.

Elie Léon, chasseur : coup de yatagan à la tête.

Mardereau Raymond, chasseur : coup de yatagan à la tête.

Jourdain Fortuné, chasseur : sans blessure.

Guyenet Henri, chasseur : sans blessure.

Balmont Jacques, chasseur : coup de yatagan à l'épaule droite.

Desprat Jean, chasseur : deux coups de feu à la tête, un à la main gauche et un coup de yatagan.

Dupont Vincent, chasseur : un coup de feu à l'épaule droite.

Chauvin Pierre, chasseur : sans blessure.

Rieux Jean, chasseur : coup de yatagan au col, deux coups de baïonnette à l'épaule droite.

Mialle Jean-Pierre : sans blessure.

Sertorius Claude, chasseur : sans blessure.

Froment Antoine, chasseur : sans blessure.

Bonneil Joseph, chasseur : coups de feu au bras droit et au poignet gauche, un coup de yatagan.

Durand Joseph, chasseur : sans blessure.

Dogniard Bernard-François, chasseur : un coup de feu au bras droit, coup de yatagan à la tête.

Martel Louis, chasseur : sans blessure.

Gallus Antoine, chasseur : sans blessure.

Bertrand Jean, chasseur : sans blessure.

Durousset Benoît, chasseur : coup de yatagan à la tête.

Canbel Mamès, chasseur : coup de feu à la tête.

Bernard Louis, chasseur : coups de feu à la tête et au genou.

Bourdin Eugène-Stanislas, chasseur : coup de feu dans l'articulation du coude gauche.

Durand Jean, chasseur : sans blessure.

Billoire Emmanuel, chasseur : coup de feu à la tête.

Rolland Guillaume, chasseur : coup de feu à la fesse gauche.

Vessiat François, chasseur : coup de yatagan à la tête.

Garnier Pierre, chasseur : deux coups de feu.

Julien Joseph, chasseur : un coup de yatagan à la tête.

Perrin Jean-Baptiste, chasseur : un coup de yatagan au bras droit, un autre à la jambe gauche.

Trail Bernard, chasseur : sans blessure.

Delpech Joseph, chasseur : sans blessure.

Comeil Jean, chasseur : un coup de feu à la tête.

Bitgaret Pierre, chasseur : coup de feu à la tête, coup de feu à la cuisse.

Ismael Paul-François, chasseur : deux coups de feu aux deux cuisses, coup de poignard à l'abdomen.

Koustan Jean-Louis, chasseur : coup de feu au pied droit.

Pomet Fabien, chasseur : coups de feu au genou gauche et au pouce droit.

Bouquet Joseph, chasseur : coup de feu au bras gauche.

Mallet Jean-Pierre, chasseur : coup de feu au côté droit.

Durand François, chasseur : coups de feu à la cuisse droite, au bras droit et au bras gauche.

Chevreau Jacques, chasseur : coups de feu à la tête et à la fesse gauche.

Brancart Jacques, chasseur : coups de feu au bras droit et au bras gauche.

Delour Jean-Baptiste, chasseur : coup de yatagan à la
   tête.
Goyec Jean-Baptiste, chasseur : un coup de feu.
Balestet Bernard, chasseur : coup de feu à l'abdomen.
Buisson Casimir, chasseur : sans blessure.
Durain Joseph, chasseur : coup de feu à la main droite.
Cotte André-Eugène, chasseur : sans blessure.
Vidal Jean, chasseur : sans blessure.
Boutte Raymond, chasseur : sans blessure.
Chatenay Pierre, chasseur : sans blessure.
Moureau Louis-Auguste, chasseur au 15e léger, ordon-
   nance du colonel de Montagnac : coup de feu au pied
   gauche.
Lévy, interprète : coup de feu à la main droite.

Je ne veux pas omettre ceux des prisonniers qui
moururent de leurs blessures peu de temps après
leur entrée en captivité :

Carrière, carabinier au 8e bataillon : deux coups de feu.
Vonthron, carabinier au 8e bataillon : deux coups de
   feu.
Vey, chasseur au 8e bataillon : deux coups de feu.
Delrieux, chasseur au 8e bataillon : deux coups de feu.
Pierson, hussard : deux coups de feu.

Heureux les morts !

CHAPITRE IV

Le double succès de Sidi-Brahim et d'Aïn-Témouchent avait tellement surexcité les Arabes
qu'Ab-el-Kader se crut à la veille de réaliser ses
rêves les plus ambitieux.

En France, l'émotion fut vive. Sous la pression
de l'opinion publique, au grand chagrin de M. Guizot, les Chambres accordèrent au maréchal Bugeaud tout ce qu'il demandait pour mener énergiquement les opérations militaires en Afrique et,
petit effet des grandes causes, moi, humble sous-
lieutenant, devenu acteur dans ce drame, je com-
mençai mon apprentissage de fantassin en me rendant de mon pied léger d'Avignon à Toulon.

Ces étapes, qui devaient être suivies de tant d'autres, sont restées dans ma mémoire, marquées de

pierres blanches. De l'autre côté de la Méditerranée,
je n'ai pas retrouvé le billet de logement qui ouvrait la porte de la maison hospitalière, où tout le
monde, y compris les jolies filles, se mettait en
quatre pour faire accueil à *monsieur l'officier*.

Orgon, Saint-Cannat, Aix, Aubagne, Le Beausset, voilà cinq noms qui me rappellent une route
bien monotone quant aux incidents, mais admirable au point de vue pittoresque.

La campagne était verte, blanches les aubépines ;
les orangers offraient à la fois leurs fleurs et leurs
fruits. Pourtant les forêts de ma Bourgogne me
paraissaient préférables à tout cela, surtout aux
câpriers, aux amandiers, aux mûriers, et nos vignes, à toutes les plantes chères aux parfumeurs.

Et puis, le ciel toujours bleu aurait eu besoin de
quelques nuages. Un peu de boue n'eût pas mal
fait parmi la poussière opaque du chemin.

Le 5 novembre, je quittai Toulon pour la deuxième
fois, mais non plus sur cette pauvre et lente *Perdrix*. Le *Labrador*, belle frégate à vapeur de 450 chevaux, nous reçut.

A bord de la *Perdrix*, j'avais été malade pendant
toute la traversée. Sur le *Ténare*, je n'étais pas bien
solide. L'*Égérie* m'avait vu avec un assez joli pied
marin, mais le cœur encore rempli de vagues appréhensions.

Je n'avais donc pu me livrer à des observations

maritimes bien sérieuses. Cette fois j'étais un vrai
Jean Bart, la mer était superbe et je philosophai
tout à mon aise au cours d'une splendide traversée
de quarante-six heures.

Deux choses me frappèrent plus particulièrement : le mépris des matelots pour les *terriens*, les
pauvres troupiers, qu'ils traitaient de Turc à More,
et les conséquences imprévues que peut avoir le
mal de mer.

J'avoue que nos soldats, terrassés par ce mal
atroce, n'avaient rien d'héroïque, et que, échoués
çà et là sur le pont, ils étaient bien encombrants.
Mais les *Mathurins* les considéraient comme des
paquets de cordages et ne se gênaient pas, lorsqu'ils avaient à grimper dans les haubans, pour les
prendre comme premier échelon, sans s'occuper
de l'endroit sur lequel leurs gros pieds nus prenaient leur point d'appui.

Que dire de quelques malheureuses femmes aven-
turées dans cette galère ? Elles faisaient peine à
voir. Elles perdaient tout sentiment et, sous prétexte
de leur donner des soins, d'aimables farceurs abu-
saient de leur état d'atonie et de complet abandon
pour se procurer des bonnes fortunes dont les victimes n'osaient ensuite se plaindre ! L'humanité
n'est pas toujours belle, il s'en faut, et, à bord, la
brutalité remplace trop souvent la délicatesse.

Je voudrais pouvoir donner ici une recette infail-

liblé contre un mal qui, outre les inénarrables
souffrances qu'il cause, annihile toute force et
toute volonté. Je ne lui connais que deux palliatifs,
cependant d'une certaine valeur : l'air et le jus de
citron.

J'avais été heureux que l'Intendance me laissât
flâner à Alger lors de mon premier voyage. Nous ne
fîmes que traverser la ville, admirer en passant la
belle place du Gouvernement, sur laquelle on venait d'inaugurer la laide statue du duc d'Orléans,
œuvre de Marochetti, souscrite par l'armée ; et, le
soir, nous étions à sept ou huit kilomètres d'Alger,
à Birkadem.

Birkadem, moitié fort, moitié village, est dans
une situation magnifique. Les arbres, parmi lesquels les jujubiers aux dangereuses épines et les
caroubiers au feuillage verni et élégant, n'y manquent point.

Là était le petit dépôt du régiment, lequel avait
reçu l'ordre de se tenir prêt à s'embarquer pour
Oran. Nous eûmes à y compléter notre organisation
de campagne.

Nous passâmes à Birkadem douze journées bien
employées en courses nécessaires et agréables à
Alger, puis les trois compagnies nouvellement
arrivées de France durent partir pour Blidah et je
fus chargé de leur administration matérielle et
financière.

3.

La route se fit en deux étapes, à travers la plaine
de la Métidja, naguère arrosée du sang de nos soldats et de nos colons, aujourd'hui à peu près paisible, et devenue rapidement le jardin de l'Algérie.

Après avoir fait la grande halte à Douérah, poste
militaire à vingt-quatre kilomètres d'Alger, nous
couchâmes à Boufarick, autre poste militaire à
onze ou douze kilomètres de Douérah, et dépôt important des chevaux de remonte de notre cavalerie.

Les défrichements avaient fait de cette station,
naturellement humide, un séjour fiévreux et malsain. Cependant cette réputation doit dater de loin,
car, d'après un dicton arabe, les corneilles mêmes
ne peuvent y vivre. C'est à Boufarick que se trouve
le cabaret de la mère Gaspard, une vieille cantinière de l'armée d'Afrique, héroïne probablement
de la chanson un peu risquée de nos *troubadours :*

> Allons, la mèr' Gaspard,
> Encore un verre, encore un verre.
> Allons, la mèr' Gaspard,
> Encore un verre, il n'est pas tard.

Dans le *salon* du cabaret, on nous fit remarquer
les gravures données par Horace Vernet pour remplacer les enluminures accrochées aux murailles
et aussi reconnaître l'hospitalité intéressée de la
cantinière. Toutes ces gravures sont, bien entendu,
d'après les tableaux du maître.

De Boufarick à Blidah, il y a une quinzaine de kilomètres. On traverse bientôt le village de Beni-Mehred, fameux par la défense héroïque, le 11 avril 1840, du sergent Blandan, à la tête de quinze fantassins du 26° et de quatre cavaliers, contre une nuée d'Arabes.

La garnison de Blidah délivra les cinq soldats qui survivaient et tous les cinq furent décorés de la Légion d'honneur.

Le père du sergent Blandan profita, lui, de la mort de son fils, pour ouvrir à Lyon, dans le quartier de la Croix-Rousse, un café portant son nom et dont l'enseigne représentait le fait d'armes de Beni-Mehred. Soyez donc un héros !

J'étais parti de bon matin, avec quatre ou cinq hommes, pour préparer à Blidah le logement et les vivres. L'approche de la ville nous fut annoncée par la forte et délicieuse odeur des fleurs de l'oranger.

Occupée en 1836, elle a vu bien souvent, depuis cette époque, ses bois parfumés ravagés, au gré de la guerre, par les Arabes et par les Français.

Les Arabes nomment Blidah : la Prostituée, ou, plus poliment, la Voluptueuse.

A l'abri des vents du sud par les pentes doucement inclinées de l'Atlas, on y respire à pleins poumons la fraîcheur des brises marines qui arrivent jusqu'à elle. Sa situation est réellement choisie pour le plaisir du cœur et des sens.

Peu à peu ses orangers avaient été replantés. Des sources abondantes, venues des collines, arrosaient ses jardins. Elles traversaient d'abord, au milieu des bosquets d'orangers et de citronniers, de petits ravins plantés de lauriers-roses et des bois d'arbousiers, qui produisent en même temps des grappes de fleurs et de fruits rouge vif ressemblant presque à des fraises.

Deux ou trois jours après l'installation du détachement, je pénétrai dans l'un des jardins délicieux qui entourent la ville. Sous un oranger, regardant couler l'eau d'un air triste, songeant sans doute avec regret à ce qui existait jadis, se tenait accroupi un vieux Turc à barbe blanche. Je lui demandai, plus par signes que par paroles, la permission de lui acheter quelques oranges et lui désignai du doigt une petite branche à laquelle étaient attachés treize fruits bien dorés.

Il se leva gravement, coupa la branche lui-même et me l'offrit en refusant l'argent que je lui tendais. Puis, se ravisant et murmurant quelques paroles que je ne compris pas, il me demanda deux sous. Sans doute, ses scrupules, encore plus religieux que patriotiques, lui interdisaient de donner quelque chose à un Français, à un chrétien.

Il me dit ensuite qu'il allait bientôt se retirer à la Mecque, où il avait déjà fait un pèlerinage, pour y mourir.

Sa main me salua et il reprit sa pose attristée et méditative, en regardant s'éloigner le jeune sous-lieutenant dont la présence importune venait de renouveler toutes ses douleurs.

Blidah était alors la garnison fortunée, ou plutôt la conquête des brillants officiers de spahis, dont les escadrons venaient d'être nouvellement réunis en régiment.

Ces messieurs tenaient bruyamment le haut du pavé, jouaient, soupaient, se grisaient, comme s'ils eussent en poche autant d'or que sur leur uniforme.

Notre figure était petite à côté de ce tapage. Il n'était pas, du reste, à imiter, bien que ceux de ces beaux messieurs qui ont échappé à la réforme ou à la démission forcée, aient joué, par la suite, un assez joli rôle dans le monde militaire. Tout cela n'était qu'une affaire de goût et de tempérament, au pis aller de probité. Leurs vanteries impudentes, leurs plaintes contre l'avancement, bien placées dans les bouches de gens arrivés, par suite des formations, capitaines en cinq ou six ans au plus, me firent faire des réflexions nombreuses, qui se traduisirent par un dégoût dont ils croyaient sans doute un jeune homme de vingt ans incapable à leur égard.

Ces impressions, restées dans ma mémoire, me servirent plus tard, — peut-être même trop rigoureusement, — de règle de conduite dans les relations que le hasard pouvait m'imposer avec la cavalerie indigène.

Le 17 décembre, les trois compagnies du 6ᵉ léger de Blidah reçurent l'ordre de partir, le lendemain 18, pour Alger, où elles arrivèrent le 20. Le 23, elles s'embarquèrent sur le *Caméléon*, petit bateau à vapeur qui faisait le service de la côte. Le 27, nous étions à Oran, d'où, *renforcés* par quelques malades ou fricoteurs du petit dépôt, nous partîmes pour Mascara. Dans cette ville se tenait l'état-major de notre régiment.

Dans ces temps reculés — 2 janvier 1846 — il y avait, d'Oran à Mascara, trois étapes fort courtes, les deux villes n'étant éloignées l'une de l'autre que de quinze à seize lieues.

On s'arrêtait d'abord au Tlélat, petit ruisseau sur les bords souvent desséchés duquel s'élevait une auberge en planches, tenue par un de ces aventuriers, vigoureux, courageux, mais sacripants, que l'on retrouve à toutes les époques sur tous les points dangereux d'un pays, pourvu qu'il y ait de l'argent à gagner et des vices à satisfaire.

Près du Tlélat fut tué, en 1835, le colonel du 2ᵉ chasseurs d'Afrique, le fils du maréchal Oudinot duc de Reggio.

La deuxième étape est le Sig. Ce ruisseau, plus considérable que le Tlélat, est devenu plus tard,

grâce à des travaux de barrage, un puissant moyen
d'agriculture.

A cette époque, le village du Sig était peu important. Occupé ordinairement par des zéphyrs, ceux
du bataillon commandé par M'. Charras, sa principale ressource était une auberge ou plutôt un caravansérail fondé par un nommé Nassoy, lequel, à
force de persévérance et d'énergie, avait fini par
devenir un personnage connu, dont le papier se né-
gociait couramment sur les places de la province. .

L'Oued-el-Hammam était la troisième étape.
Cette *Rivière des bains* avait, en effet, des eaux
presque chaudes. Le site en était charmant. Un
pont de bois, que l'on négligeait souvent pour se
donner le plaisir de passer la rivière à gué, conduisait à une redoute en terre qui joua un grand
rôle dans l'insurrection de 1845. ·

De l'Oued-el-Hammam à Mascara, on traverse
une chaîne de montagnes assez élevées, baptisées
par les soldats du nom énergique de *Crève-Cœur*.
De nombreux lacets, leur ouvrage, faits, défaits
chaque année sous la direction du Génie, ame-
naient les hommes et même les chevaux au haut
de la chaîne qui, par des pentes beaucoup plus
douces, les conduisait insensiblement à Mascara.

CHAPITRE V

En arrivant par la route d'Oran, Mascara n'offre
rien de bien pittoresque. Des vignes plantées d'anciens plants, gros comme de petits arbres et dont
les rameaux négligés se tordaient par terre ; des
espaces considérables dont le sol fouillé et nu
annonçait la présence et le séjour destructeur de
nos soldats pendant les deux sièges de 1837 et de
1841 ; quelques figuiers : tel était l'aspect général
du plateau et des abords de la ville, qui jusqu'en
1848, pendant trois ans, allait être le point de
départ de nos courses pénibles et, au retour des
expéditions lointaines, le centre désiré de nos
repos, de nos ravitaillements, de nos plaisirs.

De mauvais murs, construits ou réparés à la
hâte, entouraient la ville. En dehors étaient

quelques masures en ruines, habitées par des Arabes, des Juifs, tous gens de la pire espèce, couverts de haillons et de vermine.

Mascara ne date que du commencement du XVIIIᵉ siècle. Abd-el-Kader en avait fait une des capitales successives de son empire éphémère. Prise en 1837 avec le duc d'Orléans, reprise en 1841 sous l'influence de la vigoureuse impulsion imprimée aux affaires par le maréchal Bugeaud, elle avait peine à se relever de ces deux désastres.

Les colons français y étaient rares. Les colons espagnols, en général débitants de tabac et d'autres marchandises de même valeur, s'y montraient un peu plus nombreux. Les Mores, les Juifs, y revenaient un à un.

Son nom *Ma-Askeur* — mère des soldats — indiquait la cause de sa fondation. Elle était surnommée *la Victorieuse*, épithète que nos deux faciles occupations ont rendue bien mensongère.

Deux régiments d'infanterie, le 6ᵉ léger et le 56ᵉ, y tenaient garnison, avec quelques escadrons du 2ᵉ spahis et du 1ᵉʳ chasseurs de France. La population mixte ne vivait que par eux.

Mascara était le siège d'une subdivision commandée alors provisoirement par le colonel Renault, en attendant que deux étoiles, impatiemment attendues, changeassent le provisoire en définitif.

Les officiers s'installèrent comme ils purent dans

des maisons arabes abandonnées ou dont les propriétaires avaient été dépossédés. Installation modeste d'ailleurs. Une botte de paille pour lit; des peaux de mouton pour matelas ; quelques couvertures de campement; deux ou trois pliants peu solides; une cantine : tel était notre ameublement. La cuisine se faisait en popote, c'est-à-dire que trois ou quatre officiers réunissaient leurs ustensiles de fer battu et leurs maigres ressources, sous la haute direction d'un soldat plus ou moins cordon bleu.

J'ouvrais de grands yeux devant toutes ces nouveautés. Je parcourais les coins de la ville et des faubourgs. J'admirais ce sol vigoureux, envahi par les mauvaises herbes qui, par leur nombre et leur puissance, indiquaient un fonds riche et fécond.

Les monuments étaient insignifiants. Le minaret peu élevé de la mosquée était couvert de cigognes respectées de tout le monde. Le claquement de leur bec produisait parfois une singulière musique, en harmonie avec la voix chevrotante du muezzin annonçant les heures de la prière.

La maison du général avait été restaurée, mais ne ressemblait en rien à l'Alhambra. Deux ou trois colonnes, de petites chambres, de petites cours, tout cela meublé à la hâte, composaient extérieurement et intérieurement tout l'édifice.

Sur la place était la maison du commandant,

gros et gras personnage, à la fois sous-intendant, juge de paix et commandant de place de Mascara.

Ce personnage cynique avait conquis, on ne sait comment, les bonnes grâces du général de la Moricière. Comme les hommes plus que fins, il avait un nez assez grand, flanqué de tout petits yeux : signe qui trompe rarement dans une physionomie.

Sa justice était sommaire. Avec les Français ou les colons, quelques mots brefs. Avec les indigènes, des coups de bâton en plus grand nombre.

Il vivait là, redouté et paisible, au milieu d'un harem de houris, qui n'appartenaient pas toutes à la religion de Mohammed.

Le 11 janvier 1846, je dus interrompre mes études sur la ville et les habitants pour entamer ma première expédition et apprendre pratiquement l'art de la guerre... africaine.

Le 13, nous rejoignîmes, du côté de Frendah, une colonne commandée par le général de la Moricière, lequel nous accueillit par un ordre du jour où il y avait cette phrase : « Soldats, vous avez beaucoup fait, mais il vous reste beaucoup à faire. »

En l'entendant, les jeunes guerriers que j'ai amenés de France se regardent ahuris d'avoir déjà fait tant de choses sans s'en être aperçus, et inquiets de la quantité de besogne qu'on leur annonce.

Moi, dédaignant ce que mes anciens ont accompli, je suis heureux de voir qu'ils en ont laissé pour les autres, les ouvriers de la onzième heure. Un de mes principaux griefs contre nos professeurs de Saint-Cyr était d'avoir uniquement visé à faire de nous autant de commandants en chef et de maréchaux de France. Ils avaient eu grandement raison ! Je ne pensais devenir moins dans cette bienheureuse Afrique où, après quinze ans de combats, on avait tout l'air de n'être qu'à la moitié de l'ouvrage. Je devais bientôt rabattre de mes illusions et trouver d'autres motifs tout neufs de maugréer à l'encontre de mes professeurs.

Nous ne fîmes pas, pour cette fois, plus ample connaissance avec le général. Il nous quitta, le lendemain même de notre arrivée, pour aller à Oran s'entendre, bien ou mal, avec le maréchal Bugeaud sur les divers systèmes de colonisation. Le colonel Renault lui succéda dans le commandement de notre petite mais solide colonne.

Il paraît que notre sortie, ainsi que tous les mouvements parallèles exécutés alors dans les trois provinces et qui les couvraient d'hommes, de chevaux, de canons, de convois et de cadavres, était destinée à concourir à l'exécution d'un plan en trois articles qui, quoique très courts, promettaient de mettre pas mal de monde sur les dents :

Article premier. — Protéger les tribus qui nous

sont soumises et rassurer celles encore dans l'in-
décision. *Parcere subjectis.*

. Art. 2. — Punir les tribus qui, même contre leur
gré, auraient donné à Abd-el-Kader un asile ou
des vivres. *Debellare superbos.*

Art. 3. — Prendre l'ex-émir.

Pour atteindre ces trois buts, le maréchal Bugeaud avait adopté le système d'une grande quantité de petites colonnes, échelonnées le long du
Tell, pouvant se suffire à elles-mêmes en infanterie, cavalerie et artillerie de montagne, et opé-
rant perpendiculairement aux côtes jusque dans
les profondeurs du Sahara.

Il ne faut pas se le dissimuler : il y avait là une
réminiscence des douze colonnes infernales que le
général Turreau lança, en 1794, sur la malheureuse
Vendée, et ce pastiche de ce qu'il appelait euphé-
miquement « sa promenade militaire » put passer
pour suffisamment réussi.

L'article troisième du programme décrétait la
chasse à *l'homme.* Le second l'ouvrait à toute
espèce d'hommes et à toute espèce de choses, y
compris les femmes.

Les colonnes, tantôt concertant leurs opérations,
tantôt agissant séparément, sillonnèrent le pays,
accablant les populations soulevées, portant partout le fer, la flamme et la dévastation. Chaque
jour fut marqué par un combat, par un incendie,

par un massacre, et il ne se fit aucun quartier de
part ni d'autre.

Et faut-il plaindre les Arabes? Non, mais l'armée.
Si elle devint marcheuse et débrouillarde, elle perdit sa solidité en ligne pour n'être plus qu'une
réunion de médiocres tirailleurs. Ceux de ses
chefs qui connaissaient la grande guerre la désap-
prirent, et ceux qui l'ignoraient n'eurent plus
aucune occasion de l'apprendre. En revanche, généraux et soldats versèrent tous dans une aberra-
tion fatale : le mépris de l'ennemi.

D'après le tableau des opérations de nos colonnes,
dont j'ai indiqué les grandes lignes, on pourrait
croire qu'il ne resta plus en Algérie, après leur
passage, que ce que laissait Attila derrière lui ;
car il était plus facile et plus prompt de punir que
de protéger. Si ma peinture est exacte quant à
l'ensemble, il n'en est pas de même des détails.
Plus d'un chef, singeant Abdallah-Menou, fut com-
patissant aux indigènes, lorsque d'autres, qui se
montrèrent durs et cruels, purent être accusés de
l'excès contraire.

Il s'était formé deux écoles. Pélissier et La Moricière donnent une juste idée de chacune d'elles.

A l'égard de l'émir que tout le monde était chargé
de prendre, comme tout le monde ne le voulait pas
sérieusement et que lui ne se souciait pas d'être
pris, on avait le temps de courir.

Je n'en fus pas privé pour ma part et, si je n'ai
pas en personne capturé Abd-el-Kader, ce n'est pas
faute d'avoir pourchassé dans la montagne et par
la plaine lui et ses partisans.

Le pays que j'ai parcouru d'un bout à l'autre,
sauf la province de Constantine, mérite que je lui
consacre une courte description.

On distingue, en Algérie, trois zones bien dis-
tinctes : le Tell au nord, les Hauts Plateaux au
centre, le Sahara au midi.

Tell signifie, en arabe, butte, monticule, et, par
extension, colline, petite montagne. Les Romains
nommant *tellus* la terre par excellence, quelques
savants ont considéré ce mot comme l'étymologie
du nom donné par les Arabes à la zone qui nous
occupe. Le Tell est le pays montueux et accidenté.

Depuis les premiers renflements de terrain sur la
côte de la Méditerranée, que l'on nomme le *Sahel*
ou le littoral, jusqu'aux hautes montagnes de la
région des Plateaux, sur une étendue qui, divisée
comme la France, comprendrait plus de vingt de nos
départements, on dirait une mer en mouvement,
qui aurait été pétrifiée. Tantôt le sol s'élève brusquement, tantôt au contraire il s'abaisse et se creuse
en profondes vallées. De loin en loin quelques plaines, partout des horizons bornés.

Le Tell a tous les climats, à l'exception du climat intertropical, si funeste aux Européens, et cette

variété d'exposition et d'altitude assure la variété de ses produits.

On a pu longtemps dire que cette zone ne valait à la France que des malades. Réputation méritée. Nos premiers colons ont longtemps langui dans les marais et sur les rives des cours d'eau empoisonnés par les lauriers-roses. Nos soldats ont eu à lutter contre les rigueurs d'un climat qu'ils ne connaissaient pas. Ils passaient brusquement de l'incandescence d'une gorge surchauffée par le soleil aux froids extrêmes d'un campement sur la neige. Aussi les maladies firent-elles dans leurs rangs plus de victimes que la balle ou le fer des ennemis.

Aujourd'hui, les colons sont acclimatés, les défrichements ont assaini la zone, les eaux ont été aménagées et, s'il y a des pays aussi salubres que le Tell, il en est peu d'aussi fertiles.

C'est le grenier et le cellier de l'Algérie, sa terre à blé, à vin, à tabac, à coton, à arbres fruitiers.

Le Tell — Sahel compris — borde la Méditerranée sur toute son étendue et une largeur qui varie entre 110 et 260 kilomètres, représentant une superficie de quinze millions d'hectares.

Les Hauts Plateaux. Cette deuxième zone est séparée du Tell par la chaîne de l'Atlas, et se compose de dix millions d'hectares de steppes ou de landes, ensemble de plaines, plus ou moins accidentées, d'une largeur moyenne de 200 à 250 kilomètres, couvertes de ces touffes de hautes herbes qu'on appelle l'alfa et le diss, de jujubiers, de térébinthes, de thym et de palmiers nains ; c'est le pays privilégié des lièvres, que les Arabes ne tuent ni ne mangent, des chacals, des hyènes. On entend parfois y rugir le lion. Les canards de Barbarie, les perdrix anglaises ou gangas et de superbes outardes y abondent.

Située au-dessus d'une nappe d'eau considérable que l'on retrouve facilement en creusant des puits, cette région possède dans sa partie nord des terrains excellents qui deviendront un jour une annexe du Tell.

Le Sahara. Pays du *Sahaur*, c'est-à-dire de ce moment presque insaisissable qui précède le point du jour et pendant lequel, en temps de jeûne, les Arabes peuvent encore manger, boire et fumer. Les habitants des plaines, dont rien ne borne l'horizon, sont seuls à même de saisir cette nuance indécise.

C'est le désert, pays vaste et plat dont la plus grande partie est improductive et sablonneuse, et où les pluies du ciel sont insuffisantes pour la culture des céréales. De petites chaînes de rochers, en général parallèles à la mer, traversent çà et là les sables. Dès qu'une source s'en échappe, le palmier pousse et, autour des palmiers, adossées presque au roc, sont construites de pauvres maisons, bâties de boue et de paille, qui remplacent les tentes et les gourbis du Tell et des Hauts Plateaux.

Tant que le sable n'a pas dévoré l'eau de la source, c'est-à-dire pendant cinq ou six kilomètres, les habitants de ces villages cultivent d'une façon tout artificielle l'orge, un oignon, petit, blanc et sucré, des piments, des aubergines, des carottes, etc.

Quelques oiseaux animent ces *oasis*, entre autres des geais bleus magnifiques et des martins-pêcheurs plus riches encore. Nos hirondelles s'y réfugient l'hiver.

Les jardins, qui ressemblent à des carrés d'échiquier, sont entourés de murs en pisé communiquant au moyen d'ouvertures fort basses où l'on ne passe qu'en rampant. Ce sont ces murs et ces jardins qui ont rendu si terrible l'attaque de Zaatcha et sa prise si meurtrière.

Le Sahara commence au sud d'une ligne qui partirait du djebel Sidi-Labed sur la frontière marocaine, à vingt lieues de Tlemcen, pour aboutir à la frontière tunisienne au sud de Tebessa, en passant au sud de Daïa, Saïda, Frendah, le lac de Hodna, la montagne des cèdres, Batna, Lambessa et le massif de l'Aurès.

Il serait fastidieux de faire au jour le jour le long récit des courses et des gîtes de la colonne à laquelle j'appartenais. Partie avec quinze jours de vivres qui s'épuisèrent forcément en douze, il fallut, avant l'époque fixée, recourir à des moyens énergiques pour nourrir le soldat en affamant l'ennemi. Le plus sûr était la recherche des silos, ou des magasins souterrains approvisionnés par les Arabes.

Le soldat est imprévoyant, de plus il est chargé lourdement. Quinze jours de vivres constituent un poids énorme. Les gros appétits s'en débarrassent en les mangeant, les petits en les jetant le long de la route. Ce système d'approvisionnement à l'avance, quoique indispensable à la guerre, a toujours eu les mêmes résultats négatifs, en France, en Crimée, en Italie.

Les silos sont des trous creusés en forme d'énormes bouteilles dans les terrains calcaires de l'Algérie. Silo est un mot espagnol. Le mot arabe, moins usité, est *mathmor*. Il y en a d'immenses qui contiennent jusqu'à quarante ou cinquante quintaux de blé ou d'orge. — L'avoine était alors inconnue en Algérie. Elle est nuisible à la santé des chevaux. — On y trouve aussi, mais plus rarement, des pains de figues en forme de meules, mélangées de toutes sortes d'ingrédients, y compris des cheveux de femmes et des sauterelles desséchées.

L'ouverture d'un silo, d'environ cinquante centimètres, est recouverte d'une pierre assez large au-dessus de laquelle les Arabes mettent de la terre, qu'ils assimilent, autant que possible, à celle d'alentour, afin d'en faire disparaître les traces.

La chasse au silo a lieu de la manière suivante : on prend un Arabe quelconque, plus volontiers un des prisonniers, amis ou ennemis de la tribu la plus rapprochée de l'endroit où l'on se trouve. Il est étendu sur le ventre, mis à nu, et un certain nombre de coups de bâton — *matrack* — lui est préalablement administré. A défaut de bâton, on se sert d'une baguette de fusil.

Si le commandant de la colonne n'a pas sous la main un chaouch indigène pour frapper, il se rencontre toujours un soldat affamé qui en remplit les fonctions.

Le battu parle et conduit ordinairement les chercheurs dans une direction qui n'est pas la bonne. Nouvelle et plus énergique dose de coups de bâton. Alors, sa conscience étant nette si son dos ne l'est pas, il indique le terrain riche en silos.

Les soldats se mettent à l'œuvre avec des baguettes de fusil, qui souvent se ploient dans l'action, et sondent le sol. L'instinct, plus sûr chez l'homme qui a faim que chez l'abbé Paramèle, lequel probablement n'avait jamais soif, aide à la baguette de fer.

Les pelles viennent à la rescousse et bientôt huit ou dix silos sont à découvert. Des hommes nus se glissent par l'étroite ouverture, d'où s'échappe, parfois un gaz épais et délétère. Les silos se vident. Un officier d'administration comptable est là pour

prendre note *très approximative* de la quantité ver-
sée à l'État.

Il est vrai qu'on permet aux soldats et même aux
officiers, également affamés, d'emporter aussitôt,
et sans attendre les distributions régulières, une
certaine partie de la trouvaille.

Les moulins à bras marchent la nuit, le jour, sans
trêve. Avec de l'eau, du sel, si l'on en a, on fabrique de cette farine grossière une bouillie pareille,
décorée du nom de *turlutine*, et que l'on arrose avec
un peu de graisse arrachée aux boyaux des bœufs
assommés pour le service particulier des états-
majors et de messieurs les intendants et comptables
des vivres.

Si l'on a le temps, des fours économiques et peu
réglementaires sont creusés et il en sort des galettes
plates, sans odeur, sans saveur, mais qui, à côté des
durs et infects biscuits, paraissent aussi savoureu-
ses que leurs homonymes des boulevards Poisson-
nière et Montmartre.

Tout ce qui n'a pas été donné immédiatement
aux hommes — les quatre-vingt-dix-neuf centiè-
mes — est livré à l'administration de la guerre qui,
l'achetant à bon marché, le revend cher les jours
suivants, toujours sous la première forme, mais
sous le nom déguisé de blé-pain, blé-café, blé-su-
cre, etc.

Que sont devenus tous les bons de vivres exigés

par les comptables? Brûlés sans doute avec la Cour des Comptes, ou, peut-être, anéantis avant d'avoir touché la France. Et, comme résultats d'une pareille nourriture, la fièvre que l'on traitait dans certains hôpitaux, avec des boulettes de *blé-quinine*, la diarrhée, la dysenterie, puis la mort.

Ces razzias de blé et d'orge, combinées avec celles de moutons et de bœufs, ont été la source facile et abondante des richesses accumulées en peu de temps par certains comptables de l'armée d'Afrique. Je dois avouer, pour justifier cette branche honorable de notre administration, qu'elle voulait bien partager ses profits avec quelques généraux.

CHAPITRE VI

Notre chasse du mois de mai avait été plantu-
reuse. Les sacs des hommes remplis et les mulets
chargés à nouveau, on se remit en route.

Le 8 février 1846, nous étions sur les bords de la
Mina, que nous passâmes à gué, pour établir notre
camp tout près. La rivière forme en cet endroit une
cascade de sept à huit mètres d'un effet très pittoresque dans la saison des pluies.

Au bas de la chute, on pêche de gros barbeaux,
le seul poisson mangeable des rivières lentes et
arides de la province d'Oran. Sur le flanc droit, on
remarque une espèce de canal creusé dans le roc,
ouvrage, dit-on, des Romains, qui ont occupé le
poste voisin de Tiaret. Je crois plutôt ce canal,
l'œuvre des Arabes. Ce peuple avait poussé fort

loin l'art d'arroser les terres, en tirant parti du peu d'eau fourni par les montagnes.

Le 9 nous entrâmes à Tiaret, à six kilomètres de la Mina. Ancienne colonie romaine, Tiaret possédait, lors de notre occupation, des ruines qui se fondirent peu à peu dans nos constructions militaires ou civiles.

En y arrivant, on doute si le village est encore en ruines ou en bâtisses inachevées. Sur la gauche, je remarque un petit marabout placé sur une éminence et d'un effet charmant.

La colline sur laquelle est Tiaret est dominée par d'autres collines. Rien de plus monotone que les vastes plaines dénudées qui se déroulent à son horizon : au printemps, néanmoins, elles doivent donner d'excellents fourrages.

Tout au loin, à dix ou douze lieues, sont les montagnes de Goudgila.

Il y a à Tiaret un hôpital militaire, un pavillon pour les officiers, deux casernes et un cercle muni d'une bibliothèque, que nous ne fûmes pas admis à visiter.

On voyait quelques jardins potagers au bas du poste, et de nombreux troupeaux, appartenant aux tribus amies, paissaient sur les plateaux.

Ce fut en vain que nous essayâmes de renouveler nos provisions épuisées. Quatre femmes, dont deux Espagnoles, Theresa et Carolina, tenaient

des espèces de cabarets-épiceries, vidés radicalement par le passage des troupes.

Le 10, nos mulets étant approvisionnés à cent
quarante quintaux d'orge et les soldats à six jours
de vivres, nous quittons Tiaret à midi et, à quatre
heures et demie, après avoir traversé le défilé d'Aïn-
Torich, magnifique position militaire, qui ne fut pas
défendue, nous campions près d'un marabout à
quatre ou cinq kilomètres au delà de ce défilé.

Le lendemain, par un temps affreux de neige
fondue, nous arrivons à Loha où le bois fait défaut.
Cependant le colonel avait prévenu la veille qu'on
en trouverait au bivouac. Nous sommes réduits à
faire le café et la bouillie de farine avec des racines
d'herbes mouillées.

Le *Moniteur* du 21 janvier nous apprend le combat du général Yusuf contre Abd-el-Kader et le
beau trait du maréchal des logis de spahis Weyer
qui a dit au capitaine de Valabrègue, des chasseurs
d'Afrique, dont le cheval avait été tué : « Vous êtes
plus utile que moi, mon capitaine, prenez mon
cheval. »

M. de Valabrègue est le fils de la fameuse chan-
teuse Catalani, et Weyer le beau-frère d'Yusuf.

Weyer sera décoré pour avoir donné son cheval
et le capitaine nommé commandant pour l'avoir
accepté.

Terrible journée le 12. Ma compagnie se trouve

d'arrière-garde, on part à six heures du matin. Une pluie glaciale, mêlée de neige et de grésil, nous accompagne jusqu'au bivouac.

La colonne arriva promptement à Ben-Tamrah, mais il n'en fut pas de même de la 4ᵉ du 1ᵉʳ bataillon.

La route n'a été pour nous qu'une longue scène de désolation. A chaque pas, on rencontrait les cadavres des malheureux Arabes employés aux convois et ceux de leurs bêtes réquisitionnées. Nos soldats furent admirables de résignation, de courage et de charité.

Nous relevons les morts, nous réveillons les endormis, nous rechargeons les bêtes de somme et à six heures du soir, douze heures pour faire trois ou quatre lieues, nous touchons au port, c'est-à-dire au camp.

Vêtu d'une simple tunique, les bras et les mains gelés, je suis plongé à mon arrivée sous ma tente dans un amas de paille coupée — on en avait découvert deux ou trois silos; — des frictions énergiques de kirsch administrées par une cantinière du 6ᵉ léger ramenèrent la circulation dans mes bras; mais les mains, surtout les deux petits doigts, furent longtemps malades. Pas de bois encore une fois. Cent dix-huit ânes sont gelés; près de deux cents sacs d'orge perdus; cinq ou six soldats de mon régiment manquent à l'appel; le 56ᵉ et le

32° en perdent trois pendant la nuit. Avec des hommes moins éprouvés, c'eût été un désastre épouvantable.

Le 13, à huit heures et demie du matin, en route par un magnifique soleil pour Teniet-el-Haad. Le colonel nous apprend qu'Abd-el-Kader a razzié des tribus amies à vingt-cinq lieues d'Alger, et que son lieutenant Ben-Salem est sur les bords de l'Iser, à cheval sur la route d'Oran. Des courriers arabes nous avaient rejoints dans la nuit. Ils avaient été complétement dévalisés par les partisans de l'émir, sauf un qui avait caché ses dépêches, je ne sais comment. Nous campons à Aïn-Oussrah, puis sur les rives de l'Oued-Besabis, où nous séjournons. Nous sommes à environ cinq lieues de Teniet-el-Haad, où s'en retourne un convoi de chameaux qui nous est arrivé de Boghar.

Indépendamment d'approvisionnements pour nous, ce convoi avait pris à Tiaret de l'orge destinée à la colonne Pélissier, avec laquelle nous devions faire jonction à Teniet-el-Haad. Les retards de la route causés par le mauvais temps ont empêché cette jonction, et nous apprenons que le colonel Pélissier, manquant de vivres, a quitté Teniet.

Les gens entendus prétendent que nos courtes marches et notre séjour actuel étaient un calcul de la part du colonel Renault. Il ne se souciait nulle-

ment de se placer sous les ordres du colonel Pélissier, dont il connaissait le caractère énergique et
qui, par son ancienneté de grade et sa position dans
l'état-major, aurait été hiérarchiquement son chef.

Ces appréciations sont discutées dans le camp,
mais, bien entendu, nul ne peut donner une solu-
tion exacte.

Quoi qu'il en soit, après des marches incessantes
et pénibles, un jour de repos est le bien venu.

C'est l'heure des réparations pour les guenilles,
l'heure des réflexions pour ceux qui ont le malheur
de réfléchir. Or, je trouve dans mon journal des
pensées sur la valeur desquelles il y a sans doute
quelque chose à rabattre. Cependant ces phrases
écrites sous l'impression du moment, dans le re-
cueillement éloigné des états-majors et de leur entourage, contiennent une portion importante de
vérité.

La prise d'Abd-el-Kader renverserait trop d'espérances, détruirait trop d'ambitions. L'émir une
fois prisonnier, la tête de l'insurrection une fois
domptée, la guerre serait finie, et alors comment
devenir général, voire même maréchal? Ce n'est
que par les combats que l'on peut acquérir des
grades.

Le seul homme consciencieux de l'Algérie, c'est
l'homme indignement attaqué par les avocats hargneux de la Chambre, c'est le maréchal Bugeaud,

duc d'Isly. Il veut combattre, il veut pacifier, il veut coloniser et, pour ces trois volontés, il a des plans judicieux.

Pour satisfaire aux criailleries des journaux soi-disant libéraux, le général de la Moricière s'est empressé d'adopter un système politique contraire à celui du maréchal, le système de la clémence. Or ce général est brave, il sait entraîner ses hommes; mais a-t-il du jugement? C'est ce que l'avenir nous apprendra.

D'ailleurs, il n'est pas besoin d'avoir pratiqué longtemps les gens que nous combattons et d'avoir longtemps étudié leur caractère, pour comprendre que, sous notre double titre de conquérants et de chrétiens, nous sommes également odieux aux peuples dont nous occupons le pays. Leur soumission sera donc difficile.

Ce n'est qu'en suivant encore, durant de longues années, le système de nos prédécesseurs : le sabre et le bâton, ce n'est que par l'inspiration de la crainte que l'on pourra espérer dompter le caractère fanatique et exalté des Arabes.

Je crois le général de la Moricière assez intelligent pour comprendre que ce système, suivi par les généraux Négrier, Bedeau, Bourjolly, Cavaignac, est le seul bon. Mais il faut à son orgueil ou à son amour-propre quelque chose de neuf. Il faut être plus tard gouverneur de l'Algérie.

Aussi, au lieu d'anéantir les Traras, acculés à la
mer, après Sidi-Brahim, il faut leur tendre la main
et leur accorder un trop généreux pardon.

Ceux qui parlent de l'affection du soldat pour
La Moricière mentent impudemment. S'il a des
amis, ce sont ces ambitieux qui, rangés sous sa
bannière, forment, en dénigrant le vieux maréchal,
ce fameux cercle d'admiration mutuelle de la province d'Oran, cercle où la louange, comme un bal-
lon, va et vient de l'un à l'autre membre.

Comment le soldat, le simple soldat, en plaine
depuis onze mois, abîmé de privations, sans souliers, sans capote, sans pain et sans café, épuisé
par des marches incessantes de jour et de nuit,
pourrait-il aimer un pareil général? J'en appelle à
tous ceux qu'il a conduits devant des champs de
blé à peine mûrs en leur disant de son ton gouail-
leur, son vingtième cigare à la bouche : « Vous vou-
lez du pain?... En voilà! » J'en appelle aux zouaves,
à ces zouaves qu'il a formés. J'en appelle aux
braves soldats du 3e léger qu'il a renvoyés exténués
à Mascara en entendant leurs cris d'indignation et
leurs menaces. J'en appelle au colonel de ce régiment, le digne M. Gachot, qui a payé au prix de
son honnêteté intacte le droit et l'honneur de rester huit ans avec son grade en Algérie, tandis que
tant d'autres, après quelques campagnes, voyaient
pleuvoir sur leur épaulette les étoiles expédiées

de Paris, sur la demande intéressée des chefs.

Le général de la Moricière n'aime que les subordonnés flatteurs et de son parti.

Il est au plus mal avec le général Cavaignac qui commande à Tlemcen. Cette ville manque de tout. Le pain y coûte un franc cinquante centimes le kilo, et le vin un franc quarante centimes le litre, parce que La Moricière a défendu de diriger sur le lieu de résidence de Cavaignac d'autres convois que des convois de poudre. Si celui-ci réclame, on lui répond d'Oran : « Ravitaillez-vous par Djemmaa, » où l'on sait qu'en hiver les bestiaux ne peuvent aborder. On ne transmet pas ses rapports non plus que ses propositions au ministre. Tout cela s'entasse dans les cartons de la division.

Les généraux Bourjolly et Géry vont payer par leur rappel en France, c'est-à-dire par une disgrâce, l'opposition qu'ils ont voulu faire à M. de la Moricière. N'est-ce pas ce grand homme qui disait au général Korte, lequel avait failli s'emparer de l'émir : « Mais, général, y pensez-vous ? Vous vouliez donc nous mettre sous la remise ? »

On a beau multiplier les colonnes, tant que les chefs, plus ou moins habiles, plus ou moins consciencieux, qui les commandent, ne s'entendront pas entre eux, et poursuivront, comme les maréchaux de l'Empire pendant la guerre d'Espagne, de vaines satisfactions d'amour-propre, l'émir ne

sera pas pris. La paix, alors inévitable, ferait trop
de tort à leur ambition.

En somme, dans cette nouvelle croisade de la
civilisation contre la barbarie, ce qu'il faut admirer c'est d'abord la troupe, puis les officiers subal-
ternes et, parmi les officiers supérieurs, ceux qui
font leur devoir sans s'attendre à ce que les honneurs et les décorations s'amoncellent sur eux.

Les officiers ne reçoivent même pas l'indemnité
accordée aux camps moins dangereux de Bordeaux
et de Lyon. Obligés de payer quatre-vingts francs
de pension pour mal vivre à Mascara et à Tiaret,
subissant en plaine toutes les privations, forcés de
renouveler à leur rentrée en garnison tous leurs
effets usés pendant les sorties, de se monter, de
s'équiper, de remplacer les pertes à leurs frais, de
payer les bêtes qui périssent et leur chère nourriture, ils s'épuisent et deviennent vieux à trente-
cinq ans, blanchis, non par l'âge, mais par les nuits
passées sur la terre gelée, ou par les journées de
quarante degrés de chaleur et les fatigues de toute
sorte.

Et les soldats, les pauvres soldats! Je renonce
à peindre leurs souffrances physiques et morales.
Déjà je les ai vus, la faim au ventre, se disputer les
entrailles des animaux crevés ou égorgés, faire cuire
sur des racines d'herbes mouillées ou sur des ossements cette répugnante nourriture de la dévorer.

Je les ai vus couverts de vermine, la capote percée de trous rapiécés avec de la peau de mouton, et réduits à des chaussures taillées à l'abattoir, quand on voulait bien le leur permettre.

J'ai vu ces malheureux soldats passer des nuits atroces, se lever le lendemain les mains et les pieds gonflés par le froid, leur habit gelé sur eux, ou bien par le soleil, obligés de marcher sous un ciel de plomb, sans eau, devenir bleus, et perdre la vie ou la raison en cinq ou six minutes. Et qu'ont-ils à espérer? rien, pas même un grade, pas même une croix, dont le gouvernement n'a jamais été plus avare.

A quoi bon tant de misère? Depuis que nous battons la campagne sous les ordres du brillant colonel du 6ᵉ léger, qu'avons-nous fait, en définitive? Sauf les coups tirés sur les perdrix ou les lièvres, jamais la poudre n'a parlé contre l'ennemi. Nous avons exécuté des razzias dans lesquelles les amis n'ont pas été plus ménagés que les adversaires, et quelquefois l'Aurore aux doigts de rose a découvert les erreurs de la nuit.

On rendait alors aux gens pillés les restes de leurs troupeaux, un tiers à peine ; mais leurs tentes avaient été brûlées, les moutons et les bœufs distribués aux hommes ou tués clandestinement par eux. Que voulez-vous? les chefs s'étaient trompés ou les espions avaient une vengeance particulière à assouvir.

Cela n'empêchera pas les secrétaires de passer les jours et les nuits à décrire, en termes pompeux, ces tragiques méprises. Bientôt les presses gémiront pour apprendre à la France entière les hauts faits, ainsi que les noms, triés sur le volet, d'une douzaine de héros sans coup férir, aux talents, à l'habileté, au courage desquels on aura dû ces faciles triomphes.

CHAPITRE VII

Le 17 février, le 1er bataillon va, dès neuf
heures du matin, au-devant d'un convoi qui nous
est annoncé de Teniet. Nous le rencontrons près
d'une petite redoute, poste avancé de cette place.
Pendant la halte, nous visitons la redoute et nous
faisons un succulent déjeuner de vin, de pain et de
fromage de Gruyère. Nous prenons le café chez un
capitaine de zéphyrs, M. Gouvion-Saint-Cyr, parent
du maréchal, — il est resté capitaine, — et nous
pouvons admirer un des héros de Mazagran, M. le
capitaine Magnan, lieutenant lors du fait d'armes.

Le 18, par la route suivie hier, nous remontons
les bords de l'Oued-Besabis. Le temps tourne à la
pluie et à la neige. Le ruisseau change de nom à la
redoute et s'appelle l'Oued-Issa. Le fait est fréquent
en Algérie, chaque tribu donne un nom différent

au ruisseau qui traverse son territoire. .De là des complications assez fréquentes de détails géographiques. Il devait en être de même autrefois chez les tribus de la Gaule.

Le convoi de la veille nous a amené vingt-cinq mille rations de biscuit, environ dix jours de vivres, car nous sommes deux mille quatre-vingt-seize parties prenantes et mangeantes dans la colonne.

Je constate que, décidément, il n'était pas besoin de fleuves, de montagnes, de douaniers, de bornages quelconques, pour apprendre à nos hommes s'ils étaient dans la province d'Oran ou dans celle d'Alger. Il leur suffisait de comparer les biscuits noirs, moisis, pleins de vers, de la région soumise à l'autorité de *Bou-Haraoua* — le père la Trique, comme les Arabes appelaient le général de la Moricière, — aux biscuits blancs, secs, savoureux, un vrai dessert, qu'ils venaient de recevoir et qui témoignaient que le bon, l'honnête maréchal Bugeaud nous tenait plus directement sous sa surveillance.

Nous apprenons l'affaire malheureuse arrivée au 2e bataillon léger d'Afrique, sous les ordres du commandant Prévost. Entouré par les Kabyles dans les montagnes de l'Ouarensenis, il a eu quatre hommes tués dont un fourrier. Un capitaine a eu la cuisse traversée. Il paraît que c'est le capitaine Cler. — Cet officier est devenu plus tard célèbre comme co-

lonel des zouaves de la Garde. Il a été tué, général,
à Magenta.

Un agha du pays avait appelé le commandant
Prévost afin de châtier les tribus, et trop de confiance aurait amené ce léger échec.

Nous marchons pendant trois lieues, le 19, par le
mauvais temps, dans la direction de Boghar et campons près de l'Oued-Mghilah.

Le 20, nous faisons sept lieues, toujours dans la
même direction. Nous traversons plusieurs petits
ruisseaux d'eau salée. Des efflorescences salines se
font remarquer dans les crevasses de nombreux
monticules que nous franchissons avec assez de
peine. Aussi le sol, de couleur cendrée, est-il nu et
les collines sont-elles déboisées. Nous nous arrêtons près du beau marabout de Sidi-Bouzid.

Nous arrivons sous Boghar le 21. Toujours le
même terrain. Un peu d'eau saumâtre dans le creux
des nombreux oued que nous passons. Le sol s'en-
fonce et fuit sous le pied.

Nous entrons le 22 à Boghar.

Ce poste, comme tous ceux de la zone militaire,
est situé sur une hauteur qui commande l'un des
versants de la plaine du Chéliff et de ses affluents.
A Boghar aboutit la route de Médéah.

C'est un véritable nid d'aigle, ou plutôt de vau-
tour, juché juste sous le méridien d'Alger. Fondé
depuis 1841, ce poste voit s'augmenter peu rapide-

ment ses habitants civils, à cause de l'éloignement des points intermédiaires et de la difficulté des communications. Il est à trente-cinq lieues d'Alger, à vingt-cinq de Tiaret. J'ai remarqué quelques maisons. La ville s'entoure d'une ceinture de murs en forme de remparts. Peu de ressources comme vivres. L'eau y est bonne. Quelques bois résineux, thuyas, lentisques, etc. Dans les buissons, beaucoup d'asperges sauvages que je cueille et dont nous faisons de délicieuses omelettes.

A trois quarts de lieue de Boghar, dans la plaine, le vieux Boghari, où Abd-el-Kader avait jadis installé une fonderie, des moulins et quelques autres ouvrages importants, à l'aide de déserteurs de la légion étrangère. Tout cela est actuellement en ruines il n'y reste plus d'autres habitants que quelques pauvres familles arabes et des femmes à l'usage des caravanes.

Le 23, nous quittons Boghar, où je nesais ce que nous sommes venus faire, pour camper sur les bords de l'Oued-Medgilil, marcher pendant cinq lieues, le lendemain, et nous arrêter à une lieue et demie du marabout de Sidi-Bouzid. Le 25, deux compagnies du 3e bataillon de notre régiment partent en reconnaissance avec un escadron de spahis et de chasseurs d'Afrique. On a, dit-on, entendu des coups de fusil pendant la nuit et même pendant la matinée.

La reconnaissance rentre au camp. Rien de nouveau et nous nous en allons... pas bien loin, jusqu'au marabout. Notre colonel a reçu un courrier du général Bedeau, qui lui demande des nouvelles d'Abd-el-Kader. L'émir a été écrasé net par Yusuf.

Le colonel a probablement répondu à son tour au général en lui demandant des nouvelles d'Abd-el-Kader ainsi écrasé.

Ordre d'aller chercher des vivres à Boghar, dont nous sommes à six lieues. Contre-ordre. Un convoi nous vient de Teniët-el-Haad.

Notre nuit du 28 au 29 est assez accidentée; mais on ne nous décorera pas. Un factionnaire de grand'-garde tire un coup de fusil sur un soldat, qui est légèrement atteint. Un chien, accusé de la rage, mord un factionnaire du 32e, un voltigeur du même régiment et deux soldats du 56e.

On panse les blessés; le chien ne se retrouve pas et je suis commandé pour aller, à une lieue et demie du camp, maintenir le bon ordre dans un marché arabe, ou plutôt pour voir ce qui s'y passe.

J'avais avec moi trente fantassins et six cavaliers. A mesure que j'approchais du marché, je voyais les sentiers qui y conduisaient couverts d'Arabes en revenant. Ils emmenaient avec eux les bœufs et les moutons achetés et il n'était que dix heures et demie du matin.

Ce marché, complètement en plaine, se tenait entre le camp et Boghar.

Lorsque je vins à le découvrir du haut d'une éminence, le nombre des Arabes qui s'y trouvaient me parut être encore de dix-huit cents à deux mille.

Je fis placer mes soldats dans un ravin d'où ils pouvaient voir sans être vus et, accompagné de deux fantassins et de quatre spahis indigènes, je me dirigeai vers la réunion : j'étais le premier Français qui y fût parvenu.

Les marchandises consistaient principalement en moutons, bœufs et chevaux. Ces derniers ne furent vendus qu'à la fin du marché, lorsque leurs possesseurs jugèrent qu'ils ne pouvaient s'en débarrasser plus avantageusement.

Le blé, l'orge, étaient représentés par quelques sacs ; puis venaient des figues, des raisins secs, des oranges ; deux ou trois marchands juifs avaient un étalage de burnous blancs, de mauvais calicot, de ceintures et de quelque peu d'épicerie.

Je pus juger, par le bruit et les cris des vendeurs et des acheteurs, que les transactions allaient grand train.

Je me mis de la partie et voulus acheter de l'orge. Chose impossible ! Quand je donnais le prix demandé, les Arabes, amis ou complices du vendeur, se groupaient autour de lui et surenchéris-

saient par des offres exorbitantes. Il était difficile de
s'entendre. Cependant, à l'aide d'un petit Boghari,
je parvins à faire l'acquisition d'un peu d'orge,
d'œufs, de figues et de raisins.

Les Arabes préfèrent les douros espagnols —
5 fr. 60 — à nos pièces de cinq francs et j'eus de
la peine à les décider à accepter, pour le prix de
mes achats, notre monnaie française.

Il n'y eut pas trop de querelles et pas du tout de
sang répandu ; de sorte que, vers deux heures,
voyant le marché à peu près fini, je rejoignis le
camp.

Je m'étais trouvé au milieu d'environ trois mille
Arabes et, sur ce nombre, douze cents au moins
étaient montés et bien armés de fusils et de longs
poignards.

Certes, si ces gens-là avaient été audacieux, ils
auraient pu facilement enlever mes trente hommes
d'escorte, peut-être surprendre le camp et faire un
mal considérable.

Autant qu'il m'a été permis d'en juger, cent
cinquante ou cent soixante mille francs ont dû ce
jour-là passer entre les mains des Arabes.

Notre camp reste immobile. Dans la nuit du
1er au 2 mars, un coup de feu est tiré pendant la
nuit sur un Arabe conducteur du convoi, d'autres
disent sur un soldat en chemise, qui s'éloignait des
faisceaux sans avertir. Le temps est mauvais et

c'est sous la pluie que nous venons camper, près
de Boghar, à El-Fékah, où nous nous joignons à
d'autres troupes. Le bruit court que nous devons
renforcer la colonne du général Bedeau dans la
Kabylie, puisque nous sommes placés sous les
ordres du général Yusuf pour une expédition dans
le Sud. C'est ce dernier bruit qui est le bon.

Le 4 mars, à trois heures, tous les officiers
montés vont au-devant du général, auquel, le lendemain, les Arabes apportent une lionne tuée.

Je retrouve parmi son escorte un ancien camarade de collège, un petit-fils de Mme Tallien, actuellement, après mainte vicissitude, brigadier de spahis. Il est superbe dans ses bottes plissées de
maroquin rouge sans semelles! Notre reconnaissance est arrosée de malaga et de frontignan,
récoltés à Cette, dans une épicerie espagnole de
Boghar. J'y ajoute du fromage de Marolles.

En remerciement de ma cordiale réception, lui
m'envoie un morceau de la lionne tuée.

Le 7, nous entrons en campagne, à onze heures
trois quarts. On ne saurait trop préciser dans cette
expédition mémorable.

Notre colonne était composée, en infanterie : de
dix bataillons des régiments vieux et éprouvés de
l'Algérie, 6e léger, 13e léger, 33e et 56e de ligne ;
en cavalerie, d'escadrons du 5e chasseurs de France,
de chasseurs d'Afrique et du 1er spahis, plus de

cinquante-huit gendarmes, qui, venant tous de Médéah, nous rejoignirent à une lieue environ de Boghar. Le temps s'était remis au beau pour la circonstance.

Le général réunit tous les officiers de la colonne ainsi constituée et, du haut d'un petit tertre, nous tint à peu près ce langage :

« Messieurs, je suis fier que le maréchal m'ait fait le plaisir de me donner votre commandement — il prononçait *commindemenne* — et, d'abord, je vous préviens que je m'exprime difficilement, mais je compte sur votre indulgence : avec mes bons sentiments et ma bonne volonté, nous finirons par nous entendre.

« Je vais vous expliquer le but politique de la guerre. Abd-el-Kader, repoussé par le maréchal, est à dix-huit ou vingt lieues à l'est; d'un autre côté, sa daïra, que vous appelez Smalah, chassée par l'empereur du Maroc et poursuivie par le général Cavaignac, se dirige sur le Djebel-Amour. Notre but est d'atteindre l'un ou l'autre. Notre troupe est lourde; mais nous ferons des marches forcées, des marches de nuit, et, avec votre zèle, votre habileté et l'énergie du brave colonel qui vous commande, — ici, le colonel Renault salue, — nous parviendrons à des résultats. Je comptais ne partir que le 8, parce qu'Abd-el-Kader ne devait quitter la Kabylie que le 9 ou le 10; mais une lettre du colonel Camou m'a décidé. Du reste, messieurs, souvenez-vous que vous n'avez en moi qu'un ami et un camarade de plus. »

On applaudit ferme et l'on partit aussitôt.

Le petit discours d'Yusuf, débité lentement et avec un accent musical point du tout désagréable, inspira à nos anciens les réflexions suivantes :

On était étonné de voir, contre tous les règlements en vigueur, le colonel Renault se mettre sous les ordres d'un général au titre indigène. Il est vrai que d'autres colonels l'avaient fait avant lui.

On admira l'adresse dudit général, se servant du mot de *daïra* pour désigner la réunion des bagages et des femmes d'Abd-el-Kader. La *smalah*, ayant été prise par le duc d'Aumale (?), ne pouvait pas être reprise par Yusuf, sans exciter des clameurs dans les journaux et dans le public.

Enfin, ceux qui connaissaient, pour avoir déjà servi sous ses ordres, ce grand éreinteur d'hommes et de chevaux, furent médiocrement satisfaits de son annonce de marches forcées, de jour et de nuit. Ils prévirent des fatigues inouïes, et l'expérience justifia bientôt leurs prévisions.

Quant à moi, ce speech, rehaussé par l'éclat de la mise en scène, me plut. J'avais bon pied, bon œil, bon estomac, et je défiai *in petto* le biscuit sec l'eau saumâtre et les courses prolongées.

A quelle nationalité appartenait le général Yusuf?
Il l'ignorait lui-même, ainsi que son âge. On le disait né à l'île d'Elbe en 1807, ou dans le midi de la
France, en 1810. Ce qu'il y avait de certain, c'est
qu'il avait été enlevé, tout eufant, par des pirates
et emmené à Tunis, où sa rare beauté détermina le
bey à l'acheter.

Ce prince le fit élever en musulman au milieu
des femmes de son harem et l'eut bientôt pour fa-
vori.

Yusuf noua une intrigue amoureuse avec Ka-
boura, sa fille, et n'échappa à la mort qui l'attendait, à la suite de la découverte de sa liaison, que
grâce à un brick français.

Nous étions à Alger — c'était à la fin de 1830 —
le brick qui l'avait sauvé l'y débarqua. Sa conscience légère lui permit de se donner corps et âme
à la France et il nous rendit d'abord de grands services comme interprète. Ensuite, son dévouement
et sa bravoure, son habileté, sa connaissance des
mœurs algériennes, son influence sur les indigènes,
le firent nommer capitaine dans les spahis que l'on
venait d'organiser. On lui dut la prise de Bône, en
1832. En 1836, il battit complètement Abd-el-Kader,
lors de l'expédition de Tlemcen, et fut nommé bey
de Constantine ; mais, notre expédition contre cette
ville ayant échoué en novembre, il ne put prendre
possession de son beylick.

L'année 1837 le vit à Paris. Sa beauté mâle, autant que sa grâce et son habileté comme cavalier, attira tous les regards.

De retour à Alger, il obtint le commandement d'un détachement de spahis; un peu plus tard, des chasseurs d'Afrique. Il devint colonel d'un régiment de cavalerie légère et finit par voir toute la cavalerie irrégulière sous ses ordres.

Présent à la plupart des campagnes qui signalèrent l'administration du père Bugeaud, lequel le tenait en haute estime, il contribua beaucoup à la soumission du pays. Après la bataille d'Isly, il passa général hors cadres.

Revenu à Paris dans les premiers jours de 1845, il embrassa le christianisme et Mlle Weyer, nièce du général Guilleminot ou du général Jacqueminot, — je ne sais trop lequel, — qu'il épousa. Voilà sa biographie officielle jusqu'à cette époque.

CHAPITRE VIII

Encore une lettre du colonel de Montagnac. — Fin de la biographie du général Yusuf. — Aïn-Oussrah. — Aïn-ben-Nahr. — Champ de bataille du colonel Camou. — L'empire des perdrix et des lièvres. — Le canard des *Chotts*. — Déroute d'Abd-el-Kader. — Un drapeau de l'émir. — Étrange délivrance.

Je trouve dans la correspondance du colonel de Montagnac une lettre que cet officier écrivait lorsqu'il n'était encore que capitaine au 1er régiment de ligne. Elle est presque entièrement consacrée à Yusuf. Ce que je vais en mettre sous les yeux du lecteur m'aidera à terminer, sinon l'histoire complète de notre commandant en chef, du moins celle de la partie de sa vie où son nom causa quelque rumeur :

Oran, 18 mars 1840.

J'étais à Oran avec ma compagnie, tandis qu'on se battait à trois lieues de là, à Miserguin. Croyez-vous que ce soit exaspérant ?

Le 12 de ce mois, trois ou quatre cents cavaliers arabes vinrent enlever les troupeaux de nos douars qui paissaient à trois quarts de lieue du camp. Maître Yousouff, le *fameux* colonel Yousouff, le héros du jour, qui commande à Miserguin, où il se trouve avec son régiment de spahis et huit compagnies du 1er de ligne, averti aussitôt, ne tarde pas à se mettre en campagne avec tout son régiment de spahis, qu'il fait suivre par quatre compagnies du centre du 3e bataillon du 1er de ligne.

Son régiment déployé en tirailleurs, il s'avance en toute sécurité, sans se faire éclairer, sans prendre aucune des précautions qu'on ne néglige jamais impunément à la guerre, surtout avec un ennemi aussi audacieux, aussi rusé que celui que nous avons à combattre. Comme réserve, il n'a que deux des quatre compagnies d'infanterie, déployées en tirailleurs en arrière.

La fusillade s'engage de loin avec quelques centaines de bédouins qui fuient devant lui et l'encouragent ainsi à se porter en avant. Mais arrivé à une lieue de Miserguin, dans ce beau vallon de Tlemcen-Meth, il est accueilli par des hourras formidables et, de tous les côtés, sortent des nuées d'Arabes. Les spahis sont bientôt débordés. Le désordre se met dans leurs rangs; la déroute est complète. Toute l'énergie des officiers est impuissante pour arrêter une masse de fuyards terrorisés. Le peu de Français et de Turcs qui font partie de ce corps résistent seuls; les indigènes les ont abandonnés.

L'ennemi, enhardi par la faiblesse des nôtres, les poursuit à outrance; il y met un tel acharnement que ses cavaliers traversent pêle-mêle, avec nos spahis, une ligne de tirailleurs formée de deux compagnies du régiment.

Rien ne les arrête, ni le feu de nos tirailleurs qui les attendent à bout portant, ni celui des deux autres com-

pagnies de réserve, qui sont restées plus en arrière sous
le commandement de M. le chef de bataillon d Anthouard.

Nos deux compagnies de tirailleurs, abandonnées par
les spahis en fuite, sont entourées par des nuées de
cavaliers qui, persuadés que ces hommes, à pied et
divisés sur une ligne assez étendue, ne peuvent leur
résister, se précipitent sur eux avec fureur.

Nos deux compagnies, trop faibles pour lutter, en
plaine surtout, contre cette avalanche de cavaliers qui
les assaillent de toutes parts, se réunissent par
petits paquets et rejoignent en bon ordre les deux
compagnies de réserve. La manœuvre était dangereuse,
sous le feu d'ennemis aussi nombreux ; mais elle a été
parfaitement exécutée, et ces petits hérissons dont
chaque épine lançait une balle bien ajustée, ont maintenu à distance nos intrépides adversaires, jusqu'à ce
qu'ils aient rejoint leurs camarades.

Les quatre compagnies réunies, à deux lieues du
camp, privées de cavalerie, serrées de près, n'ayant
pour toute ressource que deux obusiers de montagne,
se mettent alors en retraite et regagnent, à une demi-
lieue de là, les quatre autres compagnies du centre du
régiment, qui étaient restées en réserve à Miserguin,
mais que le colonel Yousouff, dans sa détresse, avait fait
venir pour porter secours aux troupes engagées. Déjà
ce petit bataillon était lui-même très vivement aux
prises avec les Arabes qui s'étaient jetés à la poursuite
des spahis, impossibles à rallier, lorsque M. d'Anthouard,
avec ses quatre compagnies du 5ᵉ bataillon, vint les
rejoindre.

C'est alors que, sur l'ordre insensé du colonel Yousouff,
s'exécuta, au plus vif de l'action, un mouvement qui

pouvait avoir les conséquences les plus funestes. Pour donner passage aux quatre compagnies qui venaient se fondre avec lui, le commandant Mermet dut ouvrir son carré. Il en résulta un désordre pendant lequel nos malheureux fantassins furent très exposés. Si l'imbécile dont on veut faire un héros avait eu la moindre notion de notre tactique, il aurait compris que deux bataillons échelonnés pour battre en retraite se seraient soutenus réciproquement et auraient fait beaucoup plus de mal à l'ennemi, sans lui donner autant de prise qu'un seul bataillon en l'air.

Le carré formé par les huit compagnies du 1er de ligne, ayant dans son intérieur les cacolets, les blessés, deux obusiers et, devinez qui, je vous le donne en mille, — Yousouff, Yousouff le colonel de cavalerie, que son régiment en désarroi cherche partout pour se rallier, — ce carré est attaqué sur toutes ses faces par des milliers de cavaliers qui semblent sortir de terre. Ils reçoivent à vingt-cinq pas le feu de nos hommes. Ces décharges réitérées ne les découragent pas. Ils reviennent avec plus d'audace et toujours plus nombreux, en poussant leur cri rauque, lâcher leurs coups de fusil à portée de pistolet. Nos petits soldats, dont l'aplomb, dans cette circonstance, est d'autant plus admirable qu'ils assistaient pour la première fois de leur vie à pareille fête, les attendent avec calme, et leur ripostent par des coups dont la justesse a dû être appréciée par nos ennemis, qui ont payé cher leur témérité.

Enfin le bataillon, composé de huit compagnies du centre, formant à peu près 600 hommes, abandonné à lui-même à une lieue et demie du camp, se voit enveloppé pendant une heure par trois ou quatre mille cavaliers, et se retire lentement, sans avoir donné prise à

nos féroces assaillants, qui croyaient cette proie facile à
saisir, et qui déjà voyaient les têtes de chacun de nos
pioupious accrochées à l'arçon de leurs selles.

Heureusement que le *tourloutou* sait défendre ses
oreilles !

Les Arabes ne se sont retirés qu'à cinq heures et
demie du soir, lorsqu'ils ont aperçu les renforts venant
d'Oran déboucher sur les hauteurs de Miserguin.

Cette retraite fait le plus grand honneur au brave
commandant Mermet, qui a su maintenir son bataillon
dans un ordre parfait, et imprimer, par ses paroles militaires quelquefois facétieuses, par son sang-froid, le
sentiment de leur devoir et de leur force à des hommes
qui pour la première fois de leur vie entendaient la musique des balles. L'honneur de cette journée revient
donc sans partage au commandant Mermet, quoi qu'en
dise notre niais de général, dans un *bulletin absurde,* où il
attribue *aux habiles dispositions prises par le brave colonel
Yousouff* tout le succès de l'affaire.

Il est beau, le succès ! parlons-en : une déroute du régiment de spahis, déroute qui, sans la bonne contenance
de nos pauvres petits *pioupious,* entraînait la perte de
toute la province d'Oran !

Si les Arabes, au lieu de s'emballer à la poursuite des
spahis et de s'acharner contre notre carré, s'étaient, par
un mouvement tournant, portés sur Miserguin, ils y
entraient sans la moindre difficulté, — Yousouff ayant
enlevé toutes les troupes qui gardaient le camp. Si
même ils n'avaient pas été arrêtés dans leur succès par
notre petit bataillon, ils se précipitaient d'un seul trait
dans le camp et y massacraient tout ce qui s'y trouvait.

Maîtres de ce point important qui est la clef de l'enceinte que nous nous sommes réservée, ils coupaient de

leur ligne de retraite les troupes venant d'Oran, et qui seraient arrivées trop tard pour empêcher ce désastre ; ils pénétraient jusqu'à Oran, qu'on avait dégarni de toutes ses troupes, et anéantissaient toutes les tribus alliées qui sont venues chercher protection sous le canon de la place.

Dès lors, répandus dans les montagnes jusqu'à Mersel-Kébir, ils étaient maîtres de toutes nos communications, et nous ne pouvions plus mettre le nez hors des murs de la ville sans recevoir des coups de fusil.

Telles eussent été les conséquences de l'équipée de maître Yousouff dont, malgré tout, on veut faire un héros, et, qui plus est, le héros de cette journée où il a mérité qu'on lui enlève tout commandement.

Le brave commandant Mermet a rempli là une belle page de sa vie militaire, et, du reste, l'opinion de l'armée est unanime pour proclamer qu'il a sauvé la province d'Oran.

Les Arabes nos alliés ont tellement apprécié notre conduite dans cette affaire, et le service immense que nous avons rendu au pays, qu'ils ne savent comment nous exprimer leur satisfaction, leur joie. Eux, si peu expansifs de nature, venaient nous baiser les mains, prenaient les pans de capote de nos soldats pour les porter à leurs lèvres. Partout, dans leurs tribus, il n'est question que de cette affaire, et ils exaltent bien haut le petit troupier français. Lorsque nous sommes arrivés sur le lieu du combat, au moment où les derniers coups de fusil se tiraient, j'ai entendu quelques chefs arabes qui suivaient l'état-major du général, et qui avaient été obligés de se retirer dans notre carré lors de la déroute des spahis, dire : « C'était un blockhaus de feu. » Cette expression énergique de la part de ces hommes, bons juges en pareille matière, prouve bien la belle contenance de nos braves petits fantassins.

Eh bien!... cette affaire qui honore notre 1er de ligne a déjà été exploitée à son détriment par quelques intrigants, jaloux de la part de gloire qui lui revenait.

Il y a déjà eu quatre bulletins de faits pour cette escarmouche : le premier, pour Yousouff tout seul; le deuxième, pour citer ceux qui se sont particulièrement distingués, et tous les officiers de spahis y sont portés; un troisième, pour parler du commandant de place et du capitaine du génie qui étaient restés bien tranquillement au camp; enfin un quatrième, pour nommer deux officiers du régiment, un capitaine et un sous-lieutenant, dont l'oubli faisait par trop hurler. Ces deux officiers commandaient les compagnies de piquet, et c'est grâce à leur sang-froid que ces deux compagnies ont été sauvées.

Chacun se demandait comment, après les fautes qu'il avait commises, on avait pu citer Yousouff. Comme toujours, il y a de satanés farceurs qui ont le nez plus fin que les autres; ils ont découvert le pot aux roses : notre fameux général a dans le régiment de spahis un neveu, le fils de Lannes, qui ne veut plus être Lannes — nom trop roturier et sentant un peu le moulin — et qui s'appelle Montebello. Ce neveu a le *malheur* de n'être que capitaine, ce qui est vraiment désobligeant pour le fils d'un maréchal de France, et son excellent oncle veut à toute force le faire passer chef d'escadron.

Pour que Yousouff veuille bien le désigner utilement dans son rapport, il fallait naturellement que le général fît ressortir Yousouff. Et voilà!... Ce que ces tripotages ont soulevé de hurlements est difficile à dire...

Dans l'affaire du 12, notre régiment a eu six hommes

tués, vingt-cinq blessés dont un capitaine et un lieutenant. Les spahis ont perdu cinquante hommes et trente
chevaux. Ils étaient deux cents. Nos douars ont perdu
trois hommes; deux canonniers ont été blessés; deux
mulets ont été tués dans l'intérieur du carré, ainsi que
le soldat du train qui les conduisait.

Les spahis ont en outre quinze déserteurs et une
dizaine de blessés. On voit, par la disproportion qu'il y
a entre les blessés et les morts, qu'ils ont été taillés à
merci.

La déroute de Miserguin n'empêcha pas l'avancement d'Yusuf, ni la régularisation de sa position
après Laghouat et le coup d'État.

Il prit rang dans l'état-major général pour subir,
comme général français, un échec encore plus
sérieux que celui qu'il avait éprouvé comme colonel indigène. Les bachi-bouzoucks, dont il avait
entrepris de faire les spahis de l'armée d'Orient,
lui craquèrent dans la main et, tandis que les
Russes sabraient son cadre français, resté seul en
leur présence, lui, courait après ses cavaliers.

Les dédommagements ne lui manquèrent pas
plus alors qu'autrefois. Il reçut le commandement
de la division d'Alger, après le licenciement de ses
spahis orientaux qui, s'il faut en croire les mauvaises langues, lui rapporta encore autre chose.

On a dit qu'il avait vendu un bon prix les plus
belles armes de sa troupe, renvoyée dans ses foyers,

·les mains dans les poches, armes emmagasinées
par lui dans son palais — en bois — de la rue des
Spahis, à Varna.

De tout ce que dessus, je crois pouvoir conclure
que l'on a récompensé *militairement* Yusuf de ses
services politiques et qu'en lui accordant des éclairs
de bravoure, on ne saurait le considérer que comme
un assez pauvre soldat.

Sous l'impression de sa légende que j'ai rapportée avant de la faire suivre de la lettre du colonel de Montagnac, je ne pensais pas ainsi pendant
qu'il nous haranguait du haut de son tertre, ayant
près de lui M. Weyer et le lieutenant de Carayon-
Latour, entouré des officiers de spahis et de chasseurs d'Afrique, resplendissants.

De taille moyenne, la barbe d'un noir magnifique,
il était si joli homme dans sa tenue toute battante
neuve! Seulement, qu'il fût né dans notre midi,
·en Italie, en Sicile ou à l'île d'Elbe, il me sembla
que, s'il lui passait jamais par la tête de chercher
ses parents, qu'il ne connaissait pas, il n'avait
chance de les rencontrer que parmi les Juifs, dont
il avait le type et le nez plus qu'aquilin.

Le 8 mars 1846, nous quittâmes El-Fékah à six
heures et demie du matin pour aller bivouaquer à
Aïn-Oussrah.

Les compagnies d'élite du 6° léger, du 32° et du
56° mettent leurs sacs sur les mulets et forment

avec la cavalerie une colonne légère qui prend plusieurs fois le pas de course.

A Aïn-Oussrah, nous rencontrons le colonel Camou, du 58°, avec des bataillons du 33° et du 22°. La veille, ils ont eu une affaire que l'on dit brillante, avec l'arrière-garde d'Abd-el-Kader. Ils lui ont enlevé les troupeaux qu'il avait razziés sur les tribus et tué environ cinquante hommes, sans avoir d'autre mal qu'un chasseur à cheval blessé.

L'émir se serait enfoncé dans le sud-est.

Je déjeune avec le morceau de lionne donné par mon ami, le brigadier de spahis. Malgré la marinade, je lui trouve un goût excessivement fauve et sauvage. La viande est tendre, blanche et ressemble assez à du veau.

Le 9, notre général a des inquiétudes. Nous partons à deux heures du matin. Il y a séparation dans les colonnes. La colonne mobile reste au camp dans un but qui ne nous est pas indiqué; un bataillon du 33° va se ravitailler à Boghar.

Après trois lieues de marche, nous arrivons à Aïn-Ben-Nahr. L'eau en est salée. Tout près, le théâtre du combat du colonel Camou. Sur le champ de bataille, deux chevaux percés de balles et les cadavres de deux hommes que le lieutenant-colonel O'Keeffe, du 56°, fait enterrer.

Nos hommes de corvée rapportent de trois quarts de lieue de là, avec du bois, des débris de palan-

quins à l'usage des femmes et que l'on ajuste sur
le bât des chameaux, — on les nomme *ataliches*,
— des bagues grossières, des couteaux, etc. Ces
trouvailles indiquent la direction prise par les
fuyards.

Le colonel Camou campe avec nous. Il doit nous
quitter le lendemain pour se diriger vers le sud, en
nous laissant en subsistance une soixantaine
d'hommes éclopés du 22°, du 33°, des chasseurs et
des zouaves.

Nous nous reposons indéfiniment. Le 12, un courrier, payé, dit-on, cent vingt francs, nous apporte
des nouvelles de la colonne légère restée sous les
ordres du général Yusuf.

Il est à environ vingt lieues de nous et à cinq lieues
d'Abd-el-Kader. Le colonel Camou est sur la gauche. Nous occupons le centre, un peu en arrière.
Au sud de notre camp, je remarque quelques
frênes auxquels leur dureté et la sécheresse du sol
doivent faire accorder un âge avancé. Nous sommes dans l'empire des perdrix et des lièvres et je
me prépare à les inviter à dîner à tour de rôle;
mais le diabolique courrier de cent vingt francs a
apporté, avec la gazette, l'ordre de rétrograder jusqu'à Aïn-Oussrah : nous devons y attendre un convoi de Boghar, escorté par un bataillon du 33° sous
les ordres du commandant Carbuccia. Nous partons
à sept heures du matin. En arrivant au camp, mon

6.

capitaine, M. Bohn, grand chasseur devant l'Éternel,
tue un magnifique canard, dit des *Chotts* ou du
Sahara, au plumage terre de Sienne, avec un superbe collier noir. Le haut de l'aile est d'un blanc
très pur; les plumes moyennes sont d'un noir
bronzé; les rémiges, noires, ainsi que la queue; la
tête blanche, ornée d'une huppe peu prononcée.
Le bec et les pattes sont très noirs. Le dessous du
corps est d'une couleur brique plus foncée que celle
du dessus.

Notre *farniente* continue. C'est l'instant ou jamais des réflexions et des conjectures. Nous espé-
rons qu'Abd-el-Kader, chassé par le maréchal, battu
par le général Yusuf à Taza, par le colonel Camou
à Aïn-Ben-Nahr, démoralisé par les forces supérieures qui le pressent et l'entourent de trois côtés,
n'échappera pas à la cavalerie toute fraîche, arrivée de Blidah et de Médéah. S'il en est autrement,
il est imprenable, et il faudra renoncer à jamais à
l'espoir de s'emparer par la force de cet habile an-
tagoniste, que nos espions n'ont pas plutôt signalé
sur un point qu'il en est à quinze ou vingt lieues,
fortifiant par sa présence et ses prédications les
partisans de la guerre sainte, razziant nos amis,
compromettant les indifférents et les tièdes par des
obtentions forcées de cavaliers, d'argent et de
vivres.

Le 15, deux courriers, venus de Boghar vers trois

heures, annoncent que le convoi expédié de ce poste n'arrivera que demain. Cependant le lieutenant-colonel O'Keeffe donne l'ordre de se tenir prêt à partir et de remplir d'eau tous les tonneaux disponibles.

Le 16, une lettre du général Yusuf, datée du 14, nous apprend un brillant succès. Abd-el-Kader, surpris, s'est enfui avec quinze ou seize cavaliers. Ses bagages et ses mulets sont entre nos mains. Il s'est esquivé du côté de l'ouest, probablement vers le Djebel-Amour.

Le général a délivré M. Lacote, lieutenant du train, fait prisonnier au mois de septembre dernier à Tiaret, où il était chargé des affaires arabes, et l'interprète Lévy. Yusuf a poursuivi l'émir jusqu'à cinq lieues de son camp.

A dix heures et demie, arrive enfin le convoi commandé par M. Carbuccia, et le 17, à trois heures du soir, nous levons notre camp.

Nous faisons neuf lieues et rejoignons les colonnes Yusuf et Camou.

Voici les détails de l'affaire du 13 :

Avec la cavalerie ont marché les compagnies d'élite, commandées par MM. Gola et Fermier. Les hommes, montés sur des mulets, ont fait trente-quatre lieues en trente-six heures.

A une heure du matin, on tombe sur le camp d'Abd-el-Kader.

Le général Yusuf, mal informé, avait laissé allumer du feu par les hommes à cause du froid. Aussitôt les vedettes ennemies tirent deux coups de fusil, qui prouvent par leur voisinage qu'elles avaient aperçu la colonne.

Celle-ci se met en marche et, après un défilé difficile, où les cavaliers ne peuvent passer qu'un à un et à pied, on aperçoit les tentes de l'émir. Les feux étaient encore allumés. Deux côtés du camp étaient formés par les chevaux, les tentes au milieu.

On espérait qu'Abd-el-Kader y serait encore ; mais, au premier signal d'alarme, il était parti. On prend une quarantaine de mulets — au lieu de huit cents; — une centaine sont volés par les maraudeurs arabes. Trois drapeaux, douze prisonniers, quelques chevaux, quelques moutons, tels sont les fruits de la victoire.

Parmi les tentes se trouvaient celles d'Abd-el-Kader et de son lieutenant Bou-Hamedi.

Les premiers qui pénétrèrent dans le camp de l'émir furent le maréchal des logis de spahis Lafayette et M. Lamy, lieutenant d'état-major, détaché au 56e.

Celui-ci dit à Lafayette : « Ramassez ce tapis. » C'était un drapeau que l'obscurité l'empêchait de bien voir. Il s'en est arraché les cheveux de colère.

L'émir est poursuivi pendant cinq lieues comme

on nous l'avait dit. Ses cavaliers se dispersent peu
à peu et une quinzaine seulement, mieux montés,
restent avec lui.

Ses bagages, chargés sur des mulets, nous
échappent.

Quant à la délivrance de MM. Lévy et Lacote, elle
est triste. Avant de fuir, les réguliers d'Abd-el-
Kader les avaient criblés de balles. M. Lévy est mort.
On sauvera peut-être M. Lacote, bien qu'il soit
percé de trois coups de feu. Sur sept qu'on lui a
tirés, quatre ont raté. Il n'y a pas eu d'autres coups
de fusil, après ceux des vedettes.

Le général Yusuf doit continuer sa poursuite
dans le Djebel-Amour. La colonne lourde le rejoin-
dra à Taghin.

C'est égal, s'il n'a jamais autrement battu Abd-
el-Kader, il n'a pas beaucoup grevé le budget de
l'État en frais de plomb et de poudre. Et cette précaution d'allumer du feu pour prévenir l'ennemi !
Et cette cavalerie engagée à la queue leu leu dans
un défilé pour ne pas lui tomber trop vivement
dessus ! Maître Yusuf est un bien grand général.

CHAPITRE IX

Le 18, nous retournons à Boghar chercher des
vivres. La colonne Camou vient avec nous. Elle
rentrera, dit-on, à Médéah pour y jouir d'un repos
qu'elle a mérité. Nous dressons nos tentes encore
une fois à Aïn-Oussrah, où nous rencontrons la
colonne Carbuccia qui venait d'y faire séjour.

Dans ces régions privées d'eau et de bois, les
étapes sont forcément marquées et ces rencontres
fréquentes des mêmes troupes n'ont rien qui sur-
prenne.

Nous faisons sept lieues le 19. Un lieutenant du
33e, qui a préféré chasser au mulet qu'aux pouil-
leux de l'émir, m'en vend un, orné de son mauvais
mais commode équipement indigène, pour la baga-
telle de trois cent quatre-vingts francs. Ce marché

m ouvre des horizons tout neufs sur la guerre et les inconvénients qu'il peut y avoir à faire partie des colonnes lourdes. Enfin ! mon tour viendra peut-être de chasser au mulet et de remplir mes poches aux dépens de qui il appartiendra.

En attendant, j'examine mon acquisition comme un vrai vétérinaire et avec toute la sollicitude que comporte un quadrupède sur la tête duquel on vient de placer ses économies... L'animal était patriote! Il me gratifie d'un coup de pied qui fait pâlir les assistants. Deux pouces plus près, j'étais tué raide ou fort mal en point. J'avais reçu le cadeau en pleine poitrine, heureusement à l'extrême longueur de la jambe. J'en fus quitte pour brosser ma tunique, sur laquelle le drôle avait imprimé son sabot pou-dreux.

Le 20, ma compagnie étant d'arrière-garde, je n'arrive à Boghar qu'à neuf heures du soir. Nous étions partis à six heures du matin. Je passai toute la journée à invectiver mes anciens professeurs de Saint-Cyr, qui s'étaient tant démenés pour me farcir la tête d'un tas d'histoires, quand ils auraient dû s'occuper avant tout des jambes!

Boghar ne nous est guère hospitalier. Pluie, ou plutôt déluge partiel. Il ne nous en faut pas moins procéder au chargement des vivres nécessaires au ravitaillement de la colonne.

Je couche dans une petite tente-abri, en compagnie d'une de mes escouades. Je suis gelé, mouillé jusqu'aux os, et dans l'impossibilité absolue de dormir, ma tête et mes pieds dépassant les côtés de la tente. De sorte que je suis arrosé à jet continu par les deux extrémités.

Le 22, nous rompons pour dévorer *deux* lieues. La colonne Camou et le bataillon du 32e, commandé par le chef de bataillon Vinoy, partent avec nous. Quelques parapluies seraient préférables. Nous n'en causons pas moins avec nos camarades de misère,

Ils nous racontent que le commandant Vinoy, dont les troupiers, en campagne depuis onze mois, n'avaient plus ni capotes, ni pantalons, ni souliers, et dont les fusils étaient détériorés par le mauvais temps, a eu avec le général Yusuf, sous la tente de ce dernier, une scène des plus vives, et que, dans l'intérêt de ses hommes, il se serait formellement refusé à suivre cet enragé promeneur dans ses courses effrénées.

Je sais bien que ce refus est attentatoire à la discipline, quoiqu'il y ait beaucoup à dire sur le commandement de soldats français par un étranger. Mais il fait honneur à la fermeté du commandant Vinoy.

Ses hommes sont dans un état déplorable. Leurs capotes sont devenues des vestes. Leurs pantalons ont été remplacés par des espèces de caleçons en peau de mouton et ils ont, à la place de souliers, des sandales quelconques, fabriquées avec la peau des bœufs dont, par bonheur, on les a nourris.

Le bataillon, quoique tout à fait dépourvu du prestige, le fameux prestige, de l'uniforme, a fait plus que son devoir et a donné tout ce qu'il pouvait donner.

L'humanité doit l'emporter sur toute autre considération... mais nous arrivons sur les bords de l'Oued-Mghilah et maître Yusuf, qui connaît le pays et aurait dû nous prévenir, en nous y lançant après les pluies, de nous méfier, ne nous a prévenus de rien du tout.

Nous entendons un bruit formidable qui croît à chaque instant et dont nous cherchons en vain la cause. Notre tête de colonne passe tranquillement le ruisseau, presque à sec; mais au moment où le convoi et le troupeau de moutons, poussé par des Arabes à moitié nus, traversent à leur tour, une avalanche d'eau subite, entraînant avec elle des arbres arrachés, des blocs de pierre, etc., etc., remplit l'Oued par-dessus les bords.

Un chameau tombe avec sa charge dans la perfide rivière et est entraîné par le courant. Un mulet du train file avec le chameau. On parvient à sauver le mulet. Il portait des caisses de sucre.

Un fourrier de voltigeurs du 32° s'aperçoit de l'accident. Il ramène une des caisses sur la rive, y fait un trou et, tranquille comme le juste d'Horace au milieu de la confusion générale, se met gravement à sucer l'eau qui coule de la caisse et, homme prévoyant, en remplit son bidon. Je n'ai jamais tant ri.

La colonne est coupée en deux tronçons par le torrent. Je reste à l'arrière-garde sur la rive gauche, et ma tente s'ennuie d'être séparée de moi sur la rive droite.

L'eau s'épuise peu à peu et, le 23, nous allons camper, après avoir fait quatre lieues, sur les bords d'une espèce de marécage, où le commandant Carbuccia nous avait annoncé du bois, du fourrage et de l'eau. Pas de bois, pas de fourrage et une mare devenue bientôt bourbeuse sous les pieds des chevaux et des mulets. Nous recueillons l'eau avec des cuillères pour faire la soupe et le café.

Le temps se met au beau.

Ma compagnie a la chance, le 24, de partir en avant, avec le génie et une compagnie du 33e, pour préparer les voies aux bagages. Au bout de quatre lieues, nous rencontrons le Nahr-ou-Assel — *feu et miel* — rivière que l'on nous dit être plus loin le Chéliff et qui prend sa source près de Taghin.

Gonflé par les pluies, il a de six à huit pieds de profondeur, ce *Feu et Miel*, sur quinze de largeur.

Le commandant Carbuccia, désappointé, le fait remonter pendant une lieue et demie, afin de trouver un gué.

Le terrain, salé et sablonneux, produit du thym
et des chrysanthèmes. Je rémarque que plus on
avance vers le sud, plus on dirait que la masse générale des eaux, visibles ou invisibles; coule dans
cette direction, au lieu d'aller vers la Méditerranée.
La végétation devient plus active et plus verte.

Le 25, nous laissons dans une petite redoute,
construite en terre, au milieu d'une contrée pittoresque et assez fertile, le lieutenant Starck du
13ᵉ léger, avec une espèce de dépôt provisoire de
vivres et soixante-dix hommes de la colonne, à
demi invalides; et nous poussons pour notre compte
jusqu'à une autre redoute, plus importante, nommée Chabouniah, d'où nous décampons le 26 à
quatre heures du matin.

La végétation devient de plus en plus belle et plus
fournie, soit à cause du sol, soit sous l'influence de
la saison. Une immense quantité de fleurs couvre
les sables, entre autres le réséda, qui parfume
l'air. De temps en temps percent les hampes courtes de tulipes jaunes, petites, à pétales pointus.

Nous campons au marabout de Zouaghi, sur les
bords d'un petit ruisseau qui prend sa source au
pied du Djebel-Noagah.

Un peu au delà de la montagne, une construc-
tion arabe, espèce de caravansérail inhabité, appelé
Serghin, avec quelques figuiers.

Nous avons fait la grande halte dans une sorte

d'oasis où ces arbres abondent, entourée de murs
et arrosée par une source magnifique d'eau excellente. Les tortues y sont en quantité.

Nous recevons un courrier qui nous apprend que
la colonne Camou est sur les bords du Nahr-ou-
Assel, et que Yusuf, avec sa colonne mobile, a
razzié les tribus qui avaient offert la *diffa*, c'est-à-
dire l'hospitalité à Abd-el-Kader. Il paraît, de plus,
que ces tribus, mal inspirées, ont tiré sur les Français.

Le 27, une étape de cinq lieues nous conduit à
Couïba, où il nous est fait une distribution de
moutons. Chaque offficier a le sien. On en accorde
un par trente rationnaires. Ils ne s'étoufferont pas.

La journée du 28 est dure. La chaleur est très
forte et nous avons neuf lieues à arpenter. Par bonheur, il y a un peu d'eau le long de la route. Nous
nous dirigeons sur l'Oued-Meckraoula, où est
Taghin.

A moitié route, nous traversons le terrain, témoin de la prise de la smalah par le duc d'Aumale (?).

En l'honneur de ce fait d'armes, le Corse Carbuccia, espérant que l'aile des Zéphyrs — rien des
bataillons d'infanterie légère d'Afrique — porte-
rait droit la fumée et le bruit de son canon jusqu'à
Médéah où se trouve actuellement, dit-on, le duc
d'Aumale, fait tirer deux coups d'obusier à poudre.

Sans prétendre rabaisser les services du duc
d'Aumale et de ses frères en Algérie, il est permis
de dire que les coups d'obusier innocents de M. Carbuccia étaient un acte de courtisanerie, montrant
trop l'envie des épaulettes de lieutenant-colonel.
Le tapage fait en France suffisait amplement.

Prise de smalah, réunion de tentes d'un grand
personnage, ou prise de douar, réunion de tentes
d'une simple tribu, *kif-kif* comme dit l'Arabe, et
représentent l'une et l'autre une razzia, dont la
description est la même pour tous les cas :

Aussitôt l'emplacement de la tribu connu, — dit le colonel de Montagnac, — chacun se lance, se disperse dans
une direction quelconque. On arrive sur les tentes, dont
les habitants, réveillés par l'approche des soldats, sortent pêle-mêle avec leurs troupeaux, leurs femmes, leurs
enfants. Tout ce monde se sauve dans tous les sens.
Les coups de fusil partent de tous les côtés sur les misérables surpris sans défense. Hommes, femmes, enfants
poursuivis, sont bientôt enveloppés et réunis par quelques soldats qui les conduisent. Les bœufs, les moutons,
les chèvres, les chameaux, les chevaux, tous les bestiaux
enfin qui fuient, sont vite ramassés. Celui-ci attrape un
mouton, le tue, le dépèce : c'est l'affaire d'une minute.
Celui-là poursuit un veau sur lequel il roule, cul par-
dessus tête, dans le fond d'un ravin. Les autres se
jettent sur les tentes, où ils se chargent de butin ; et
chacun sort de là affublé, couvert de tapis, de paquets
de laine, portant des pots de beurre, des poules, des
armes et une foule d'autres choses que l'on trouve en

grande quantité dans des douars souvent très riches. Le
feu est ensuite mis partout à ce que l'on ne peut emporter, et bêtes et gens sont conduits en convoi. Tout
cela crie, tout cela bêle, tout cela brait. C'est un tapage
étourdissant. On quitte alors la position, fier de son
succès; alors commence la fusillade. Les cavaliers, qui
d'abord avaient pris la fuite, reviennent lorsqu'ils voient
la colonne leur tourner le dos. Ils harcèlent les arrière-
gardes; on leur riposte: on les éloigne et l'on rentre
avec ses prises, glorieux trophées d'une brillante journée.

Aussitôt arrivés, grande distribution de moutons, de
chèvres, etc. De tous les côtés, on égorge ces malheureux innocents qui, encore tout palpitants, frémissent dans
la marmite du troupier toujours affamé. Tout le monde
est satisfait : les voraces se sont rempli l'estomac; le
général en chef a grossi ses approvisionnements. Chacun
envisage l'avenir avec quiétude et s'endort en attendant
une nouvelle marche de nuit.

La smalah d'Abd-el-Kader, composée surtout de
malades, de femmes, de vieillards, d'enfants,
agglomération encombrante où se noyaient les réguliers préposés à sa garde, présentait un chiffre de
plus de douze mille personnes. Tout cela formait,
près de Taghin, une ville de tentes d'une étendue
de deux kilomètres.

Pendant que le jeune prince marchait droit sur
elle, à la tête de treize cents baïonnettes et de
six cents chevaux, le général Bugeaud, gouverneur
général, campait vers le sud-est de l'Ouarensenis,
La Moricière s'avançait à trois journées de là co-

lonne lancée en avant et pour que la smalah ne
pût passer entre ces derniers corps, l'immense
tribu des Arars, déployée comme un vaste filet
jusqu'aux abords de Tiaret, lui barrait le chemin
du Tell ou faisait semblant de le lui barrer.

La brusque attaque du duc d'Aumale, alors âgé
de vingt ans, avec cinq cents chevaux de son avant-
garde, conduits par le colonel Yusuf et le lieutenant-colonel Morris, avait été hardie, sans doute,
mais non pas téméraire, et elle avait eu facilement
raison d'une multitude affolée, encombrée de bagages et de bêtes de charge, au milieu de laquelle
les réguliers n'avaient pu même se servir de leurs
armes et s'étaient vus bientôt entraînés ou ren-
versés par la foule, tout le monde se précipitant
vers le désert, en chassant devant soi les troupeaux
aussi épouvantés que leurs maîtres.

Trois mille six cents prisonniers, les tentes de
l'émir, sa correspondance, son trésor, quatre drapeaux, un canon, deux affûts, un grand nombre
d'objets précieux pris par le duc; deux mille cinq
cents prisonniers avec chevaux, troupeaux et bagages, tombés au pouvoir de La Moricière; un
engagement victorieux avec les débris de la smalah, au pied du plateau de Djeda, engagement
dans lequel l'émir avait perdu deux cent cinquante
tués, cent quarante prisonniers, trois cents fusils,
des caisses de tambours, cent cinquante cha-

meaux, des chevaux et l'un des cinq drapeaux que
l'on portait devant lui, constituaient un triomphe
qui avait valu au général Bugeaud le bâton de maréchal de France, ainsi que les trois étoiles au duc
d'Aumale, à La Moricière et à Changarnier.

Et pourtant ce triomphe était un échec, puisque
l'objectif de l'expédition n'avait pas été atteint :
Abd-el-Kader s'était encore une fois dérobé, d'abord
devant La Moricière, ensuite au combat de Djeda.
Or, si l'on pouvait soupçonner le général de peu
d'enthousiasme pour cette prise, la précipitation
du duc d'Aumale à se jeter sur la smalah y avait
peut-être apporté un obstacle non moins sérieux.

Le prince était trop jeune pour conduire l'avant-
garde en pareille circonstance, surtout sans autres
guides que Yusuf et le brave et bouillant Morris,
et il n'allait pas tarder à montrer dans le commandement de la province de Constantine, qui avait
accompagné sa nomination au grade de lieutenant
général, que les grands ont besoin, comme tous les
autres hommes, des leçons de l'expérience.

CHAPITRE X

Quoique d'un intérêt très rétrospectif et rendant un peu longue la parenthèse par laquelle j'ai interrompu ce journal, je placerai ici une lettre du duc d'Aumale à la reine Marie-Amélie et un rapport, dû à la plume de quelque secrétaire, lequel a gardé l'incognito. Ces deux pièces prouveront la justesse de l'axiome que j'ai formulé.

Bivouac de Mérouana
le 13 mai 1841

Chère Majesté,

J'ai quitté Batna le 5; le 7 nous
avons rejoint sans coup férir notre
camp de Mç'gaour en traversant
toute la chaîne du Belezma. Le
8 nous sommes entrés dans la
montagne des O Sulthan, nous les
avons joints dans un ravin épouvantable
d'où ils se sauvaient en toute hâte
on leur a encore tué une quaran
= taine d'hommes dans leurs grottes
et pendant 2 jours on a fait dans
ces repaires un butin énorme, tous
les bagages d'Ahmed Bey ont

été pillés, et il a lui-même tué une partie des serfemmes pour se sauver plus vite. Les Ould Sulthan ont été obligés de quitter leur pays; nous les traquons depuis 5 jours, et chaque jour nous leur enlevons quelques troupeaux et quelques hommes. C'est une tribu complètement ruinée et écrasée. L'exemple était nécessaire; il valait mieux les frapper entièrement sur un qu'à moitié sur tous. Maintenant toutes les tribus demandent de se soumettre; j'espère que

cela va marcher. Excusez mon griffo-
=nage; mais je vous écris fort mal
à mon aise, n'ayant aucune espèce
de bagages avec moi pour être plus
leste dans la montagne. Je me porte à
merveille. Adieu, chère Majesté; mes
hommages au Roi et à toute la
famille

Votre respectueux fils,

H. D'ORLÉANS

Rapport

Constantine, le 24 mai 1844.

Le Prince a continué ses opérations contre les Ouled-
Sulthan avec le plus grand succès. Cette tribu a été

complètement détruite ou dispersée. Les grands se sont rendus à son quartier général pour demander l'aman.

Mais pendant que ceci se passait dans les montagnes du Belezma, un drame affreux se jouait à Biskara.

Pendant le séjour de la colonne expéditionnaire dans cette place, en mars dernier, on avait organisé, pour y tenir garnison, un détachement du bataillon des tirailleurs indigènes de Constantine, détachement dans lequel étaient entrés par enrôlement des gens du pays et des déserteurs du corps des réguliers de Mohammed Séghir, khalifa d'Abd-el-Kader dans les Zibans.

Le Prince avait fait mettre d'autorité, et par réquisition, une somme de soixante-huit mille francs à la disposition du commandant de ce détachement, pour assurer le service de la solde pendant une année entière.

En outre, les denrées provenant des contributions en nature levées dans les Zibans étaient restées entre les mains du détachement pour sa subsistance.

Dans la nuit du 11 au 12 mai, une portion du détachement a introduit par trahison dans la Kasbah le khalifa d'Abd-el-Kader et ses réguliers.

Les trois officiers — tous Français! — MM. Petitgaud, lieutenant de tirailleurs, commandant supérieur; Crochard, sous-lieutenant au même corps; Arcelin, chirurgien aide-major, — les sous-officiers, ainsi que les tirailleurs indigènes de Constantine, qui n'étaient pas dans le complot, ont été surpris et égorgés dans leurs lits; un des deux sous-officiers français, le sergent-major Pelisse, a pu seul s'échapper.

Les armes, les munitions de guerre et de bouche, la caisse et le matériel laissés à Biskara sont tombés au pouvoir de l'ennemi.

En apprenant cette nouvelle, le Prince a laissé une

colonne dans le pays de Belezma pour achever la soumission des Ouled-Sulthan, et est parti le 16 de Batna avec
3 600 hommes et 950 chevaux pour aller reprendre Biskara.

Il a laissé son infanterie à El-Kantara et, avec sa cavalerie, est arrivé le 18 à sept heures du matin devant
Biskara. Le khalifa en était sorti la veille, emportant le
trésor, les armes et les munitions de toute espèce.

Les détails qui me sont donnés par ceux qui ont visité le théâtre de la scène d'horreur qui a ensanglanté
la Kasbah, font un mal affreux ! Je n'ai pas la force de
vous les retracer.

Le jeune général de division commandant la
province de Constantine avait éprouvé là un rude
échec, dû à beaucoup d'imprévoyance. On n'en fit
pas tant de bruit que de la prise de la smalah et
aucun peintre ne le prit pour sujet. Je me hâte
d'ajouter que le duc d'Aumale n'en devait pas
moins justifier bientôt cette appréciation de M. de
Montagnac, alors chef de bataillon au 61ᵉ, à Phi-
lippeville : « Elle est réellement fort bien notre
jeune Altesse. Il y a en elle un jugement très droit,
très ferme, et un esprit sérieux étonnant pour son
âge. Non seulement c'est un prince charmant, des
plus aimables, plein de franchise et d'entrain,
mais c'est un homme. La belle province de Constantine a bien besoin d'un prince comme celui-là
pour la relever. »

29 mars 1846. — Nous rejoignons à El-Beïda,
sur la rive droite de l'Oued-Chéliff, la colonne Yusuf,

qui nous quitte à six heures du soir, emmenant le
bataillon du 33e. On parle d'une expédition à Aïn-
Madhy, à cent au sud lieues d'Alger. Cependant
Yusuf n'emporte avec lui que pour un jour de
vivres.

Nuit épouvantable.

La pluie n'a pas cessé une minute. Impossible,
tant le sable est détrempé, de penser à mettre debout les tentes. On a essayé en vain de combattre
le froid par des feux allumés au moyen de l'alfa.
Le feu n'a produit que de la fumée. Le matin nous
sommes presque aveugles et noirs comme des
nègres.

Le 30, nous séjournons. Nos troupes sont fati-
guées et commencent à murmurer. Nos compagnies sont réduites à 45 hommes, par suite des malades laissés à Boghar et à Chabouniah. Le bruit
que nous rentrerons vers le 15 avril, commence à
circuler.

Le 31, nous revoyons la colonne Yusuf. Elle
ramène trois mille moutons, cent bœufs et, coupées à des prisonniers, une douzaine de paires
d'oreilles.

Le 1er avril, trois compagnies partent pour Teniet-
el-Haad. Le bataillon du 56e reste à la rédoute de
Chabouniah. Les autres troupes doivent prendre dix
jours de vivres et former deux colonnes sous les
ordres des colonels Camou et Renault.

Le 2, nous nous remettons en route pour avaler onze lieues. La colonne Renault est d'avant-garde. Nous laissons Sidi-Bouzid sur la droite et Zénina sur la gauche. Zénina est une espèce de ville arabe, précédemment visitée et saccagée par Yusuf.

Le 3, les compagnies d'élite et la cavalerie partent à trois heures du matin. Nous les rejoignons à la grande halte à Amrah. Dans la matinée, on trouve trois têtes de soldats de la colonue Camou. Nous coupons des oreilles d'Arabes, ceux-ci des têtes de Français. On les dissimule pour ne pas effrayer les heureux mortels qui possèdent encore les leurs.

On marche jusqu'à huit heures du soir. Quelques touffes d'alfa, allumées, servent à nous guider... et à prévenir l'ennemi, s'il rôde aux environs. Coups de fusil à l'arrière-garde. Ce sont de pauvres diables qui, désespérés, à bout de forces, ne voulant pas être martyrisés par les Arabes, à notre suite, se font sauter la cervelle. Nous retrouvons notre général à Zacchar.

Il paraît que, dans la journée, Yusuf, trompé par un nuage de poussière soulevé par le vent, s'est cru sur les traces de l'ennemi : aussitôt, cavaliers de prendre le galop et fantassins, le pas de course.

L'erreur est reconnue et on apprend par les espions indigènes qu'il ne s'agissait que d'un troupeau, lequel avait sur nous une avance de dix lieues.

Cependant les éclaireurs du général ont vu les réguliers d'Abd-el-Kader, qui n'existaient plus depuis huit jours; mais, trop fatigués, ils n'ont pu les atteindre.

Les hommes, mécontents et harassés, prétendent que ce sont là des bruits semés par notre grand chef, comme un moyen d'encouragement. Il en est bien capable.

Zacchar, village abandonné, se compose de quelques maisons arabes en ruines, et de grands jardins où l'on trouve des grenadiers, des figuiers, des abricotiers et des pêchers. Toutes les feuilles en ont été mangées par les chevaux qui crèvent de faim. On n'y rencontre qu'une vieille femme à moitié nue qui, le visage couvert d'ordures, implore notre pitié.

Le 5, il nous arrive, khalifa en tête, avec un drapeau rouge, jaune et vert, et un autre bleu, rouge et vert, trois cents cavaliers du goum de Laghouat, alors nos amis. Leurs chevaux sont presque tous blancs. Le khalifa peut avoir une cinquantaine d'années. Signe particulier : est très laid.

La colonne légère part à cinq heures du soir avec quatre jours de vivres. Nous sommes vissés à Zacchar. Je me promène dans les jardins. Ils sont encombrés d'herbes parasites. Çà et là quelques touffes d'orge. Aucune trace de feu dans les maisons, ni d'habitation récente. Pas d'autres meubles que quelques grands paniers préparés pour la récolte ou abandonnés par les naturels.

Le vent du désert souffle avec violence, saupoudrant de sable nos tentes et notre cuisine en plein air. Nous découvrons, entre deux rochers, une jolie fontaine. Nous démolissons les maisons de Zacchar pour en brûler les pauvres matériaux. Pas de nouvelles de la colonne du général Yusuf.

On dit qu'à quinze lieues de notre camp commence le petit désert, zone sablonneuse, sans eau, que les troupeaux ne peuvent traverser. De sorte que les diverses fractions des Oulad-Naïl qu'il paraît qu'Yusuf poursuit, ne sauraient lui échapper. D'ailleurs, sur les limites de ce désert, circule un goum ami, peut-être celui de Laghouat, qui attend les fugitifs pour leur couper la route et les vivres.

Le 8, à onze heures du soir, un courrier apporte la nouvelle d'une grande razzia exécutée par Yusuf.

Nous le revoyons, en effet, le lendemain à quatre heures du soir, campés que nous sommes près d'un oued inconnu. Il a 8 000 moutons, 150 bœufs, 300 chameaux et beaucoup de dattes. Les Laghouatis ont emmené 1 200 chèvres et 8 000 moutons pour leur part. Il fait bon être de nos amis.

La cavalerie a été engagée. Un spahi est mort. Deux gendarmes sont blessés. M. Talma, lieutenant de spahis, a eu un cheval tué sous lui. Le capitaine de gendarmerie Duvignot a reçu une balle dans son képi et une autre dans la bouche de son cheval. Les voltigeurs du 6° léger ont échangé quelques coups de fusil avec les fuyards. On était à dix-sept lieues de Zacchar.

Yusuf a conduit l'affaire en véritable hurluberlu, la cavalerie en désordre, l'infanterie au pas de course, joutant à qui arriverait le premier. Un voltigeur du 33° et deux du 6° léger reçoivent chacun cent francs et seront cités à l'ordre pour leur vélocité. Cette guerre est décidément un attentat perpétuel à la discipline par le pillage, à l'ordre militaire par la fureur des citations et des récompenses.

Nous remontons notre oued innommé qui nous mène à Charef, village en ruines et depuis longtemps inhabité; puis nous allons de campement en campement sans savoir comment ils s'appellent. Les hommes portent l'eau à bras dans de grands bidons et la boivent en route, malgré les ordres et les menaces.

Le 12, jour de Pâques, on distribue un mouton par compagnie pour les officiers et un autre mouton pour quinze hommes. Un peu d'eau boueuse fait couler cette viande.

Nous apprenons que M. Claparède, notre lieutenant-colonel que nous n'avions jamais vu, et qui commandait un poste à Tenez ou à Orléansville, est nommé colonel du 51°.

Le 13, un village abandonné nous offre d'excellente eau et de l'orge en vert à discrétion. Nous y trouvons une vieille femme — elles nous poursuivent — qui, malade, n'a pu suivre ses concitoyens.

Nous restons avec elle le 14. Notre cavalerie se disloque de faim et de misère. Je n'aurais jamais cru l'homme plus fort que le cheval et plus capable de supporter la même quantité de privations et de fatigues. Il est vrai que plusieurs soldats se sont suicidés, ressource que n'ont pas les animaux.

J'assiste à une décollation. J'avais vu le 9 fusiller trois Arabes, coupables d'avoir fait des silos de biscuit pour leur propre compte à la suite d'une razzia. Aujourd'hui ce fut plus hideux.

On avait pris quatre Arabes la nuit dernière. L'un d'eux, coupable d'avoir tenté de s'évader, est jugé par Yusuf et condamné à mort.

Vers les quatre heures, un piquet, composé de spahis et d'un brigadier indigène faisant fonctions de chaouch ou de bourreau, conduisit le malheureux sur le lieu du supplice, à vingt pas de la grand'garde.

Il avait les mains liées derrière le dos ; on le fit asseoir ou s'accroupir sur les genoux, le cou baissé ; puis le brigadier frappa...

Le sabre s'enfonça d'un pouce et demi ; l'Arabe tomba, le cou entr'ouvert, le sang jaillissant à flots. Il chantait toujours son chant de mort et répétait : *Allah illah Allah Mohammed rassoul Allah.*

Un deuxième coup, puis un troisième, ne parvinrent pas à séparer la tête du tronc. Alors le spahi prit par la barbe cette tête à moitié coupée et scia avec son sabre ce qui restait du cou. Le sabre ne coupait pas.

— Prends un *mouss* (couteau) ; — lui cria en arabe un autre spahi indigène. Le brigadier releva la tête et demanda en français un couteau aux assistants. La peau fut coupée, le corps tomba et la tête resta entre les mains du chaouch. L'œuvre de justice était accomplie et Yusuf comptait un exploit de plus.

Cette tête, jetée par terre, roula près du corps. Un soldat du 32ᵉ, un Corse, lui coupa les deux oreilles, pour recevoir la prime ; car notre général, ancien musulman, paie les oreilles des sectateurs du prophète qu'on lui apporte.

Les trois autres prisonniers assistaient à cette boucherie. Rien n'égala la fermeté du patient, si ce n'est la barbarie du bourreau et la stupeur de l'assistance. Je revins avec la fièvre.

Les parts que nous attendions toujours de la razzia dont je viens de parler, ne nous feront pas mal à la poche. Le général Yusuf a donné l'ordre de tout restituer, sauf, bien entendu, ce qu'ont emmené nos amis de Laghouat qui, se doutant du tour, sont déjà loin. Nous restons les seules victimes de cet acte de probité. On murmure qu'il ne s'est pas accompli gratuitement.

Nuit agitée. La cavalerie sort de neuf à onze heures. Les compagnies d'élite partent à leur tour à trois heures du matin et ne rentrent qu'à trois heures du soir.

On a trouvé, en fouillant un village, des silos remplis de *tellis*, espèces de grands sacs en tapisserie grossière, employés pour les transports, et des outils d'origine française, tels que rabots, vis de pressoir, etc. Un spahi a mis la main sur sept cent cinquante francs en douros, cachés dans une peau de bouc.

Tout sert aux Arabes pour dissimuler leur argent : pots de beurre, trous sous les cendres du foyer, couffins remplis de dattes, sans préjudice de leurs personnes et des loques qui les recouvrent. Mais rien n'échappe à l'avidité du soldat, chez lequel le flair s'est développé et qui s'est vite mis au courant des plus insoupçonnables ruses. Il fouille impitoyablement ces malheureux et les femmes mêmes n'évitent pas ses recherches indiscrètes.

Le 15, nous entendons avec plaisir sonner le réveil à quatre heures et demie. La campagne est terminée et nous avons l'ordre de revenir à Mascara. Il était temps !

Nos bruyants et sémillants escadrons, de 85 à 90 chevaux, étaient presque réduits à ceux des officiers. Le vétérinaire militaire avait fait tout abattre, afin de ne pas laisser entre les mains des Arabes de pauvres bêtes éreintées qu'un peu de repos et quelques soins auraient facilement remises en bon état. Les selles et les brides du gouvernement jonchaient les sables du désert, tandis que nos gendarmes, empêtrés dans leurs lourdes bottes, portaient sur le dos leurs harnachements, leur propriété, pour ne pas tout perdre, sachant que l'État, d'après un tarif vieux de cinquante ans, ne leur allouait que la moitié de la valeur des effets disparus à l'ennemi.

Une douzaine d'hommes, épuisés de soif, de faim, de fatigue, de soleil, après des marches forcées de trente heures de suite, sans autre arrêt qu'un quart d'heure toutes les deux heures, s'étaient brûlé la cervelle. Ils gisaient dans l'alfa ou dans les sables, festins pour les bandes de chacals et les vautours, avec leurs camarades, restés en arrière, décapités par les Arabes, les victimes de la fièvre ou de la dysenterie, et les misérables massacrés par Yusuf. Heureusement qu'on avait sauvé fusils et cartouches!

Nous sommes depuis longtemps sans pain et les vers mangent plus que nous de notre biscuit.

Mon pantalon, déchiré par les épines acérées des jujubiers sauvages, est à moitié gris, à moitié rouge. Ma tunique percée au coude, a pris les dimensions d'une petite veste, le bas m'ayant servi à mal raccommoder le haut, et je suis un des mieux de la colonne !

Quand je songe que j'ai reçu d'amis de France des lettres où ils me croyaient dans le propre paradis de Mohammed, entouré de houris, toutes jeunes, toutes belles, toutes séduisantes ! Précisément alors, aidé de quatre spahis et jugé digne de ce poste de confiance, j'étais le berger de trois cents chameaux, parmi lesquels il s'en trouvait de malins comme des bossus, chargé de les faire paître et de protéger contre toutes les attaques possibles leur sieste et leur laborieuse digestion.

Des houris ! Les pauvres créatures que j'ai quelquefois rencontrées, se salissaient, de propos délibéré, horriblement le visage pour éviter, non pas l'homme, mais le chrétien.

Je n'ai pas vu plus de jolies femmes que de gazelles ; en revanche, des hyènes, des chacals, de hideux lézards et d'ignobles crapauds, en quantité.

CHAPITRE XI

Nous prenons, pour battre en retraite, à peu près le même chemin que nous avons suivi en venant vers le sud. Je revois presque tous les mêmes campements, mais dans une situation d'esprit bien différente et avec des idées nouvelles; sans souliers, demi-nu, comme les camarades, et content, comme eux, de ne plus avoir à contribuer au gonflement des bulletins du général Yusuf, où nous prenions huit cents superbes mulets, là où j'en avais compté quarante-deux, et dans quel état ! des spectres de mulets, aussitôt abattus qu'enlevés.

Il est vrai que nous rapportons un plein baril d'oreilles, récoltées paire à paire sur les prisonniers, amis ou ennemis. Il contient même celles d'un de nos cinquante-huit gendarmes, mort de maladie. Deux pièces de cent sous de plus ne sont pas à dédaigner.

Notre plus belle razzia, faite sur les Oulad-Naïl, a réellement été de vingt-cinq mille moutons et de six cents chameaux, chargés de butin, prêts à décamper. Le simple soldat aurait dû recevoir, pour la part unique de prise à laquelle il a droit, environ vingt-cinq ou trente francs. Notre général a préféré empocher à peu près le tout. Il s'est arrangé avec l'administration et les tribus voisines. Beau cadeau de noces pour Mme Yusuf!

En compensation, sur six cents chevaux emmenés, il a presque tout perdu. C'était la cavalerie la plus belle et la plus neuve de l'Algérie. Mais, avec des courses de trois jours et trois nuits sans orge dans un pays de sables, dénué d'herbes mangeables pour ces pauvres bêtes, il en est venu bien vite à bout. La France est riche, on le dit sans cesse et nous le savions déjà. Pourtant c'est lui faire payer bien cher les étoiles des épaulettes du général Yusuf et les galons de son képi, que de confier à un tel homme tant de soldats, tant de chevaux, tant de bêtes de transport.

C'est aux finances de notre pays que ce général a fait la guerre et si, à ces dépenses incalculables, on ajoute des cruautés inouïes, des exécutions froidement ordonnées, froidement exécutées à

coups de fusil, à coups de sabre, sur des malheureux dont le plus grand crime était quelquefois de
nous avoir indiqué des silos vides, on comprendra
que ce ne sont pas seulement l'argent et le sang
français qui ont été prodigués, mais la dignité et
l'honneur de notre nation.

Les villages que nous avons rencontrés abandonnés par leurs habitants, ont été brûlés et sac-
cagés ; les provisions de dattes, trésor que ces
pauvres gens étaient hors d'état de remplacer, ont
été gaspillées ; on a coupé leurs palmiers, leurs
abricotiers, parce que les propriétaires n'avaient
pas eu la force nécéssaire pour résister à leur émir
et lui fermer un passage, ouvert à tout le monde
chez ces tribus nomades.

Toutes ces barbaries ont été commises sans tirer
un coup de fusil ; car les populations s'enfuyaient
devant nous, chassant leurs troupeaux et leurs
femmes, délaissant leurs villages, qui ne sont
guère que des entrepôts pour les caravanes.

Singuliers moyens de nous faire aimer et de civiliser! Les haines s'enveniment et grandissent.
Abd-el-Kader, mort ou pris, ne terminerait plus
rien. Il se lèverait vingt autres Abd-el-Kader.

— Voici Mascara!

Lorsque j'y étais arrivé d'Oran, cette ville ne
m'avait rien offert de bien pittoresque. Elle me
semble aujourd'hui splendide. Son vin bleu est

exquis. Toutes ses femmes sont adorables. Comme elle s'est embellie depuis cent vingt jours que je l'ai quittée!

Une terrible nouvelle nous y attendait, celle du massacre sur les bords de la Malouïa des prisonniers de Sidi-Brahim et d'Aïn-Témouchent. C'est horrible! Mais ce sont peut-être les tristes représailles des cruautés commises par Yusuf pendant la dernière sortie. Ces massacres de gens que les Arabes ne pouvaient ni nourrir, ni soigner, ni abandonner au risque de voir divulguer par eux leur situation critique, avaient à la rigueur pour excuse contestable, mais pour excuse, la nécessité. Rien n'était capable d'atténuer les crimes d'Yusuf, tuant pour le plaisir de tuer des êtres inoffensifs, qui n'auraient pu fournir sur notre colonne que des nouvelles décourageantes pour les ennemis.

Après le combat du 23 septembre, les prisonniers de la colonne Montagnac avaient été conduits au camp de l'émir, défigurés, couverts de sang et de poussière. Le commandant Courby de Cognord, la figure ouverte d'un coup de sabre, avait au cou une plaie large et béante. Un Arabe, l'ayant cru mort sur le champ de bataille, avait commencé à lui enlever la tête, lorsque le khalifa Bou-Hamedi, reconnaissant le chef à ses vêtements, avait arrêté le bras du meurtrier.

A la nuit tombante, ils arrivèrent devant la tente

d'Abd-el-Kader, autour de laquelle s'agitait une grande foule de gens de tout âge et de toute condition. Tous, jeunes et vieux, esclaves et maîtres, entassaient en pyramides les têtes coupées des soldats morts sur les différents points du champ de bataille de la journée.

L'émir avait une blessure qui teignait de sang ses burnous. Il ne s'était pas ménagé pendant la lutte et l'on a dit que ce fut lui qui tua d'un coup de pistolet, en lui criant son nom, le capitaine Gentil de Saint-Alphonse.

Il fit donner l'ordre aux braves qu'il avait devant lui de prendre, les unes après les autres, les têtes de leurs camarades, de les laver au cours d'eau prochain, et de les oindre, pour les conserver, de miel et de graisse.

Cette inqualifiable mission remplie, un chef arabe désigna à chacun la tente dans laquelle il devait être reçu pour la nuit.

Le 24 septembre, avant le jour, ils furent reconduits devant la tente d'Abd-el-Kader, près de laquelle étaient rassemblés vingt mulets portant des *chouaris*, sortes de paniers en palmier à deux compartiments, mal fixés sur leurs bâts.

Des Arabes d'une tribu voisine amenèrent le hussard Metz, qui, après s'être échappé, avait été pris par eux et complètement dépouillé.

Il fallut reprendre les têtes lavées la veille au soir

et les entasser dix par dix dans les chouaris préparés sur les mulets. Les plus grièvement blessés,
les mourants, furent placés, à cheval ou assis, les
pieds appuyés sur les têtes de leurs camarades.

Le commandant de Cognord avait un mulet pour
lui. C'était le seul qui ne portât pas de têtes. Quoique atteint de cinq blessures, il le donna à un soldat
et s'apprêta à marcher à pied.

Les prisonniers réunis étaient au nombre de
soixante-douze, dont soixante-huit blessés. Ils allaient laisser derrière eux les cadavres de trois cent
cinquante-sept de leurs camarades, tués la veille.

Une centaine de cavaliers ou fantassins formaient
l'escorte du convoi. En tête marchait un certain
Mohammed, qu'on appelait commandant. A l'arrière-garde venait Abd-el-Kader avec un parti assez
nombreux.

On marcha tout le jour, sans halte et sans eau,
les retardataires impitoyablement ramenés en avant
à coups de bâton.

A la nuit, on arriva, après le passage de la frontière du Maroc, en vue d'un village des Beni-Snassen. Une distribution de mauvais couscoussou et
de galette vint réparer les fatigues de cette épouvantable journée.

Le 25, le départ se fit au point du jour. Une seule
halte eut lieu dans la journée. Un mulet étant tombé
dans un ravin, les tristes reliques qu'il portait s'é-

chappèrent et roulèrent avec lui. Les plus valides furent contraints d'aller les ramasser; quand le compte fut reconnu exact, on se remit en route.

Vers le soir, on s'arrêta sur la rive droite de la Malouïa. Les mulets furent déchargés de leurs fardeaux et ce fut au milieu de ces restes insensibles que l'on put dormir et manger les galettes qui avaient été distribuées.

Le 26, on traversa à gué la Malouïa et, après avoir gravi, sur la rive gauche, les pentes de plusieurs plateaux successifs, on aperçut au milieu des jujubiers sauvages, la daïra — ou deïra — d'Abd-el-Kader.

Les tentes qui la composaient, réunies par groupes inégaux de trois, quatre ou cinq, suivant l'importance de la famille, occupaient près de deux lieues de terrain.

Chaque groupe avait ses troupeaux particuliers, qui paissaient tranquillement au milieu de leurs maîtres.

La foule se porta à la rencontre des chrétiens et, dès les premières tentes, les chefs de famille vinrent chercher les soldats pour les emmener dans leurs douars.

Mohammed, le commandant, continua son chemin en faisant repousser les Arabes qui se pressaient sur son passage, et conduisit les officiers vers une grande tente entourée d'un buisson d'épines fort élevé. C'était là qu'habitait la mère d'Abd-el-Kader.

Après les saluts d'usage, elle prit la parole et, rappelant avec dignité les événements qui venaient de se succéder, elle s'écria :

« Qu'êtes-vous venus faire dans notre pays? Il reposait calme et prospère, et vous y avez semé les orages et la désolation de la guerre! C'est la volonté de Dieu qui s'accomplit; mais ce Dieu est tout-puissant et ses desseins impénétrables... Peut-être vous rendra-t-il, en un jour de pardon, à votre pays et à vos familles. »

Quatre jeunes femmes sortirent de la tente, précédés de serviteurs portant des mets qui devaient composer le repas. C'étaient du lait frais ou aigri, des dattes, des figues fraîches, du pain arabe, du couscoussou et de l'eau dans des *gedha*, sébiles en bois. Le couscoussou était servi dans un plateau en bois appelé *gecâh*.

Pendant que leurs hôtes mangeaient, elles suivaient leurs mouvements avec une curiosité toute bienveillante.

Trois d'entre elles étaient blanches, la quatrième noire; toutes jeunes et belles; la moins âgée pouvait avoir treize ou quatorze ans. C'étaient les femmes de l'émir.

Après ce repas, Mohammed conduisit les prisonniers vers une sorte de dais circulaire en bois, soutenu par un pilier et orné de franges, sous lequel étaient rassemblés' des vieillards avec Ben-Arach, le trésorier d'Abd-el-Kader.

Leur accueil fut imposant et grave, mais bienveillant.

En quittant cette réunion, les prisonniers virent se précipiter dans leurs bras un homme couvert d'un burnous et d'un pantalon français. C'était un soldat du 56e de ligne, nommé Turgis, pris chez les Djafra, au mois d'avril 1845, avec deux de ses camarades, morts depuis quelque temps déjà.

Il leur apprit que tout était préparé pour les recevoir dans un camp voisin et les assura qu'il les rejoindrait bientôt, car il allait demander à partager leur sort. Il appartenait à El-Hadj-Bechir, frère de lait d'Abd-el-Kader, qui avait épousé Thérèse Gilles, jeune fille française, prise avec sa mère par El-Hadj-Habid aux environs de Mascara. Elle s'était faite musulmane ; sa mère était dans sa tente et lui servait en quelque sorte de domestique.

Vers cinq heures du soir, Mohammed conduisit les prisonniers sur le bord de la Malouïa, dans un camp occupé par un bataillon de réguliers et commandé par le nègre El-Hadj-Salem.

Un emplacement entouré de buissons de jujubiers avait été tracé, au milieu duquel étaient dressées quelques tentes en mauvais état. MM. de Cognord et Barbut en prirent une, pendant que

MM. Larrazet et Thomas allaient en occuper une autre. Le reste de la troupe se dispersa dans les abris.

A la nuit, Mohammed vint prendre congé du commandant de Cognord, lui disant qu'il allait rejoindre Abd-el-Kader, qui lui avait ordonné de demander une lettre pour le général Cavaignac, commandant la subdivision de Tlemcen, dans laquelle seraient indiqués le nombre et le nom des prisonniers. Le commandant dicta la lettre au maréchal des logis chef Barbut et Mohammed monta à cheval, porteur de ce message.

Des sources d'eau chaude ayant été découvertes près du camp, les blessés y furent transportés plusieurs fois par jour et obtinrent en peu de temps une amélioration sensible, qui ne fut pour un trop grand nombre qu'une halte avant la mort.

La nourriture fut réglée : chaque jour on devait recevoir une ration de viande et d'orge.

Le 4 octobre arrivèrent deux cent vingt Français : M. Lévy, interprète, dix hommes du 8e bataillon de chasseurs, trois hussards, un soldat du 15e léger, ordonnance du colonel de Montagnac, tous combattants de Sidi-Brahim, pris au moment où ils allaient arriver à Djemmaa-Ghazaouet. Le reste formait le détachement d'Aïn-Témouchent, commandé par M. Marin, lieutenant au 15e léger, en compagnie de M. Hillerain, lieutenant au 14e de ligne, et du docteur Cabasse.

Le 10 octobre, l'interprète Lévy fut dirigé sur le camp d'Abd-el-Kader. Nous avons vu comment on l'assassina dans le sud de la province d'Alger.

Le 17, le feu se déclara dans le camp. En un instant les flammes dévorèrent les abris en lauriers-roses construits par les soldats. Les effets qui leur restaient furent consumés ou volés par les Arabes, toujours attentifs au pillage.

Le soir de ce jour néfaste, on reçut des lettres des généraux de la Moricière et Cavaignac, mille francs à l'adresse du commandant de Cognord, cent francs pour M. Larrazet et un paquet de médicaments pour le docteur Cabasse.

M. de Cognord acheta aussitôt des babouches et de grands haïks en laine, bien épais, bien chauds, pour garantir les soldats des rigueurs prochaines de la mauvaise saison.

Jusqu'au 19 novembre, le temps s'écoula, calme et monotone.

Les officiers n'étaient pas mal traités des Arabes; mais les soldats, en allant au bois ou à l'eau, étaient l'objet des traitements les plus indignes. La sûreté de tous, plus que celle de leur personne, prescrivait l'abnégation et la patience; cependant la rage était dans tous les cœurs et l'humiliation sur tous les visages.

Le 19 novembre, de nouveaux secours furent adressés au commandant par le général Cavaignac.

Cette période de la captivité fut marquée par des décès, tant par suite de blessures que par la privation d'aliments sains et nourrissants. Pendant plusieurs jours, les prisonniers avaient été mis à la demi-ration d'orge, nourriture insuffisante pour des corps débilités et épuisés.

Les fièvres commençaient à sévir, à mesure que la saison s'avançait. Les nuits étaient devenues froides et humides et rien ne faisait présager un meilleur avenir.

CHAPITRE XII

MM. Lacote et Lévy. — Une lettre du gouverneur de Melilla.
— Serment de Bou-Hamedi. — Levée du camp. — *La co-
lonne de Sidi-Brahim.* — En vue de Melilla. — Fuite de
Moulin, d'Ismaël et de Poggi. — Le scorbut. — Retour de
Bou-Hamedi. — Mustapha-Ben-Thami. — Villefeu. — Un
couscoussou. — Préparation du massacre.

Le khalifa Bou-Hamedi, venant de chez Abd-el-
Kader, arriva au camp. Dès que sa tente fut dressée,
il appela les officiers, leur fit apporter le café et
leur remit cent trente francs.

Peu de jours après, il partit pour les Beni-
Snassen en se chargeant de lettres pour le général
Cavaignac.

Le 19 décembre, on reçut des lettres venant de chez
Abd-el-Kader, en expédition sur les Hauts Plateaux.
Il y en avait une de M. Lacote, lieutenant, chef du
bureau arabe de Tiaret. Cet officier était tombé dans
un guet-apens avec douze cavaliers du 9ᵉ chasseurs. Ils s'étaient défendus désespérément. Onze
avaient été tués et M. Lacote fait prisonnier.

Nous avons vu comment l'attaque du 13 mars
1846 tentée par le général Yusuf sur le camp de
l'émir avait été funeste à MM. Lacote et Lévy, que
les cavaliers arabes criblèrent de balles pour qu'ils
ne retombassent pas entre les mains des Français.
M. Lacote, que l'on espérait réchapper, transporté
à l'hôpital de Boghar, y mourut au bout d'un
mois.

Le khalifa Bou-Hamedi revint escorté par un bataillon de deux cent cinquante réguliers, commandés par Moctar-ben-Aïssa, homme d'une férocité
sauvage et d'un courage indomptable. Il apportait
des lettres du général Cavaignac, qui renfermaient
de riches étrennes pour quelques-uns des captifs.

Le commandant de Cognord était nommé, à la
fois, lieutenant-colonel et officier de la Légion
d'honneur. Barbut, Barbier et Testard étaient décorés de la croix de chevalier.

Le 8 janvier, un des officiers, allant à l'eau, rencontra un Arabe qui lui jeta un morceau de papier
en forme de lettre.

C'était une missive écrite depuis six semaines et
signée Demetrio-Maria de Benitto, colonel gouverneur de Melilla. Cet officier supérieur disait qu'il
venait d'apprendre que des Français, victimes de
leur courage, étaient prisonniers, non loin de lui,
chez les Arabes, et qu'il leur adressait ce papier,
pensant qu'il pourrait parvenir jusqu'à l'un d'eux,

lequel devrait se confier sans crainte à l'Arabe dont
la mission était de l'amener à Melilla.

Cette lettre, pleine de bons sentiments, toucha
profondément le cœur des prisonniers; mais elle
les trouva peu disposés à l'exécution du projet
qu'elle indiquait, quoique de violents désirs de revoir la patrie se fussent manifestés chez eux, depuis
la réception de ce billet.

Ils refoulèrent bientôt ces aspirations à la liberté,
personne d'entre eux ne voulant accepter la responsabilité morale de livrer à de plus grandes rigueurs
les compagnons dont il fallait se séparer.

On répondit au gouverneur de Melilla qu'il était
impossible de profiter de son offre généreuse et que
le salut de tous exigeait impérieusement ce refus.

Le docteur Cabasse, en allant à la rivière, remit
cette réponse au messager, qui s'enfuit.

Le 1er février, Bou-Hamedi reçut les officiers dans
sa tente avec le meilleur accueil; puis, s'adressant
au colonel de Cognord, il lui dit que l'émir lui avait
confié la mission de faire l'échange des prisonniers,
et qu'il était urgent que le général Cavaignac en
fût tout de suite averti. Donnant alors plus de force
à sa voix, en même temps que son visage exprimait
des sentiments opposés à ceux qu'il avait témoignés
dans ses relations précédentes : « Je sais, s'écria-
t-il, qu'un général français veut m'arracher mes
prisonniers. Je jure par la tête du Prophète que

jamais il ne vous aura sans traité, et si les circonstances lui devenaient favorables, je saurais remplir
les devoirs que m'impose ma position auprès de
vous. »

Le colonel s'empressa d'écrire pour le général
Cavaignac un compte rendu de cette importante
conversation. Le lendemain, Bou-Hamedi emporta
la lettre pour la faire parvenir à Tlemcen.

Le 9 février, à midi, le camp fut levé précipitamment et on se mit rapidement en marche vers
l'ouest, remontant le cours de la Malouïa. Sur le
flanc droit de la colonne, environ à quatre kilomètres, fuyait aussi la daïra.

Ce mouvement imprévu avait été nécessité par
des nouvelles inquiétantes : le général Cavaignac,
sorti de Lalla-Maghrnia, s'avançait vers la frontière
du Maroc, à la tête de quatre mille fantassins et de
quatre cents cavaliers. Bou-Hamedi avait mis la
daïra en mouvement pour la soustraire à un coup
de main possible de l'ennemi.

Au moment du départ, quatre malades affaiblis par
les souffrances et ne pouvant marcher avaient été
laissés au camp pour être transportés sur des mulets.

Le soir, le colonel, inquiet sur leur sort, demanda
ce qu'ils étaient devenus. On lui répondit avec
assurance qu'ils rejoindraient plus loin. Quelques
jours après, leurs camarades apprirent qu'ils avaient
été passés par les armes.

Le 10, le départ eut lieu à deux heures du matin, et on ne s'arrêta qu'à une heure de l'après-midi.

Quelles horribles fatigues pendant cette journée! Sans eau, les malheureux captifs suivaient, nu-pieds, des sentiers à peine tracés, au 'milieu de montagnes arides coupées par des ravins sans fond, qu'il fallait gravir et redescendre. Leurs forces trahissaient leur courage ; enfin, brisés par la fatigue et mourant de soif, ils s'arrêtèrent à des puits qui étaient le terme de leur course.

Deux hommes qui ne purent suivre furent impitoyablement massacrés.

Infortunés! ils fuyaient la délivrance.

La colonne Cavaignac, suivant la même route que le chevaleresque de Montagnac, passait, le 11 février, sur le théâtre du drame ourdi par la trahison, à la suite duquel les braves de Djemmaa-Ghazaouet avaient succombé.

Au pied d'un petit mamelon, appelé Kokbat-el-Mezzouk, encore tout humecté de leur sang, les soldats de Cavaignac retrouvèrent les ossements de leurs glorieux camarades, formant un carré régulier, au milieu duquel de Montagnac, près d'expirer, criait à sa troupe pour suprême adieu de mourir comme lui plutôt que de se rendre.

Par les ordres du général, ces restes furent recueillis avec un soin religieux et placés dans une fosse sur laquelle s'éleva plus tard la *colonne de Sidi-Brahim*.

Un deuxième monument fut érigé dans la vallée de l'Oued-Mersa, sur l'emplacement même du figuier où succombèrent le capitaine de Géreaux et sa compagnie de carabiniers.

Le véritable *tombeau des chasseurs* est dans le cimetière de Nemours, où ont été transférés les restés mortels de ces braves gens.

Leurs noms figuraient sur les deux plus larges faces ; mais les caractères en ont été dégradés complètement et il est aujourd'hui impossible d'en recomposer un seul.

Les Traras, auteurs de leur perte, peuvent, en revanche, passer fiers à côté d'eux. Grâce à la mansuétude du général de la Moricière, le sang que ces tribus ont fait répandre ne leur a rien coûté.

Pendant trois jours, la daïra resta cachée dans des gorges désolées. Le 14, on vint camper sur le faîte d'une montagne qui dominait une vaste plaine et la mer. Elle était située à peu près à hauteur de la petite ville marocaine appelée Glahia, et de son sommet on distinguait Melilla.

Pour la première fois, les prisonniers apercevaient Melilla. Quelques heures de marche auraient terminé toutes leurs souffrances. La mer était là, calme et majestueuse : une barque sur la mer, c'était encore la liberté. Ainsi, de toutes parts, ne s'offraient à leurs yeux que des images d'une lourde servitude et d'une délivrance dont le mirage trompeur remplissait leur âme d'amertume. La fatalité les rejetait dans l'intérieur de ce cercle de douleurs d'où la plupart ne devaient sortir que par la mort.

Le 15, le camp fut levé de grand matin et assis, après quatre heures de marche, sur les bords de la Malouïa.

Depuis le jour du départ, les soldats étaient livrés de nouveau aux plus indignes traitements. Chaque parole qui leur était adressée était accompagnée de coups de bâton et de crosse de fusil. C'était par ces rudes moyens d'encouragement qu'ils parvenaient, dans les marches, à suivre les colonnes.

Le désespoir était dans tous les esprits. Le caporal Moulin, du 8ᵉ bataillon, déclara au colonel qu'il était disposé à tout braver pour recouvrer sa liberté par la fuite, plutôt que d'endurer ces cruels traitements. Il devait profiter de la première occasion favorable pour s'échapper.

Cette occasion se présenta bientôt.

Le 17, les Beni-Amer firent une grande fête en face du camp. Une brillante fantasia signala la joie des populations.

Suivant l'usage, de nombreux coups de fusil furent tirés, et les prisonniers eurent leur part de réjouissance : on leur apporta de larges plats de couscoussou. Pendant cette fête, Moulin s'échappa, suivi d'Ismaël et de Poggi.

Le 18, dès le matin, on les ramena au camp. Bou-Hamedi les condamna à mort, en laissant le colonel libre de choisir leur supplice : être fusillés ou mourir sous le bâton.

Le colonel se rendit auprès du khalifa, et lui demanda, avec les instances les plus vives, la vie de ces infortunés. Sa demande fut exaucée. Il puisa dans son cœur ces inspirations touchantes qui désarment les plus endurcis. Jamais prières ne furent plus pressantes pour des existences plus menacées.

Jusqu'au 24, le camp ne fit aucun mouvement. Les soldats, frappés de terreur par les faits qui s'accomplissaient chaque jour, étaient résignés, et quelques-uns d'entre eux, à défaut d'espérance, désiraient que la mort vînt mettre fin à ces fatigues inouïes.

Le 24 février, on marcha environ cinq heures et on installa le camp près d'Assi-Berkan.

Une colline, de laquelle on apercevait encore Melilla, devint le but de promenade des officiers. Un magnifique panorama se déroulait en avant d'eux. Aussi loin qu'ils pouvaient s'étendre, leurs regards apercevaient la mer, sur laquelle erraient quelques navires dont les voiles blanches brillaient et s'effaçaient tour à tour, mais qui n'abordaient pas cette côte inhospitalière.

Ils furent arrachés à ces instants de calme par une maladie affreuse qui manquait à leurs maux. Le scorbut se déclara parmi eux. Le docteur Cabasse, sans remèdes puissants contre le mal, multipliait en vain ses soins et son zèle ; ses seules ressources consistaient en sulfate de quinine, pour la médecine, et quelques instruments, pour la chirurgie. Un envoi de médicaments, précieux comme la santé qu'ils apportaient, avec des lettres du général Cavaignac et 1180 francs, arrivèrent au moment où le moral, éprouvé tant de fois, allait succomber sous le poids de la misère et de l'infortune.

Depuis le 9 février, aucune distribution de viande n'avait été faite : on donna quelques morceaux de mouton le 10 mars.

Le 12, le camp fut transporté à trois heures de marche en aval d'Assi-Berkan, sur la Malouïa. Ce nouveau séjour fut des plus tristes ; les forces des prisonniers s'épuisaient ; on cessa de distribuer de la viande.

Le 1ᵉʳ avril, Bou-Hamedi revint au camp suivi d'un troupeau de chèvres et de moutons. Il distribua onze chèvres. C'était, depuis près de deux mois, la seconde fois que les prisonniers en mangeaient.

A partir de cette époque, des aliments plus abondants furent accordés, mais il était trop tard pour quelques malheureux qui n'avaient pas la force nécessaire pour supporter de pareilles privations.

Le 6 avril, la nouvelle se répandit dans le camp que Berkani et El-Hadj-Mustapha-ben-Thami, beau-frère d'Abd-el-Kader, venant de la colonne de l'émir, étaient arrivés à la daïra. Ils avaient quitté celui-ci sur les confins de la province d'Alger et de Constantine dans le sud.

Ces chefs ne vinrent au camp que le 10.

Le colonel de Cognord et les officiers pensaient que Mustapha-ben-Thami se hâterait de les visiter. Arrivant de chez Abd-el-Kader, ils espéraient qu'il leur donnerait quelques paroles de consolation ou d'espérance.

Sa visite fut des moins sympathiques.

Bou-Hamedi avait habitué les officiers à des rapports bienveillants et dignes, en opposition avec ceux que Ben-Thami leur faisait pressentir. Tous furent impressionnés péniblement, après avoir vu ce personnage.

Le 21, Si-Saïd, frère d'Abd-el-Kader, habitant près d'Oudjda, amena au camp Villefeu, du 1er bataillon de chasseurs, pris par l'émir, le 29 novembre 1845, aux environs de Takedempt. Ce jeune soldat marchait depuis cette époque pour rejoindre, dans le Maroc, les autres prisonniers. A la vue des frères dont il était séparé depuis longtemps,

ce malheureux, qui avait traversé les plus rudes
épreuves, seul, sans appui, avait retrouvé, disait-il,
la liberté, en arrivant au milieu de ses camarades.
Il venait y chercher la mort.

Ben-Thami ne revenait plus au camp depuis son
étrange visite. Personne d'entre les prisonniers ne
l'avait revu à l'époque du 24 avril, lorsqu'on vint
les prévenir qu'il les attendait à sa daïra pour manger un couscoussou.

El-Hadj-Habib, chargé de cette mission, pressa
le départ.

Les invités étaient le colonel de Cognord, le sous-
lieutenant Larrazet, le lieutenant Marin, Hillerain,
le docteur Cabasse, Thomas, Barbut, les hussards
Metz et Testard, Michel, du 41°, et Trotté, du 8° bataillon.

Les soldats, ayant connaissance de cette invitation
et voyant avec chagrin tous les officiers s'y rendre,
les supplièrent de ne pas les abandonner. Le lieutenant Marin voulut rester au camp; El-Hadj-Habib
s'y opposa, se montrant fort étonné de toutes ces
préoccupations pour une politesse qui semblait
toute naturelle.

Il fallut partir, malgré les représentations du colonel de Cognord. Cette séparation fut cruelle. Il y
avait entre tous ces hommes un silencieux échange
de terribles pressentiments.

Longtemps les soldats accompagnèrent leurs

chefs du regard. Un pli du terrain les leur déroba
bientôt. Ils ne devaient plus se revoir....

Le docteur était à cheval. Quatre mulets portaient
le bagage, les tentes et les couvertures.

Au lieu d'arriver chez Ben-Thami, les invités furent tout étonnés de se trouver, le soir, chez les
Hachem. On leur fit cette réponse évasive que le
projet était changé et que, le lendemain, ils iraient
chez Seliman, le chef de cette tribu.

En effet, le 25, à neuf heures du matin, ils entraient sous sa tente. Son accueil fut des plus mauvais. Un mouvement considérable agitait son douar.
Lui-même paraissait fort préoccupé et sa physionomie exprimait une sombre inquiétude. A chaque
instant arrivaient à sa tente des cavaliers qui s'entretenaient confidentiellement avec lui.

Tous les invités chez Ben-Thami s'étonnèrent de
ces allées et venues continuelles. Ils ne cessaient
de questionner les gens qui les entouraient. Leurs
demandes restèrent sans réponse.

Le cœur rempli d'angoisses, le 26, à quatre heures
du soir, ils quittèrent Seliman pour rentrer au
camp où ils devaient retrouver leurs soldats. Quelle
ne fut pas leur douleur, lorsque, à leur arrivée à
El-Zaoui, on leur dit que les autres prisonniers
étaient tous partis, montés sur des chameaux,
pour rejoindre la colonne de l'émir !

Pendant qu'ils commentaient tristement cette

nouvelle, M. Cabasse reçut l'ordre de remettre son
fusil de chasse. On les fit entrer sous une tente,
pêle-mêle avec des prisonniers arabes enchaînés,
des voleurs et des assassins, puis on entoura ce réduit de hauts buissons d'épines, en dehors desquels
veillaient de nombreux factionnaires.

Ces rigueurs inattendues ne leur laissèrent aucun
doute sur le sort qui leur était réservé. Ils atten-
dirent la mort avec calme et résignation. Sans
armes, sans défense contre un ennemi nombreux,
ils désiraient la fin de leur triste existence.

CHAPITRE XIII

Dissidences. — Intrigues de Bou-Hamedi. — Refus d'obéis-
sance. — Aveux d'Abd-el-Kader. — Le massacre. — Proclamation du maréchal Bugeaud. — Profond découragement
de l'émir. — Départ pour les oasis. — Les violettes do
Cachrou. — Frendah. — L'Oued-Askoura, l'Oucd-el-Naçeur.
— Nouveaux faits d'armes! — Fatigues surhumaines.

Les prisonniers vécurent dans ce long supplice
jusqu'au 18 juin. Toutes leurs pensées étaient pour
leurs soldats. Sur eux s'était reportée toute leur
sollicitude; mais quelle était leur destinée depuis le
24 avril? Ils ne la connurent que le 2 juin.

Vers la fin de mars 1846, ou dans le commencement d'avril, des lettres extrêmement importantes
étaient arrivées du camp de l'émir, en expédition
à cette époque.

Le khalifa Bou-Hamedi recevait l'ordre de remettre le commandement de la daïra à Mustapha-
ben-Thami et de venir rejoindre Abd-el-Kader avec
la tribu des Beni-Amer.

Depuis longtemps déjà des germes de dissolution

s'étaient produits dans le sein de la daïra. Abd-el-Kader craignait que, poussé par son esprit aventureux, Bou-Hamedi ne se détachât de lui. Il donnait alors des ordres formels, pensant qu'ils arriveraient en temps utile, pour arrêter les dissidences dont il était menacé.

Ces nouvelles avaient apporté une grande agitation dans les esprits et réveillé les susceptibilités en excitant la haine de Bou-Hamedi contre Ben-Thami.

Mustapha-ben-Thami était donc tout-puissant auprès de l'émir, puisqu'il devenait le chef de la daïra; cette pensée germait dans l'esprit de son rival et il résolut de reconquérir, par l'apparence des grands services rendus, une influence qui lui échappait.

Il fit intriguer auprès des Beni-Amer, pour les porter à refuser de se rendre auprès de l'émir.

Cette occasion fut saisie avec empressement par les chefs de cette tribu, qui répondirent qu'ils étaient dans la plus grande misère, et nullement en état de prendre part à la guerre active qu'Abd-el-Kader faisait encore.

Ils négocièrent directement avec Bou-Zian-Ould-Chaouï, grand chef marocain, pour se mettre sous sa protection. Bou-Hamedi, qui était l'âme de toutes ces intrigues, écrivit alors à son maître que les Beni-Amer, refusant d'exécuter son ordre, venaient de se réfugier dans l'ouest, et que, déplorant tous ces malheurs, il allait intervenir, au moyen de son influence, pour lui ramener ces nombreux dissidents.

L'émir, qui était informé par d'autres agents de la situation des affaires à la daïra, comprit les ruses de Bou-Hamedi, et celui-ci, devenant inquiet des conséquences de toutes ses intrigues, s'enfuit lui-même chez Bou-Zian-Ould-Chaouï.

Mustapha-ben-Thami resta avec la tribu des Hachem. La dissolution de la daïra était opérée.

A la nouvelle de ces faits si importants pour lui, l'émir envoya l'ordre à Mustapha-ben-Thami de se mettre en marche avec les Hachem et de venir le rejoindre dans le sud.

La misère et le découragement étaient tels, au milieu de ces populations, qu'elles résistèrent à l'ordre donné et refusèrent de se mettre en marche, disant à Ben-Thami d'écrire à Abd-el-Kader pour lui demander de continuer leur séjour au Maroc.

Il lui écrivit, en effet. Il l'instruisait des malheurs et de la misère qui l'environnaient et de la charge énorme qui pesait sur lui, resté seul à la garde des prisonniers que les Hachem étaient obligés de nourrir, eux qui n'étaient déjà aucune ressource pour faire vivre leurs femmes et leurs enfants.

Il s'étendit longuement sur ce sujet et demandait de nouvelles instructions. Quelques jours

après le départ de ces dépêches, on reçut l'ordre
de se défaire des prisonniers par la mort et de ne
conserver que les chefs, qui ne pouvaient nullement
embarrasser par suite de leur faible nombre.

Abd-el-Kader lui-même a reconnu avoir donné
cet ordre dans une lettre qu'il adressa, un peu
avant sa reddition, au roi Louis-Philippe, et où il dit
textuellement :

« Lorsque nous avons eu en notre pouvoir un
certain nombre des vôtres, nous écrivîmes plus de
trois fois au maréchal Bugeaud et au général La
Moricière ; nous n'avons reçu aucune réponse.
Tous les courriers porteurs de nos lettres ont été
emprisonnés. Nous nous sommes dit : c'est là une
trahison que les Français emploient hors d'habitude, lorsqu'ils étaient les premiers à blâmer les
autres en pareille circonstance. Il est d'usage im-
mémorial, pourtant, qu'un envoyé, porteur d'une
missive, doit être considéré entièrement étranger
à toute espèce d'inimitié entre deux adversaires. »

(Le bach-chaouch, envoyé à Tiaret, porteur des
lettres d'Abd-el-Kader, avait été effectivement retenu, mais parce que le messager avait été surpris
en flagrant délit d'espionnage, profitant de sa mission pour troubler le pays.)

« Alors des bruits se répandirent parmi les Arabes.
On a dit : Les prisonniers français qui ont été enlevés par la force seront enlevés aussi par la force.

Puis les Français promirent de fortes sommes à celui qui les conduirait aux premiers postes français. Puis ils imaginèrent un autre moyen. Ils ont pensé que le sultan de Fez est à même d'obtenir leur délivrance. Ils ont publié dans notre territoire qu'il est chargé de les délivrer des mains d'Abd-el-Kader et de les envoyer à leurs compatriotes malgré notre vouloir. Nous nous sommes dit :

« Comment est-il possible que des chefs français, guerriers et puissants, ayant une connaissance parfaite des hommes et des choses, puissent avoir de pareilles idées ? Ce qui vient à l'appui de tout ceci, c'est qu'un grand nombre de Marocains venaient tous les jours visiter les prisonniers français.

« MM. Bugeaud et La Moricière ne s'étant pas occupés de cette affaire et conservant pour nous la même haine, quoique cependant n'ignorant rien de ce qui nous concerne, n'ont pu avoir un instant de tranquillité à notre égard, ainsi que vous le savez. *L'accroissement de notre colère a été tel que nous nous sommes décidé à ordonner le massacre.*

« Nous n'avions établi aucune différence entre eux et nos troupes, quant à ce qui concerne la nourriture et le couchage ; bien plus, ils avaient la faveur d'avoir la viande, le café et autres choses.

« Dès que nous nous sommes convaincu que

parmi le nombre des prisonniers se trouvaient des
chefs appartenant à de bonnes familles, hommes
d'honneur et qui n'ont pas voulu se laisser tenter
par la fuite au milieu de leur esclavage, nous avons
applaudi à leur conduite, et nous nous sommes
empressé d'ordonner qu'ils ne fussent pas mis à
mort, les ayant préférés aux autres, qui ont été
massacrés.

« En définitive, dans cette circonstance, les
chefs de votre armée sont la principale cause de ce
malheur, *puisqu'ils n'ont pas voulu accepter des propositions d'échange.* »

Le jour même du départ de leurs officiers, à la
tombée de la nuit, les prisonniers furent réunis
sur un rang, après avoir reçu l'ordre d'apporter
tous les effets avec eux. Quand on les eut ainsi
rassemblés, les fantassins réguliers les emmenèrent
par groupes de six dans leurs gourbis, et vers minuit, un cri des soldats d'Abd-el-Kader donna le
signal de la mort de ces malheureux.

Seuls, le clairon Rolland et le chasseur Delpech,
du 8ᵉ bataillon, parvinrent à s'échapper et ga-
gnèrent Lalla-Maghrnia.

Le maréchal Bugeaud adressa à ce sujet aux
Arabes et aux Kabyles la proclamation suivante :

Arabes et Kabyles, vous aurez peut-être appris l'acte
barbare exécuté sur 300 prisonniers français par Abd-

el-Kader, fils de Mahiddin, que vous appeliez autrefois votre sultan. Voyant que ces prisonniers étaient réclamés par l'empereur du Maroc ou qu'ils allaient être délivrés par notre armée, ou bien enfin qu'ils étaient incommodes à nourrir et à garder, il a ordonné de les égorger, et ils ont été égorgés.

Tout Arabe doué de bon sens et de religion comprendra que c'est là un acte de désespoir qui prouve que le fils de Mahiddin est abandonné de Dieu et des hommes.

On comprendra aussi qu'il n'est pas plus humain envers les musulmans qu'envers les chrétiens : car, en assassinant les 300 prisonniers de Djemaa-Ghazaouet, il exposait à notre vengeance les 4000 ou 5000 prisonniers arabes qui sont en France ou dans nos places, sur les côtes de l'Algérie. Cette crainte, à défaut de religion, aurait dû l'arrêter, mais il est aussi féroce que les lions et les panthères. Il recueillera les fruits de son horrible conduite.

L'empereur Muley-Abd-er-Rahman n'aura pour lui aucun intérêt, et les Arabes qui lui restaient encore attachés ne pourront pas conserver leur amour à celui qui a commis le meurtre de 300 prisonniers sans aucune nécessité.

Ne craignez pas que nous répondions à sa barbarie par une vengeance qui pourrait être vingt fois plus forte ; il ne sera fait aucun mal aux prisonniers arabes, et ils seront traités comme ils l'étaient auparavant.

Vous verrez par là l'énorme différence qu'il y a entre notre humanité et le caractère d'Abd-el-Kader.

Vous regretterez certainement d'avoir sacrifié vos biens et vos personnes pour défendre la cause d'un homme aussi exécrable.

Cette proclamation enfantine n'empêchait pas que le maréchal avait répondu par un refus à la proposition d'échange des prisonniers que lui avait fait faire l'émir, et l'excuse que l'on s'est efforcé de lui chercher, en proclamant qu'il était obligé, comme gouverneur de l'Algérie, de voir les choses d'un point de vue d'une hauteur que l'on n'explique pas, et de les apprécier dans l'intérêt de l'avenir de la conquête, ne tient pas debout.

Elle toucha moins l'émir, s'il en eût connaissance, que la défection de la tribu sacrée des Hachem, qui compromettait au plus haut point son prestige, et la réprobation qu'excita autour de lui le crime aussi odieux qu'inutile qu'il venait de commettre. Chacun comprenait que la bénédiction d'Allah ne pouvait plus s'étendre sur des mains rougies du sang de tant d'innocentes victimes.

Le lendemain de cet horrible attentat, il parut plongé, d'ailleurs, dans un grand abattement, dont ses lieutenants ne parvinrent pas à le tirer. En vain Bou-Maza voulut l'attirer à de nouvelles invasions; l'émir, cachant sous l'enveloppe de la prudence et de la réserve son profond découragement, se refusa à le suivre. Celui-ci se sépara de lui, se jeta d'abord dans l'Ouarensenis, puis s'avança vers le sud jusqu'au pays des Oulad-Naïl.

De sorte que, rentrés le 12 mai à Mascara, nous

reçûmes le 17 l'ordre de repartir immédiatement pour nous diriger aussi vers le sud.

La nouvelle colonne expéditionnaire devait se composer de trois bataillons du 6° léger; deux bataillons du 44°; quatre pièces de canon; des spahis, etc.

L'annonce de cette brusque sortie fut accueillie avec peine par tous ceux qui se rappelaient les fatigues inouïes de la campagne que le régiment venait de faire. A ces fatigues allaient infailliblement se joindre, vu la saison, les horreurs de la soif et de la chaleur dans un pays de sables, sans abri et sans végétation. Ma santé physique et morale me permettant de tout supporter, je dois dire que ces impressions pessimistes ne furent pas les miennes.

Loin de là, ma curiosité, plus que jamais en éveil, se réjouit, *in petto*, de visiter enfin ces oasis dont des relations, véridiques ou arrangées, m'avaient tracé tant de tableaux magiques.

Le 18, mon bataillon, le 1er, faisait la grande halte à Cachrou, dans une splendide vallée au sud de Mascara, ancien patrimoine de la famille d'Abd-el-Kader. Eaux délicieuses. Bosquets de grenadiers, d'orangers, et jusqu'à des violettes! Ce fut la première et la dernière fois que j'en ai cueilli en Algérie.

Nous campâmes le soir, à cinq heures — nous

étions partis à six heures du matin, — sur les bords d'un ruisseau insignifiant, décoré du nom d'Oued-Sempta.

Le 19, nos 2ᵉ et 3ᵉ bataillons nous rejoignirent en nous apportant la nomination comme sous-lieutenant du sergent Biadelli, candidat malheureux à Saint-Cyr, engagé à vingt et un ans.

Quatre petites étapes nous menèrent à Frendah. Ce village, où nous avions déjà campé, était aussi gracieux, aussi boisé, aussi arrosé que possible. Sa proximité de Mascara l'avait garanti des ennemis et des amis. De nombreux petits canaux en faisaient un site exceptionnel de culture, de verdure et de fraîcheur.

Le colonel y laissa quelques malades sous le commandement du sous-lieutenant Pascal qu'il n'aimait pas — à tort ou à raison. — Ce dépôt devait grossir plus tard.

Le 24, les pessimistes purent se congratuler de leur perspicacité. Nous eûmes neuf lieues à faire sur un vaste plateau nu et peu accidenté, par un vent d'une violence rare. On perdit un soldat. Le colonel, furieux, infligea quinze jours d'arrêts de rigueur aux commandants de compagnies qui avaient des hommes aux cacolets. Il prétendait qu'on aurait dû prévoir leurs fatigues et leurs pieds blessés, et les laisser à Frendah. François — le soldat perdu s'appelait François — ne se retrouva pas,

et nous campâmes sans lui au marabout de Sidi-
Mansour.

Le 25, à l'Oued-Askoura, la colonne vit arriver
soixante-quinze mille rations de biscuit et une
quantité de chameaux, chargés de petits tonneaux
et d'outres contenant deux jours d'eau, à raison de
huit litres par personne et par jour.

Le 26, une marche de neuf lieues et demie nous
conduit sur les bords de l'Oued-el-Naçeur, que
nous remontons le lendemain pour gagner l'Oued-
Hachiche où nous campons serrés le plus possible,
pour ne pas donner l'éveil. Les sonneries sont dé-
fendues. Les armes sont chargées de balles coupées en quatre, — tradition du général Yusuf que
notre colonel paraît décidé à prendre pour modèle
pendant cette campagne.

La ration d'orge est réduite de quatre kilogrammes à trois; mais cela n'embarrasse pas le sous-
lieutenant chargé du service administratif. Nos
trois kilos en représentent toujours pour lui quatre.

A onze heures du soir, les compagnies d'élite
partent en hâte et j'y fais pour la première fois
mon apprentissage avec nos voltigeurs, sans capitaine. Nous emportons des vivres, pas de tentes;
rien qu'un mulet pour tous les officiers. Comme
notre consigne est plus que jamais de prendre Abd-
el-Kader, mort ou vif, nous nous abattons sur des
tribus que nous soulageons de six à sept mille mou-

tons, deux ou trois cents bœufs et quelques douzaines de chameaux.

Ce fait d'armes accompli, nous rejoignons la colonne à environ trois lieues de Stitten. Le soir, deux
soldats du génie s'étant aventurés dans un bois
près du camp sont assommés par les Arabes.

En deux étapes nous gagnons un village abandonné et en ruines. Nous achevons de le démolir et
faisons prisonnier un magnifique cheval blanc.
Autre Abd-el-Kader.

Le 31, mon bataillon est d'arrière-garde, après le
convoi, après le troupeau. Douze mortelles lieues.
Fatigue atroce. Nous marchons enveloppés du
nuage de poussière que soulèvent nos milliers d'a-
nimaux.

Le caporal Gabrielli disparaît avec deux hommes
du 6e léger. Le 44e a laissé le long des grosses touffes d'alfa le tiers de son effectif, ainsi que la plupart des chameaux et des moutons confiés à sa
garde. Nous ramassons et relevons tout, hommes
et bêtes, avec force coups de bâton.

A dix heures du soir, — nous sommes partis à
cinq heures du matin, — nous arrivons au gîte,
moulus et harassés.

Heureusement, mon mulet arrivé avant moi, avec
les bagages, avait permis de planter ma tente dans
le sable. Je m'y fourrai et m'étendis sur ma peau
de mouton, sans penser à manger, tant j'étais las.

CHAPITRE XIV

Le matin, les compagnies d'élite sortent avec la cavalerie. Ma corvée de la veille me vaut de séjourner avec les compagnies du centre, et de reconnaître l'endroit où je me trouve.

Le paysage est charmant.

A une demi-lieue, à travers une ceinture de palmiers, par un beau soleil, on distingue les murailles blanches de l'Arbah. Ce village n'est pas en ruines.

Sur le fond du tableau, teintés de rose et de lilas par le soleil, se détachent les pics aigus d'une chaîne de montagnes éloignée d'environ trois lieues.

Cinq minarets bien bâtis, bien entretenus, rendent encore plus pittoresque et plus oriental ce séjour ravissant.

Autour du village sont des jardins plantés de figuiers, de grenadiers, d'abricotiers, etc.

Au milieu de l'oasis coule un clair ruisseau d'eau exquise, qui fertilise assez les sables pour laisser croître de l'orge et quelques légumes, dans de petits carrés qui ressemblent aux cases d'un damier.

Les autres faces du camp sont encadrées de collines de sable où pousse en abondance l'herbe que les Arabes appellent le « chich »...

J'allais oublier de noter que, dans la journée d'hier, journée de poussière, de soleil et d'orage, trois coups de feu ont été tirés. Leur son indiquait des fusils français. C'étaient, en effet, trois soldats qui, à bout de forces, se faisaient sauter la cervelle, cachés dans les hautes herbes.

Je visite le village. Malgré les ordres, peut-être anodins, du colonel Renault, il était déjà pillé.

Cependant, tout en prenant la fuite, les habitants avaient fait des propositions de soumission et livré une certaine quantité d'orge et de dattes.

L'agha de Mascara avait accepté et distribué ces denrées. Malgré cela, les jardins avaient été dévastés, les clôtures et les serrures des maisons brisées. Le goum et les spahis indigènes ne respectaient pas même les femmes de ceux qui s'étaient soumis.

Quelques-unes étaient jeunes, fort jolies, et pouvaient facilement exciter les désirs d'hommes en plaine depuis quinze jours par un soleil étouffant.

Mon ami Mutrecy trouva un fusil superbe, un de ceux distribués aux chefs par la confiance trop aveugle du gouvernement français. Un autre officier s'empara d'un tapis précieux. Il ne m'échut qu'un fusil de fabrique vraiment arabe, en assez mauvais état.

Chacun voulait ramasser quelques miettes du gâteau largement entamé par les cavaliers coreligionnaires de ces ennemis inoffensifs ; si bien que, vers le soir, ces pauvres gens, désespérés de voir ainsi violées les conditions du traité, s'amusèrent à tirer sur les avant-postes quelques coups de fusil, qui ne blessèrent personne.

Alors on se décida à donner des ordres sévères pour empêcher et prévenir le mal, qu'il était impossible de continuer, attendu qu'il n'y avait absolument plus rien à faire.

Le colonel, pendant ce temps, alla, dit-on, visiter quelques villages voisins où se tenaient cinq marabouts, personnages influents et disposés à se défendre.

A quatre heures du soir, je suis désigné pour porter des vivres à la colonne rapide, campée à cinq ou six lieues du camp, dans la direction de Chellâla. A onze heures, en route, nous la rencontrons qui revenait.

Dans ses reconnaissances des villages, elle a perdu le lieutenant de spahis Seitz tué avec trois de ses cavaliers, en rôdant le long des jardins. Nous rentrons à cinq heures du matin.

Pendant la nuit, des coups de fusil ont encore été tirés sur les avant-postes. Les balles arabes, mal coulées, font un bruit extraordinaire dans l'air et s'entendent de fort loin. Aussi le colonel Renault prétend-il que les ennemis ont distingué sa tente dans l'obscurité et tirent spécialement sur lui. Il n'est pas blessé néanmoins, ni personne.

A midi, un grain épouvantable s'abat sur le camp. Éclairs, tonnerre et un demi-pied de grêlons, gros comme des noisettes. Beaucoup de bêtes du troupeau sont blessées.

Nous paraissons devoir prendre racine, où nous sommes. Le génie s'amuse à construire cinq fours de cent rations chacun. On distribue au soldat du blé, en guise de pain, et des dattes, au lieu de café.

Les compagnies, à l'instar du génie, se mettent à construire des fours particuliers, qui pourraient être excellents, mais que notre départ empêche d'utiliser.

Le camp est levé le 6 juin à quatre heures et demie du matin. Nous prenons la direction des deux Chellâla.

Je ressens un peu de fièvre, et je ne suis pas le seul parmi les officiers. Ils montent à tour de rôle sur les chameaux ou sur les cacolets. Moi, je persiste à cheminer à pied.

10.

La ration de biscuit de 600 grammes est réduite à 300. On y ajoute 150 grammes de viande de mouton.

Nous campons à Oglet-el-Hammam, réunion de plusieurs puits.

Le 7, nous revenons vers les villages des Arbah; car il y en a deux : celui du nord et celui du midi. Nous dressons nos tentes beaucoup plus à gauche pour éviter les scènes de pillage. Nous avons fait pendant ces deux jours une douzaine de lieues en tout.

Et puis, nous recevons l'ordre de rentrer à Mascara !

C'était bien la peine de nous avoir fait avoir si chaud, si soif, et avaler tant de sable presque impalpable !

Il est vrai que nous sommes vainqueurs sur toute la ligne, à l'exception des malheureux soldats, jeunes pour la plupart qui, démoralisés, sont restés en arrière, offrant aux Bédouins une proie facile, et ont jalonné de leurs cadavres la route que nous avons tracée.

Pour moi, cette expédition ne manquait pas d'agréments. J'avais à moi tout seul un mulet méchant, mais robuste, et une tente grande comme un salon où huit ou dix camarades pouvaient venir causer, rire et jouer, sans éprouver la moindre gêne.

J'avais pu me procurer un bien-être relatif, que ma délicatesse à ne pas charger la mule de mon capitaine m'avait empêché de me procurer il y a quelques mois. Et j'avais une garde-robe ! Trois chemises, deux tuniques, trois pantalons, dont deux en toile.

Du reste, rien n'était plus curieux que notre accoutrement pendant cette course : pantalon gris ; guêtres idem ; chapeau en feutre gris ou blanc, à larges bords pour nous garantir du soleil. Sur ce chapeau se balançait le plus agréablement possible une longue plume d'autruche, fruit de nos victoires et conquêtes.

Chacun la posait à sa manière. Celui-ci, tenant à l'ancien régime, avait pris le comte Almaviva pour modèle. Celui-là, une main sur la poignée du sabre, se campait fièrement en Fra-Diavolo.

Que l'on joigne à ce noble couvre-chef une canne de palmier, une cravate de soie portée à la Colin, et l'on aura une esquisse légère, mais authentique et fidèle, des héros de l'expédition du désert.

A cette tenue fantaisiste, les cavaliers, je veux dire les officiers montés du régiment, ajoutaient une espèce de camisole en flanelle blanche, d'un effet très pittoresque.

Au camp, l'uniforme était plus varié encore : un laisser-aller complet. Avec la tunique, on mettait de côté toute contrainte. Pour mon compte, je re-

cevais et rendais des visites, affublé d'une espèce
de paletot en laine grise, acheté jadis à Avignon
pour les beaux soirs de l'été.

Ce paletot, qui vaut bien quinze francs, m'est très
utile, et c'est lui qui me couvre lorsqu'une étape
un peu moins longue ou un rare séjour me permet
de courir de tente en tente chercher des nouvelles.

J'ai adopté le système hygiénique des Arabes :
ils prétendent que ce qui garantit du chaud, garantit du froid, ou plutôt que ce qui est sain en
été est sain en hiver. Ils ne connaissent pas du
tout l'usage de la toile, très peu celui du coton.

L'usage libre de l'une de mes cantines m'avait
permis d'emporter cette fois une petite bibliothèque,
qui manquait précédemment à mes sorties. *Pauca,
sed bona.*

D'abord, *Un Million de faits*, volume compact,
nouvellement acheté, véritable encyclopédie, réduite à sa plus simple expression, mais suffisante
pour les renseignements ; mon fidèle *Jocelyn*, l'un
de mes prix de rhétorique ; les *Orientales* de Victor
Hugo, couleur locale ; puis un vieux volume,
imprimé sur papier de fil, à larges marges, que je
dévorais en cachette, et qui excitait fort l'envie
confiscatoire de mon professeur de troisième. Que
de calottes il m'a values — *alapas* — de la part de
mon père, vieux gardien de la pudeur antique !
C'est Rabelais.

Ainsi donc, l'un portant l'autre, Rabelais, Victor-Hugo, Lamartine et moi, nous avons gaiement traversé le désert saharien et celui de ma vie actuelle, en compagnie des chameaux, des Bédouins, etc.

Un peu de poésie n'était pas inutile après des marches atroces pour arriver aux villages des pauvres diables que nous venions dévaliser, au milieu d'une poussière chaude qui brûlait la gorge; d'une température de je ne sais combien de degrés, sans air, sans eau; de souffrances inouïes et sans soulagement possible, causées par les lèvres qui s'épaississent et se collent, la langue qui se dessèche et se ravine, la bouche entière qui se fend peu à peu, et la fièvre qui brise les jambes et semble vous attacher à chaque pied un poids de cent kilogrammes.

Le devoir de l'officier est alors bien pénible. Il faut qu'il fasse abstraction de ses maux particuliers, pour encourager ses hommes, les exhorter, les relever s'ils sont abattus; porter leur sac, leur giberne, leur fusil; leur faire entrevoir une espérance qu'il n'a pas, celle d'un bivouac prochain. Il faut surtout qu'il voie ce spectacle d'un œil impassible ou qui fait semblant de l'être. Les traînards deviennent bientôt les victimes des Arabes, à moins qu'ils ne se tuent eux-mêmes.

Je n'en suis pas moins enchanté d'être venu

jusqu'à l'Arbah. En le quittant, pour ne jamais le revoir peut-être, je me retourne pour prendre et emporter en moi une dernière vue de ce charmant village, dont les murailles bleuâtres s'élèvent derrière un gracieux rideau de palmiers. Je ne puis me lasser de regarder les couleurs lilas que met le soleil sur ses maisons blanches, ses minarets. Quel riant aspect ont ses jardins plantés de petits groupes de figuiers, de grenadiers en fleur, d'abricotiers aux fruits déjà mûrs, plongeant leurs racines aux bords d'un frais ruisseau, qui semble chanter !

Notre marche rétrograde est aussi pénible que notre marche en avant. Le 16 juin, le colonel Renault, voyant qu'un convoi attendu n'arrive pas, réduit à la moitié notre ration de biscuit. Des dattes, de l'orge ou du mouton de razzia remplacent l'autre moitié. Il se décide à ne plus flâner en route et à se rapprocher de Mascara : nous n'en sommes plus qu'à huit journées. Nous rêvons déjà dîner passable, sommeil prolongé... Le convoi arrive ! Il faut manger ce qu'il apporte. Nous ne pouvons pas rentrer décemment en rapportant des vivres !... Et nous voilà faisant des crochets à la recherche des puits et des mares.

Si le vent du désert vient à les dessécher, bien des hommes disparaîtront encore et le convoi leur coûtera cher.

Le 23 juin nous voit près de Stitten et je suis de

garde aux bœufs, aux moutons et aux chameaux :
c'est ma part de gloire.

Nous avons eu depuis quelques jours un temps
abominable : tonnerre, éclairs, pluie et vent; mais
un vent à enlever nos tentes, nous cinglant de
grêlons gros comme des noisettes.

Nous marchons là-dessous comme des recteurs
suivis des quatre Facultés : deux ou trois lieues
par jour, à seule fin de consommer radicalement
nos vivres, et que nos chameaux ne fassent pas
tant le gros dos à notre entrée triomphale dans
Mascara.

Elle eut enfin lieu le 3 juillet, cette entrée; mais
elle ne me profita guère pour le moment.

Étant de garde au troupeau, j'avais été forcé de
faire un rapport contre un malheureux soldat de
ma compagnie, lequel s'était permis d'enlever et de
tuer pour son usage personnel un mouton confié
à sa probité comme à la mienne.

Le colonel Renault jugea un exemple nécessaire
et décida que le coupable serait traduit devant le
conseil de guerre, à Oran. Mon témoignage était
indispensable.

Le 5 juillet, je partis pour cette ville, en diligence, et diligemment aussi, afin d'y attendre le
jour et l'heure où il plairait au rapporteur d'instruire
l'affaire, et aux juges de la juger, ce qui dura pas mal
de temps.

Je ne fis rien pour retarder, rien pour avancer le jugement. J'ignore même si j'aurais pu faire quelque chose dans un sens ou dans l'autre.

J'étais à Oran. Je m'y trouvais bien, sans soldat, sans service, avec de bons camarades, de belles Espagnoles, sans autres soucis que celui de passer le temps le plus gaiement possible, et aussi le plus économiquement, car l'argent se faisait rare.

Je ne me reconnaissais plus moi-même. J'apprenais à fumer, à boire du punch, à fréquenter des salons dorés d'un goût fort douteux, et d'une morale... moins douteuse encore.

En peu de jours, je devins sec comme un coucou, chose presque miraculeuse après une expédition dans les sables.

A Oran, j'appris que M. Grésy, le nouveau lieutenant-colonel nommé en remplacement de M. Claparède, et tout fraîchement débarqué de France en Afrique pour la première fois de sa vie, avait introduit au régiment le système nouveau et redouté des théories, des leçons dans les chambres et autres horreurs.

Le colonel Renault, commandant la subdivision par intérim, le laissait faire, bien décidé du reste à profiter sans vergogne, au moment de l'inspection générale, des fruits de ce régime.

Tout cela ne m'épouvantait guère. Fraîchement sorti de Saint-Cyr, je me sentais capable, avec quelques repassages, de tenir tête au lieutenant-colonel comme au général inspecteur.

Oran est devenu magnifique. Pendant les six derniers mois, la province avait reçu quatre mille colons ou marchands, dont le chef-lieu avait retenu la plus grande partie. Malheureusement, les environs ne sont que des sables. Fruits, jardinage, bétail, tout vient d'Espagne, ce qui explique le prix élevé des pensions : quatre-vingt-dix francs par mois.

Peut-être aussi cette ville est-elle dans une position trop pittoresque. Un ravin profond la coupe en deux parties et lui imprime capricieusement une forme irrégulière. On dirait un immense Y dont il faut sans cesse monter et descendre les branches.

Pour un officier de la garnison, cette situation rend le service pénible. Pour moi, ce n'était qu'un charme de plus.

Une promenade splendide, quoique très étroite, — élargie plus tard, bien plantée et nommée promenade Létang — a été taillée sur le flanc droit du ravin. Elle domine complètement la mer et, soit du côté de la rade, sillonnée par les barques des pêcheurs, soit du côté des montagnes escarpées de Santa-Cruz et de Saint-Grégoire, soit encore du côté de la ville, elle fournit des points de vue admirables.

L'œil se complaît à suivre les sinuosités de ce ravin qui, semblable à une immense nappe de verdure, serpente à travers les maisons blanches dont ses deux pentes sont couvertes.

Si l'on jette, au milieu de ces masses vertes et blanches, les minarets pointus de quelques mosquées, les dômes de nos églises, les ogives des marabouts perdus dans les jardins, l'on a sous le regard ravi, mais fatigué par la blancheur éclatante des édifices, un spectacle digne des Mille et une Nuits.

Telle Oran était alors et, chaque matin, en me levant, chaque soir, au coucher du soleil, j'admirais gratis ces oppositions d'ombre et de lumière, vigoureuses et changeantes à décourager les peintres espagnols et vénitiens réunis.

CHAPITRE XV

M. de Salvandy, le général en chef de l'instruction publique, est arrivé. L'accueil ne fut pas de prime abord aussi noble, aussi imposant que je l'eusse voulu pour le premier ministre qui vînt de France visiter l'Algérie.

Je croyais de bonne foi à une mission politique, utile aux intérêts des colons. J'ignorais que ce grand personnage avait marié sa fille à M. Rivet, capitaine d'état-major, et que la remise de la jeune épouse dans les bras de son époux motivait son voyage, au moins autant que l'inspection de notre possession africaine au point de vue civil.

Le lendemain du débarquement, grande réception, grands saluts, auxquels j'eus la curiosité de prendre part.

Le ministre avait son habit de ministre, une per-
ruque noire magnifiquement bouclée, une casquette
tout à fait militaire avec douze galons comme celle
d'un maréchal de France, et une longue et large
visière à la Bugeaud.

Habitué par les cancans des feuilles publiques à
me figurer M. de Salvandy sous les traits élégants
d'un jeune premier du Gymnase, je fus un peu dé-
senchanté en le voyant au naturel. Tout est faux
de ce que l'on dit de lui, excepté son toupet. Il est
gros, il a le nez et les joues colorés d'un Bourgui-
gnon, et tout cela pend d'une façon déplorable.

Malgré sa cravate blanche et ses bottes vernies,
il était loin d'égaler en majesté la prestance des
vieux chefs arabes. Je rougissais pour mon pays de
l'aspect vulgaire de son ministre.

Son discours a paru satisfaire peu de personnes
extra-officielles. Il sentait trop l'homme du monde,
poli, instruit, courtisan, et pas assez le représentant du roi de la vieille France, envoyé pour voir
et connaître la France nouvelle.

C'étaient des réflexions banales, des éloges sur
notre tenue, comme si, pour voir un ministre, les
officiers ne mettaient pas d'habitude ce qu'ils ont
de mieux.

Lorsque le 5ᵉ de ligne lui fut présenté, après lui
avoir dit en substance les mêmes paroles qu'au
44ᵉ et au 3ᵉ léger, dans lequel je m'étais faufilé,

M. de Salvandy eut néanmoins l'*adresse* de rappeler
aux officiers de ce régiment sa conduite aux trois
journées glorieuses de juillet 1830, conduite popu-
laire, sans doute, et profitable à la nouvelle dynas-
tie, mais qui, en somme, avait fait peu d'honneur
au 5ᵉ, et à la façon dont il interprétait le serment
de fidélité et les devoirs de l'honneur militaire. Il
avait courageusement refusé de tirer sur le peuple,
lorsque son colonel le lui commandait.

. Si en 1831 et 1835, à Paris, en 1831 et 1834, à
Lyon, les troupes avaient agi de la même manière,
où seraient aujourd'hui le roi Louis-Philippe et son
noble ministre M. Alonzo-Narcisse comte de Salvandy?

. Quoi qu'il en soit, Oran avait pris un air de fête.
Tout le monde était beau. Les hôpitaux avaient été
nettoyés, les gamelles des soldats mieux remplies.
Douze cents cavaliers arabes des environs vinrent
fantasier devant le ministre ébahi, prêts à lui envoyer des coups de fusil, dès qu'il aurait tourné le
dos.

Deux jours après, il repartait, enthousiasmé de
ce qu'il avait vu, nous promettant d'en faire bon
rapport à Sa Majesté, comme s'il avait vu le vrai;
comme si les malheureux colons de Miserghin et
du Sig ne mouraient pas, soixante-cinq sur cent, de
la fièvre; et comme si les dix-huit cents soldats,
alors malades dans les hôpitaux d'Oran, lui avaient

été présentés dans leur état ordinaire de saleté et d'abandon. On a beau être ministre de l'Instruction publique, on n'est pas parfait.

Je pus mieux voir que Son Excellence ce qui se passait dans les hôpitaux par suite d'une circonstance qui n'avait rien de particulièrement singulier, mais qui m'inspira une idée assez singulière.

Deux officiers du 6ᵉ léger se marièrent à Oran. L'un, sous-lieutenant et mauvais drôle, mort plus tard lieutenant aux zouaves, par suite d'ivrognerie, épousait sa cousine, fille d'un restaurateur. L'autre, capitaine, unissait son âge mûr aux roses printanières de la fille d'un ancien tambour-major du régiment, devenu sous-lieutenant, ancien cantinier, ancien marchand d'hommes, et qui, soit par lui, soit par sa femme, avait obtenu du galant général Thierry, son ancien colonel, une belle concession, sise aux portes d'Oran, dont il jouissait avec solde entière.

Pour échapper à l'ennui de ces deux cérémonies qui se passaient à huit jours d'intervalle, j'obtins d'un docteur complaisant un billet qui me fit entrer à l'hôpital sous prétexte de fièvre, de dysenterie et autres maux.

Je rencontrai dans les salles trois noms impersonnellement historiques : M. de Malherbe, M. Bessières, chefs de bataillon au 44ᵉ; M. Bernadotte, chef de bataillon au 12ᵉ léger. J'y trouvai encore M. de Carondelet, chef de bataillon au 41°.

Les trois premiers souffraient de je ne sais quoi. Le quatrième, ancien capitaine au 6° léger, avait reçu une balle dans l'œil qui le torturait, et l'a torturé, malgré les efforts de la science, jusqu'à sa mort, arrivée lorsqu'il fut général de division.

La journée se passait à faire le whist, où je fus assez heureux, et la semaine s'écoula, gaiement pour moi, à l'abri des cérémonies nuptiales qui m'avaient sérieusement menacé.

Au bout de deux mois et demi d'attente, le jour du jugement de l'homme au mouton finit par se lever, et je dus comparaître.

Mon témoignage ne fut que la défense de l'accusé. Tout en certifiant le délit, je fis valoir les circonstances atténuantes de la faim, de l'occasion, de l'herbe tendre, et aussi les six mois de prison préventive déjà subis par le pauvre garçon. Bref, je rendis facile la tâche de son avocat.

Le conseil de guerre se déclara suffisamment éclairé et, à l'unanimité, acquitta le prévenu.

Ce fut mon premier triomphe oratoire et peu d'autres le suivirent. Mais je constatai que j'avais manqué ma vocation. J'aurais dû être avocat, plaider le pour aujourd'hui, demain le contre, et, suivant le précepte du grand maître romain, *in omni causâ duas contrarias causas explicare*. C'était trop tard.

Ma cause actuelle étant dûment entendue et mon

homme, blanc comme neige, acquitté en bonne
forme, je n'avais plus qu'à dire adieu à mon *dolce
farniente* d'Oran et à rejoindre en toute hâte le
6ᵉ léger à Mascara, où ma présence pouvait être
devenue nécessaire.

Je repris la diligence et mon voyage s'effectua
sans encombre.

J'eus la compagnie du lieutenant-colonel Bosquet
et du commandant Charras jusqu'au Sig.

Ils sortent tous les deux, ainsi que La Moricière et Cavaignac, de l'École polytechnique et font
partie de cette camarilla d'officiers d'artillerie et du
génie qui, passés par une loi injuste — *summum
jus, summa injuria* — dans l'infanterie, grâce à la
combinaison des formations nouvelles, viennent
ôter aux officiers de Saint-Cyr une part considérable de l'avancement.

Quel que soit le mérite de ces messieurs, on peut
trouver chez nous aussi bien, et, d'ailleurs, est-ce
que le génie et l'artillerie n'ont pas besoin d'officiers hors ligne?

Le commandant Charras fut, en 1830, l'un des
élèves de l'École polytechnique délégués au gouvernement provisoire.

Il paraît qu'il était fort républicain alors et ne
demandait que deux cent mille têtes pour extirper
radicalement les vieilles racines de tous les vieux
abus.

En 1835, étant capitaine d'artillerie à Saint-Étienne, il fut envoyé, dit-on, par punition en Algérie pour certains articles trop démocratiques publiés dans le *National*. C'était une singulière punition que celle de lui octroyer une faveur qui n'a servi qu'à son avancement.

Du reste, autre temps, autres mœurs. Il est devenu l'ami du duc d'Aumale ; l'appelle, tantôt « monseigneur », tantôt « mon prince » ; et sa fortune particulière permet à ce républicain-aristocrate des réceptions princières, où figurent sûrement sa maîtresse juive, Aïcha, et très probablement aussi les maîtresses du jeune duc.

Dans la diligence était encore un capitaine d'artillerie, nommé Gauthier, le grand entrepreneur et la tête de l'Union agricole du Sig. Il a des projets de colonisation superbes, dans les vallées du Sig, de la Tafna, de la Mina, du Chéliff et dans la Métidja.

Ses interlocuteurs, Bosquet et Charras, souriaient en l'écoutant et, en aparté, l'un d'eux disait : « Tout cela sonne faux. »

M. Gauthier pouvait donc se tromper, à dire d'experts plus entendus que moi. Il pouvait trop présumer de ses forces et de ses capitaux ; mais il a l'air honnête homme et plein de son sujet. Il appartenait à l'état-major particulier du maréchal, tandis que Charras et Bosquet ne juraient que par La Moricière.

Le village du Sig que j'avais vu si gai, si riant, était désert. On aurait dit que le choléra ou les colonnes du général Yusuf l'avaient traversé.

Maisons fermées ou à demi sorties de terre. Sur cent colons, soixante-quinze avaient été malades ou l'étaient encore; morts les vingt-cinq autres; tout ce qui pouvait se déplacer émigrait.

C'est la fièvre qui, à trois reprises, a décimé cette population : fièvre due à quoi? On l'ignore. Peut-être au remuement malsain de trop de terres. Peut-être au régime anti-hygiénique des colons. Peut-être à l'influence locale ordinaire. Aussi me suis-je bien gardé, en couchant au Sig, de mêler à mon vin son eau dont la réputation n'est pas brillante.

J'arrive à Mascara. Le 1ᵉʳ bataillon, auquel j'appartiens titulairement, est allé sur je ne sais quelle route faire ce que les légions romaines faisaient dans l'antiquité, aux mêmes endroits : des chemins pour les colons et des maisons pour des chefs arabes.

Je suis désigné par le colonel pour servir à la 4ᵉ compagnie du 3ᵉ bataillon. Ce n'est plus le même colonel, ô merveille! Nous avons maintenant M. O'Keeffe, l'ex-lieutenant-colonel du 56ᵉ. Je lui rends visite, ainsi qu'au lieutenant-colonel Grésy.

Ni l'un ni l'autre n'a paru surpris ou mécontent de mon séjour plus que prolongé au chef-lieu de la province.

Que Mascara est triste lorsque l'on revient d'Oran !
Pas de troupes, peu d'officiers et beaucoup de service. Tout le monde est çà et là, faisant casser ou
cassant des pierres pour les voies de communications. Il reste cependant l'homme du jour, que je
me suis abstenu d'aller voir, le colonel Renault
l'Arrière-Garde, devenu le général Renault, tout
court, et sublime, m'a-t-on dit, d'incommensurable
orgueil.

Il a décroché enfin ces deux étoiles après lesquelles il soupirait, à faire croire qu'il était victime
de la plus criante injustice et des passe-droits les
plus scandaleux ! Le pauvre homme ! Il n'avait que
trois ans de grade de colonel et, durant ces trois
années, pour lui de mortelle attente, il avait été
nommé commandeur de la Légion d'honneur.

Il ne se plaindra plus maintenant... à moins que
la troisième étoile n'excite chez lui les mêmes crises
nerveuses que les deux autres.

Être singulier. Jamais il n'a témoigné qu'il fût
satisfait et il a le droit de se vanter d'avoir eu le
plus bel avancement de l'armée d'Afrique.

Il est né en 1809. Le voilà général de brigade à
trente-sept ans. L'homme se trouve-t-il à la hauteur de la dignité ? Pour lui, cela ne fait pas l'ombre
d'un doute. Ce n'est pourtant pas l'opinion générale.

Il est d'une bravoure à toute épreuve. C'est un
grand mérite. Cette bravoure, ou plutôt cette témé-

rité, l'a fait blesser trois fois, et toujours au bon moment, sous les yeux du maréchal et des princes.

Il fuit par goût, mieux encore par système, la compagnie des élèves de Saint-Cyr, d'où il est cependant sorti, après avoir fait, il est vrai, trois années d'école, au lieu des deux habituelles.

Il a pris pour officier d'ordonnance un parvenu assez instruit qui l'aide à se conduire, à faire ses plans et à rédiger ses mémoires. Deux élèves de l'école, mes camarades, ont refusé de collaborer à ce dernier travail, qui mentait trop à l'avantage du chef, selon leur conscience.

En plaine, l'ex-colonel s'étendait sur les tapis de sa tente, ayant autour de lui des cartes et des bougies allumées. Le factionnaire avait l'ordre de ne laisser entrer personne qui pût troubler ses veilles laborieuses; et bientôt un ronflement sonore, autant qu'intempestif, prouvait que les bougies, brûlant toujours, n'éclairaient plus que le sommeil réparateur des forces du tacticien.

Un jour d'audience, il demandait à des chefs arabes s'ils connaissaient Renault, le colonel du 6ᵉ léger. Les Bédouins, surpris, répondirent qu'ils connaissaient La Moricière — le père la Trique — Bugeaud, le père du soldat, Cavaignac, le roseau peint en fer, mais qu'ils ignoraient profondément *Rinault, céros* et même féroce.

Furieux, Renault sauta sur sa canne et les chassa

en s'écriant : « Je vais vous apprendre à le connaître, moi, Renault! »

Cette sortie fit un scandale de tous les diables.

. Un mois après mon départ d'Oran, ce fut le tour
du bataillon où j'étais détaché d'imiter les vieilles
légions romaines et nous partîmes pour Saïda, à
dix-huit lieues de Mascara, partagées en quatre
étapes ravissantes de fraîcheur, d'eau délicieuse
et de verdure. On campe sur l'Oued-Froha, à la redoute de l'Ouiserte, au marabout de Sidi-Aïssa-
Mamo et l'on gagne Saïda, au sud de Mascara.

Comme à Boghar, on avait abandonné le vieux
village pour en construire un neuf sur les hauteurs.

Ce poste, entouré de murs peu élevés mais suffisants pour arrêter les efforts des Arabes, en général
plus cavaliers que fantassins, avait son personnel
administratif au grand complet : commandant de
la place, employés des subsistances et des hôpitaux,
gardes du génie, etc.

. Le vieux Saïda, occupé quelque temps par Abd-
el-Kader, chassé de Takedempt et de Mascara, est
en plaine, à deux ou trois kilomètres du nouveau.
Je n'eus pas le temps de le visiter, car nous fûmes
expédiés sur les Hauts Plateaux, à cinq ou six lieues
de Saïda, pour surveiller je ne sais quelles tribus
en fermentation. Cette sortie, peu fatigante, a
laissé aussi fort peu de traces dans mes souvenirs.

Je passai mon temps à regarder travailler sur

les routes et à lire quelques ouvrages sur l'Algérie.

J'essayai, à l'aide du langage *sabir*, de causer avec les nombreux Arabes qui apportaient au camp les bêtes qu'ils ne mangeaient pas : lièvres, porcs-épics, sangliers, etc.

Le lion revenant souvent dans nos conversations, l'un de nos interlocuteurs habituels me raconta un jour la légende suivante :

« Allah, causant avec le lion pour se désennuyer, lui demanda ce qu'il était capable de porter.

« Celui-ci, fier de sa force, répondit qu'il pouvait porter un chameau, avec sa gueule et sur son dos, un taureau avec sa gueule seulement, et qu'il était de la force de quarante hommes.

« Allah, pour le punir de sa vanité, lui dit : « Tu porteras un bœuf, soit; mais tu traîneras le mouton. »

Et les Arabes sont persuadés qu'il en est ainsi. Peut-être ont-ils raison, la dent du lion ne trouvant pas prise dans la toison épaisse de ce dernier animal.

Ils croient aussi qu'avec des pierres ou la lame d'un sabre, ils peuvent effrayer et écarter le lion; mais ils se gardent bien de lui tirer des coups de fusil. Il en est de convaincus que le choc du fer contre le fer, par exemple du fourreau du sabre sur l'étrier, intimide le lion et l'empêche d'attaquer.

Nous l'entendions souvent rugir et fréquemment

nous rencontrions ses traces. Saïda, du reste, veut dire lionne, puisque *Saïd*, seigneur, est le nom du lion. Cette famille peu commode doit être nombreuse dans les ravins profonds et boisés qui entourent notre établissement.

Mon éducation au sujet des mœurs de ces grands fauves resta incomplète, car, le 21 novembre, nous étions paisiblement rentrés à Mascara, où nous ne tardâmes pas à recevoir des nouvelles d'Abd-el-Kader.

Il était non moins tranquille que nous, dans le Maroc, à Aïn-Zohra, à vingt-cinq lieues de notre frontière, en train de chercher à se débarrasser de ceux des nôtres qu'il n'avait pas fait exterminer.

CHAPITRE XVI

Le chapitre précédent me ramène tout naturellement à terminer l'histoire des prisonniers de Sidi-
Brahim et d'Aïn-Témouchent.

Le 2 juin, après avoir marché pendant environ
deux heures dans les montagnes de l'Halaf, et pendant qu'on installait le bivouac, El-Hadj-Habib fit
venir sous sa tente les onze captifs qui lui restaient,
et leur apprit qu'Abd-el-Kader, menacé de se voir
arracher les prisonniers par le Maroc, les avait fait
périr; puis il ajouta :

— « Il y a beaucoup de la faute du maréchal : l'émir
lui a écrit plusieurs fois sans obtenir de réponse;
sa dernière lettre l'informait du sort qui menaçait
ses soldats, si, au bout de vingt jours, le maréchal
ne lui faisait pas connaître ses intentions. »

Frappés de stupeur, ils entendirent sans comprendre le reste des paroles de cet assassin. Leurs yeux n'avaient plus de larmes, leurs bouches plus de voix pour plaindre ces glorieuses infortunes !

Un bras impitoyable avait frappé, désarmés, endormis peut-être, de vaillants soldats qui s'étaient défendus si énergiquement à Sidi-Brahim !

Il est probable qu'El-Hadj-Habib ne communiqua pas à ses auditeurs l'incroyable proclamation du maréchal Bugeaud. En apprenant que la France ne répondrait pas à la barbarie de celui que l'on appelait le fils de Mahiddin par une vengeance qui pouvait être vingt fois plus forte, et qu'il ne serait fait aucun mal aux prisonniers arabes, ils auraient compris que leur existence ne tenait qu'à un fil.

Car, enfin, pour un maréchal de France commandant en chef, c'était se montrer bien indulgent que de déclarer que les quatre ou cinq mille prisonniers arabes, internés en France ou dans les places fortes des côtes de l'Algérie, n'avaient rien à craindre, lorsque l'on avait déjà octroyé l'aman aux tribus traîtresses du massif des Traras !

Le duc d'Aumale, en personne, avait anéanti la tribu des Oulad-Sulthan, dont le nom seul indique l'importance, pour de moins exécrables méfaits. Les Oulad-Sulthan ne nous avaient point trahis. Ils avaient suivi la fortune d'Ahmed, bey de Constantine, jusqu'au bout, et ils auraient dû bénéficier des sentiments chevaleresques que l'on avait retrouvés tout à coup, à propos d'on ne sait trop quoi, pour épargner des misérables indignes de pitié, qui n'avaient d'autre raison d'être, avec les Beni-Snassen, que de servir d'avant-postes contre nous à Abd-el Kader, lorsqu'il se réfugiait dans le Maroc, et de le tenir au courant des marches et des contre-marches de nos colonnes.

Il est vrai que la clémence scandaleuse dont on avait usé envers les infâmes Traras avait peut-être les mêmes causes que celle qui couvrait les Beni-Snassen, à cheval sur notre frontière et sur celle du Maroc. Infanterie sans sacs et cavalerie en selle nue tombaient à chaque instant sur les Beni-Snassen, et il arrivait invariablement ceci d'étrange, que le produit des razzias que l'on faisait sur eux *leur était restitué.* La correspondance des officiers de zouaves, présents sous les armes à cette époque, est remplie de plaintes amères sur les déceptions inexplicables, au cours desquelles on perdait cependant du monde de part et d'autre.

Mais revenons à nos onze prisonniers.

Le 5 juin, trois jours après la nouvelle du massacre, ils firent partir des lettres pour le général Cavaignac et pour le maréchal Bugeaud, les instruisant des faits qui s'étaient accomplis et les intéressant à leur situation désespérée.

Ils espéraient qu'en présence d'un événement

aussi inattendu, des dispositions nouvelles seraient prises pour les arracher à la mort qui les menaçait.

Mais nous avons vu que, comme gouverneur de l'Algérie, le maréchal était obligé de voir les choses d'une hauteur qui avait déjà amené le massacre des soldats, et de les apprécier tellement dans l'intérêt de l'avenir de la conquête, que les chefs pouvaient y rester aussi. .

Le 13, à midi, le camp fut levé et porté en amont sur la Malouïa. Trois jours après, on allait bivouaquer sur l'Oued-Za.

Le 27 juin, le général Cavaignac écrivit au colonel de Cognord pour lui annoncer que ses lettres au maréchal lui avaient été adressées. Il envoyait six cents francs et deux croix pour MM. Larrazet et Thomas.

El-Hadj-Habib vint féliciter les nouveaux chevaliers. On ne peut, sans frémir, songer que les mêmes hommes, qui avaient été si joyeux et si complimenteurs lorsque les premières récompenses arrivèrent en décembre 1845, avaient, quelques mois plus tard, fait égorger les soldats de ceux dont ils pressaient les mains en signe d'allégresse.

A sa demande, on adressa le jour suivant au général Cavaignac la liste des prisonniers arabes qu'Abd-el-Kader réclamait si l'on était disposé à traiter d'un échange.

Puis, ils demeurèrent sans nouvelles, livrés aux

cruelles réflexions que leur inspirait l'incertitude
de leur position.

Ils n'étaient plus l'objet d'aucune condescen-
dance de la part de leurs gardiens; surveillés avec
le plus grand soin, ils étaient suivis jusque dans
leurs plus simples démarches.

Chaque matin, un Arabe du camp venait, le rire
sur les lèvres, annoncer à M. Barbut que c'était son
dernier jour; accompagnant ces paroles d'un geste
expressif, il indiquait que c'était sa tête qui devait
être abattue.

Personne ne répondait à ces hideuses manifesta-
tions et les captifs étaient arrivés à attendre avec
calme la fin de tous leurs maux; ils ne doutaient
plus que, lassés d'une surveillance qui les fatiguait,
les chefs arabes ne finissent par se débarrasser
d'eux par la mort.

Le 18 juillet, Abd-el-Kader arriva au camp, accompagné de Bou-Hamedi, réconcilié avec lui, et
de 400 cavaliers. Il n'y resta que le temps de recevoir les témoignages d'enthousiasme et les marques
de respect des soldats qui ne l'avaient pas suivi
dans ses dernières courses lointaines; puis il partit
pour la daïra immédiatement.

Les prisonniers croyaient que l'arrivée du chef
allait avancer leur destin et qu'il ne tarderait pas à
les recevoir pour leur communiquer ses projets sur
leur misérable sort.

Six jours après, le 24 juillet, ils n'avaient encore eu aucune communication de lui, lorsque le camp fut levé pour être porté dans l'intérieur du Maroc, à six lieues plus loin.

Le lendemain, après une nouvelle marche de quatre heures, on campa dans une forêt accidentée.

A leur arrivée au bivouac, ils virent El-Hadj-Bechir, le frère de lait d'Abd-el-Kader, et lui exprimèrent leur étonnement de n'avoir pas encore été présentés à son frère.

El-Hadj-Bechir répondit qu'il avait été souvent question d'une entrevue, mais que l'émir s'y était constamment refusé, disant à ceux qui le pressaient :

— « Je n'ai rien à leur dire ; ils me parleront de leurs frères, et je ne pourrai leur répondre. »

De vives instances furent faites auprès d'El-Hadj-Bechir, qui revint quelque temps après avec ordre d'amener les prisonniers à Abd-el-Kader, disant que cette entrevue aurait lieu, pourvu toutefois qu'il ne fût fait aucune allusion au massacre du 24 avril.

Abd-el-Kader était assis par terre, au pied d'un arbre. Bou-Hamedi était à ses côtés.

Il avait le même chapelet qu'à leur première entrevue, était vêtu de la même manière, sans luxe, mais avec cette recherche ordinaire aux grands tolbas ; ses burnous étaient relevés sur l'épaule droite ; sa main fine, blanche et déliée, ne cessait de faire mouvoir les grains de son chapelet.

Il ne leva pas la tête, lorsque les onze prisonniers lui furent présentés. Ce fut Bou-Hamedi qui leur parla en son nom. Il dit que « l'émir, lassé de ne pas recevoir de lettres du maréchal, n'ayant plus de ressources pour nourrir les prisonniers et pressé par le Maroc, avait ordonné de les mettre à mort ».

Pendant cet entretien, qui dura assez longtemps, l'émir ne leva les yeux qu'un seul instant. Ayant arrêté Bou-Hamedi au milieu d'une phrase, il lui dit de lui montrer le chef; M. de Cognord s'étant nommé, Abd-el-Kader le fixa durant un moment inappréciable.

Après avoir pris congé de lui, chacun s'interrogea du regard, se demandant ses impressions à la suite de l'entrevue.

Ils pensèrent tous qu'Abd-el-Kader avait été profondément agité en voyant paraître devant lui des hommes qui pouvaient lui reprocher l'exécution à laquelle avait présidé son beau-frère, Mustapha-ben-Thami.

Ce fut pour eux l'explication de ce silence glacé et de cette attitude si différente de celle de Bou-Hamedi, dont la bienveillance était toujours la même, parce qu'il était étranger à cet acte odieux.

Ils restèrent campés dans la forêt jusqu'au 30 juillet. Chaque jour, conduits par des factionnaires, ils descendaient sur le bord du torrent, et passaient le temps sous de grands arbres, se laissant vivre en présence du calme de la nature, qui régnait si peu dans leur âme, et qui y fut pourtant ramené par cette contemplation incessante des objets qui les environnaient.

Le 31 juillet, on vint camper à Aïn-Zohra dans le pays des M'talsa, près des montagnes du Riff.

Dans les premiers jours d'août, M. Barbut, ayant la fièvre et tourmenté par la maladie, était allé prendre un bain au bord d'une fontaine, lorsque son gardien lui proposa la fuite, moyennant une somme de cent douros, qui lui serait remise lorsqu'ils seraient parvenus tous deux dans un poste français.

M. Barbut n'accueillit pas cette proposition et en parla au colonel, qui pensa, comme lui, que quelque perfidie était cachée sous ces bonnes intentions.

Le 10 août, le général Cavaignac, en envoyant cinq cents francs, annonçait que, d'après l'avis donné par le maréchal, le consul de Tanger était chargé de traiter de l'échange avec l'émir.

Cette nouvelle fut accueillie peu favorablement par le colonel de Cognord, car il savait bien qu'Abd-el-Kader ne consentirait pas à ce mode de négociation.

En effet, le lendemain il répondait au général

Cavaignac que l'émir ne voulait traiter qu'avec les autorités de l'Algérie, dans une conférence qui se tiendrait sur un point du territoire français et près de la frontière.

Le 8 septembre, le général Cavaignac, toujours prévoyant pour eux, leur adressa mille francs, cherchant ainsi à améliorer leur sort. Il venait de transmettre les dernières lettres de M. de Cognord au maréchal, et il espérait que, dans un avenir prochain, la liberté leur serait rendue. Avec ce courrier arrivèrent des nouvelles de leurs parents, de leurs amis; ils furent ranimés, pendant quelques jours, par cette correspondance qui venait les chercher au milieu de leurs souffrances.

Il n'y en avait pas moins près d'un an que durait leur affreuse captivité et les longs jours qui se succédaient, tièdes ou brûlants, courbaient leurs corps et leurs esprits sous les angoisses et la misère.

L'opiniâtreté d'Abd-el-Kader à vouloir traiter directement avec les autorités de l'Algérie aurait rehaussé son caractère politique et fait croire qu'il n'avait dû être conduit à l'exécution du massacre que par un de ces moments de fièvre qui, chez les hommes puissants, laissent de si profondes blessures à l'humanité, s'il était resté ferme dans sa prétention.

Il avait, jusqu'à cette époque, conservé une grandeur imposante dans toutes ses relations avec nous;

il avait toujours défendu de verser le sang français inutilement et, en 1843, il renvoyait dans la province d'Alger, sans rançon, quatre-vingt-trois prisonniers, à la tête desquels se trouvait le capitaine d'état-major de Mirandol, qui a rendu un hommage éclatant à son caractère.

Dans les derniers événements, sa situation était presque désespérée, et si l'on joint à toutes ses angoisses de 1846 le ressentiment profond qu'il avait d'être considéré par ses ennemis comme un barbare, comme un pestiféré, avec lequel toutes relations sont suspendues ; pressé, d'autre part, par ses fanatiques lieutenants, qui le soutenaient dans la mauvaise fortune, on comprendra que, dans un moment d'exaspération, Abd-el-Kader ait donné plein pouvoir à Mustapha-ben-Thami, son beau-frère, qui quittait sa colonne expéditionnaire pour revenir au Maroc.

Ici, obligé de raconter d'abord les faits, je dois avertir le lecteur de réserver son jugement sur tout ce qui va suivre, jusqu'à ce que je puisse lui en donner l'explication, et de ne pas se hâter d'accuser l'émir de remplacer sa grandeur imposante par des finasseries de mercanti, se cachant derrière ses commis pour tondre au plus près des clients forcés, livrés par le hasard à sa discrétion.

Je ne me sens aucune tendresse pour Abd-el-Kader ; mais des historiens ont avoué avoir eu la main leste en écrivant qu'il avait voulu *personnel-lement* trafiquer de ses prisonniers. Je pense que si l'on a le droit strict de tuer un ennemi, on n'a pas celui de chercher à le présenter sous un aspect qui n'est pas le sien.

Le 18 septembre, Si-Mohammed, khodja de Sidi-Kaddour-ben-Hallal, vint à la tente des officiers et, après quelques mots de conversation, leur dit que, s'ils voulaient racheter leur liberté par une rançon en argent, peut-être serait-il possible d'entrer en pourparlers. Il ajouta *qu'il importait que l'émir n'eût pas connaissance de cette négociation;* que cette affaire se traiterait entre les khalifas et les prisonniers, en dehors de sa participation.

Le colonel accepta et offrit 20 000 francs pour la rançon. A la suite de cet entretien, Si-Mohammed se retira pour faire part à son maître du résultat de ses ouvertures.

Le lendemain, il revint et dit que les prétentions des khalifas étaient beaucoup plus élevées, et que la somme exigée était de 12 000 douros, ou 60 000 francs.

Une discussion très vive s'engagea entre Si-Mohammed et les prisonniers. Ils tâchèrent de lui faire comprendre qu'ils se rachetaient eux-mêmes de leurs propres deniers — ce qui n'avait rien de bien flatteur pour le gouvernement français; — enfin, après s'être tous consultés, le colonel offrit

6 000 douros, assurant que c'était là toute leur fortune, et qu'à défaut d'acceptation de ces offres, ils
resteraient prisonniers.

Voilà à quoi la politique de M. Guizot et les coups
de trique pour rire de M. de la Moricière avaient
réduit des officiers français.

On a beaucoup admiré la grandeur de caractère.
de ces hommes, livrés aux misères les plus rudes,
séparés de leurs compagnons d'infortune par une
mare de sang qu'ils pouvaient augmenter du leur,
et qui débattaient les conditions de leur liberté par
quelques pièces de monnaie, espérant, à juste titre,
que leur pays interviendrait en définitive pour
payer leur rançon, mais ne voulant pas, après avoir
tout sacrifié pour l'honneur de son drapeau, l'entraîner dans des conditions d'argent qu'ils considéraient comme très dures, eu égard à leur valeur
personnelle. On a ajouté qu'ils ne s'estimaient pas
assez et patati et patata.

La vérité est que jamais nation n'a reçu un soufflet
pareil. J'ai enregistré scrupuleusement les sommes
que Cavaignac avait fait parvenir au colonel Courby
de Cognord, lorsqu'il était à la tête d'un détachement
considérable de prisonniers dépourvus de tout. Il
y avait là de quoi le faire douter de la générosité
du gouvernement. Aussi était-il tout naturel que
ses compagnons et lui essayassent de traiter d'après
le chiffre de leurs ressources propres. Ce n'est pas

glorieux pour la France ; mais il n'y a pas à sortir de là. Si plus d'argent avait été mis à la disposition du colonel, Abd-el-Kader n'aurait pas eu la ressource d'invoquer comme excuse du massacre de ses prisonniers son impuissance à nourrir tant de monde.

Le 26 septembre, ils n'avaient encore reçu aucune réponse. Ils se décidèrent à la demander à Si-Mohammed, qui leur dit que la somme était bien faible pour les khalifas, mais que l'influence de Si-Kaddour se ferait sentir en leur faveur s'ils voulaient, au moment de la mise en liberté, lui remettre mille francs, cinquante francs à un sergent arabe chargé de leur garde, et deux cents francs à lui-même, négociateur de toute cette affaire.

Ces conditions furent acceptées.

CHAPITRE XVII

Acte de mauvaise foi. — Un certificat. — Délivrance. — Le
plan du maréchal Bugeaud. — Éventualités menaçantes. —
Les ordres du ministre de la guerre. — La rançon et l'é-
change. — Émoi du maréchal Bugeaud. — Un ambassadeur
renvoyé. — Détachement de prisonniers. — Le caïd Osman.
— Grands effets de petites causes.

Quelque temps après, Si-Mohammed revint annoncer qu'El-Hadj-Habib viendrait essayer de faire
augmenter la somme, qu'il irait jusqu'à la menace
pour y contraindre les captifs, mais qu'il fallait
rester insensible à tous ses discours, quels qu'ils
pussent être.

Si-Mohammed manda près de lui le colonel le
1ᵉʳ octobre. Ils reprirent ensemble les mêmes en-
tretiens que précédemment. C'étaient 60 000 francs
qu'il fallait donner. Le colonel n'écouta ni les discours ni les menaces, et resta ferme dans les premières conditions du traité. Ce singulier négociateur se retira non satisfait de ses tentatives.

Le 5 octobre, Si-Mohammed vint prévenir le colonel d'écrire le jour même à Melilla pour avoir la somme convenue qui devait se monter à 6 000 douros espagnols, tandis qu'il n'avait été fait mention que de douros français.

Cet acte de mauvaise foi changeait la somme, en la portant à 33 000 francs. Il fallut cependant se résigner à cette augmentation. Si-Mohammed fit faire alors à chacun des prisonniers un certificat ainsi conçu :

J'ai été bien traité pendant ma captivité chez l'émir. J'ai reçu pour nourriture du blé, du sucre, du café, de la viande, du beurre et des ognons. Je n'ai été ni frappé ni insulté. Nous avons écrit une fois, de la part du khalifa Bou-Hamedi, pour l'échange des prisonniers lorsque Abd-el-Kader était dans le Sahara ; la réponse de M. le maréchal ne nous est pas parvenue.

Lorsque nos hommes ont été sacrifiés, nous avons demandé les motifs qui avaient amené cet acte ; on nous a répondu que c'était parce que le Maroc voulait les avoir de force.

Abd-el-Kader nous renvoie à Melilla sans qu'il nous ait personnellement demandé d'argent.

Aïn-Zohra, 5 octobre 1846.

Ce ne fut qu'après la signature de ce certificat qu'un cavalier, mis à la disposition des captifs, porta au gouverneur de Melilla une lettre du colonel de Cognord et que les onze Français restés au pouvoir de l'émir purent espérer enfin recouvrer leur liberté.

Ils n'en virent luire le jour que le 25 novembre. Vers trois heures de l'après-midi, ils étaient sur la plage en face de Melilla et d'une balancelle qui devait les transporter à la ville.

En les apercevant, M. Durande, lieutenant de vaisseau, se jeta à la nage pour venir au-devant d'eux.

Leur rançon fut comptée aux Arabes qui les avaient accompagnés et, le 26 novembre, à la suite d'un repas donné par les officiers de la garnison de Melilla et présidé par le gouverneur, les prisonniers délivrés s'embarquèrent sur la balancelle de M. Durande, qui les transporta à Djemmaa-Ghazaouet, où ils arrivèrent le 27, à cinq heures du matin, sans être attendus.

Lors de leur capture et surtout quand, presque aussitôt, se fut produit l'échec d'Aïn-Témouchent, le gouvernement français avait exprimé l'opinion qu'il ne fallait pas repousser d'une manière absolue les tentatives d'échange qui pourraient être faites par Abd-el-Kader avec les autorités de l'Algérie.

Mais le maréchal Bugeaud, auquel son malencontreux traité de la Tafna était resté sur le cœur, ne voulait plus à aucun prix avoir rien à débattre avec l'émir.

En outre, il était avant tout préoccupé d'éviter de faire quoi que ce fût pouvant consolider le prestige et l'influence d'un homme qu'il considérait comme son ennemi personnel, ou les lui rendre, et il pen-

sait que le parti le plus sûr pour délivrer les captifs était de faire de nombreux et importants prisonniers marocains, qui ne devraient être rendus à
l'empereur que lorsque lui-même aurait négocié
le retour de ceux que l'*ex-émir* avait entre les
mains.

Ce plan n'avait pas souri à M. Guizot. Il était capable de nous mener tout droit à un nouvel Isly
suivi d'un autre Tanger, compliqué d'un second
Mogador, nous attirant une guerre avec nos amis
d'outre-Manche!

Le gouverneur général, battu sur ce terrain, s'é-
tait réfugié sur un autre, d'où Abd-el-Kader était
toujours exclu. Il ne lui fallait plus Abd-er-Rahman.
Il disait qu'un simple traité d'échange entre un de
ses lieutenants, le général Cavaignac par exemple,
et Mustapha-ben-Thami, ne pouvant pas rehausser
considérablement chez les Arabes l'éclat d'une puissance à jamais perdue, était ce qu'il y avait de mieux
à faire.

Mais cette idée n'avait pas été plus tôt prise en
considération qu'il s'était empressé de la démolir
de fond en comble.

Elle avait un côté extrêmement fâcheux. Elle rendait à l'ex-émir des personnages importants — car
c'étaient ceux-là qu'il s'empresserait, bien entendu,
de réclamer, — et, avec leur aide, Abd-el-Kader trouverait de nouveaux appuis, qui lui permettraient

de relever l'état de ses affaires tout à fait compromis en Algérie.

Cette éventualité menaçante le rendait tellement perplexe que, tout en écrivant au ministre : « Le malheur de ceux qui restent des nôtres a quelque chose de *si intéressant*, de *si respectable*, que, selon moi, nous ne devrions pas hésiter à passer par-dessus ce danger, » il se hâtait d'ajouter : « Toutefois je crois qu'il est prudent d'attendre quelque temps encore... » Quoi? Le suprême assassinat?

Et il en était revenu à ses moutons, ou peu s'en fallait. Il voulait employer l'influence de l'empereur du Maroc ! Il s'adressa dans ce but à M. Léon Roches, interprète, et à M. de Chasteau, consul général à Tanger, qui ne lui laissèrent pas longtemps ses illusions. Il n'y avait rien à faire en présence de l'inertie du gouvernement marocain, — qu'Abd-el-Kader n'avait pas encore poussé à bout, — et Abd-er-Rahman était tenu à de grands ménagements envers son hôte.

D'un autre côté, Miloud-ben-Arach, trésorier de l'émir, qui l'avait abandonné pour se réfugier chez l'empereur, écrivait et disait qu'il connaissait les intentions de son ancien maître, et que jamais il n'entrerait en pourparlers à l'égard des prisonniers avec la cour de Fez, par laquelle il avait déjà été trompé.

En désespoir de cause, le maréchal s'était ra-

battu sur une invasion rapide du territoire marocain, qui avait fait trembler les Tuileries. Avec ce
diable d'homme, on aurait la guerre et la marine
anglaise sur les bras !

Le gouvernement royal, pour conjurer ce péril,
était alors entré de sa personne en campagne. Le
capitaine Chamberet, aide de camp du ministre de
la guerre, avait été envoyé directement au général
Cavaignac, porteur de dépêches lui prescrivant
d'entrer en relations avec l'émir pour obtenir
la liberté des derniers captifs. On connaissait
le nom et le nombre des Arabes qu'il réclame-
rait par la lettre de M. Courby de Cognord dont
j'ai parlé. On allait tout de suite faire embarquer
pour l'Algérie ceux qui se trouvaient détenus en
France.

Le général avait écrit, le 5 octobre 1846, au colonel en lui envoyant mille francs, que les ouvertures indirectes faites par Abd-el-Kader au sujet
d'un échange étaient acceptées et que les personnes
que celui-ci demandait ne tarderaient pas à arriver
à Oran.

Cette lettre et les mille francs, qu'Abd-el-Kader
dut recevoir le 15 octobre, ne furent pas remis à
M. de Cognord, et il n'y a pas lieu de s'en éton-
ner, puisque les bases du traité entre les prisonniers et Si-Mohammed, khodja de Sidi-Kaddour,
avaient été posées dès le 18 septembre.

Il est vrai qu'à la lecture des dépêches du général Cavaignac, Abd-el-Kader aurait pu rompre sans retard les négociations d'argent engagées entre ses khalifas et le colonel; mais, si le maréchal avait eu une foule d'idées qui ne valaient rien, il en était venu une à l'émir qui pouvait être bonne, quoique toute seule.

Les autorités de la province d'Oran ayant été avisées par le gouverneur de Melilla de ce qui se passait, le général d'Arbouville lui avait envoyé trente-trois mille francs par M. le lieutenant de vaisseau Durande, parti avec une balancelle, pendant que les prisonniers arabes étaient rassemblés dans le plus grand secret à Mers-el-Kebir.

La rançon et l'échange se trouvaient ainsi préparés en dehors du maréchal, qui aurait été capable de faire tout manquer sous l'empire de ses préoccupations.

Aussi, grand fut son émoi, quand le colonel de Cognord lui présenta, à Oran, Kada-ben-Hachmi, porteur de trois lettres d'Abd-el-Kader : une pour le roi des Français, une pour le maréchal Soult, et la troisième pour Bou-Darba, More fort riche en résidence à Marseille.

L'ex-émir envoyant une ambassade à Paris! Abd-el-Kader traitant de souverain à souverain avec Louis-Philippe! Il y avait là de quoi mettre le feu aux quatre coins de l'Algérie.

La casquette légendaire se dressa comme par le mauvais temps.

> Est-elle au mauvais temps ou bien au beau ?
> Penche-t-elle, coquette ?
> S'il la met droite comme un shako,
> Nous aurons du nouveau.
>
> As-tu vu la casquette,
> La casquette,
> As-tu vu la casquette
> Au pèr' Bugeaud ?

Le pèr' Bugeaud, tout frémissant, prit à Kada-ben-Hachmi la lettre adressée à notre monarque et celle destinée au maréchal Soult, en l'assurant qu'il les ferait parvenir à destination, et le congédia avec ces paroles :

— « Ton maître ne peut s'adresser qu'à moi. Je représente ici le roi. Il désire la paix. Il ne peut l'obtenir par un traité, *puisqu'il n'est rien* — (ces trois mots nous coûtaient chacun bien près de cent têtes). — Il n'a que deux chemins à prendre pour redevenir quelque chose : c'est de reprendre son pays par la force des armes ou de venir se rendre au roi des Français. Dis-lui que s'il nous avait envoyé nos prisonniers sans rançon — il l'avait déjà fait une fois, — je lui en aurais rendu trois pour un — pour une centaine, on ne lui en avait pas rendu un seul, — mais puisqu'il a fait payer la liberté de

ceux-ci et égorgé les autres, je ne lui dois rien que
de l'indignation pour sa barbarie. »

Et Kada-ben-Hachmi, dépouillé de ses fonctions
d'ambassadeur, dut. rejoindre Abd-el-Kader en
traversant le pays à cheval avec une faible suite.

.. L'émir avait refusé l'échange en dernier lieu,
moins à cause du besoin qu'il pouvait avoir des
trente-trois mille francs, prix de la rançon, que
parce qu'il espérait que son envoyé parviendrait
en France aux pieds du roi.

Il avait puissamment agi auprès du gouverneur
de Melilla pour que le colonel et ses compagnons
fussent dirigés immédiatement vers l'Espagne ou
vers la France, afin de les soustraire tout d'abord
aux autorités françaises d'Algérie. Il ne s'attendait
pas que les choses tourneraient comme elles
avaient tourné, et que son ambassadeur lui serait
renvoyé d'Oran par le diplomate rancuneux qu'il
avait roulé à la Tafna.

Le 3 décembre 1846, je fus appelé chez le commandant de la place qui m'avertit que, le lendemain, j'aurais à conduire à Oran un détachement
de prisonniers arabes, espagnols et même français.
Dans ce groupe se trouvaient plusieurs individus
accusés d'assassinat. Aussi les Arabes prisonniers
disaient-ils à leurs camarades espagnols, avec le
geste énergique d'un homme qui met en joue :
« Moi morto, toi morto ! »

Le 4 décembre j'étais prêt, mais mon mulet ne l'était pas. Chargé de mes cantines, il les mit lestement par terre et se sauva dans les tribus voisines, peut-être dans son pays natal.

Je donnai son signalement et mis les bureaux arabes à ses trousses. Un mulet de l'administration, requis par le commandant de la place, remplaça provisoirement mon déserteur, mais non les quatre cent quatre-vingts francs qu'il me coûtait.

Mes criminels étaient au nombre de vingt. Pour les garder, on m'avait donné cinq ou six hommes libérés et peu disciplinés par conséquent, que je devais également laisser à Oran.

A deux lieues de cette ville, en descendant le Crève-Cœur, un orage épouvantable éclata sur nous. Réellement ceux de la France ne sont que rosée en comparaison. Une obscurité noire, et plus noire encore par les éclairs, nous aveugla ; la grêle tomba énorme. Impossible de surveiller les prisonniers qui firent comme l'escorte et se mirent à l'abri sous les arbres. Quand l'orage fut passé, il en manquait la moitié à l'appel, et j'étais fort embarrassé.

Cependant tout s'arrangea. Les uns rentrèrent à Mascara, où ils furent saisis par la police militaire. D'autres, plus avisés, coururent dans les tribus, s'emparèrent d'ânes qu'ils rencontrèrent, puis, poursuivis par les Arabes, qui ont un singulier flair pour reconnaître les voleurs et les assassins, firent au Sig, par des sentiers détournés, une entrée triomphale sur leurs paisibles montures. Ces derniers couchèrent dans des silos et ne marchèrent plus que les poings solidement liés.

Le 7, j'étais à Oran, avec mon détachement diminué de deux ou trois têtes. Heureusement, une lettre officielle, venue par la diligence, avait averti le général du mécompte qui m'était survenu. Il se contenta du nombre d'hôtes que je lui présentai, et les fit aussitôt fourrer en prison.

Avec nous, mais en liberté, voyageait un singulier personnage, qui a longtemps marqué dans la province d'Oran et ailleurs. C'était un sous-lieutenant de spahis, servant au titre indigène et nommé le caïd Osman.

Il était difficile, même à ses camarades de régiment, de pénétrer dans la vie passée et présente de cet homme. On le supposait Prussien, et son accent tudesque ne démentait pas cette origine. On racontait qu'il avait assassiné dans son pays natal, qu'il était condamné à mort et qu'après une série d'aventures plus faciles à supposer qu'à décrire, il avait trouvé dans la trop généreuse hospitalité française un refuge commode.

Il était brave et se battait aussi bien en plaine contre les Arabes qu'en duel avec les Français; mais, en somme, il ne valait pas cher. . . . .

C'était la première fois que je subissais le contact de ce personnage, dont j'avais à peine entendu parler. Notre connaissance se fit, bien entendu à mes dépens.

Il voyageait avec une Espagnole, jeune et mignonne, sa maîtresse, qu'il appelait familièrement *la Chica*, et qui l'aimait, le vénérait, l'adorait comme un dieu.

Aux dîners des gîtes d'étape, le caïd Osman me laissa sans façon le soin de régler le compte de ses repas et de ceux de sa Dulcinée, en me disant que le remboursement se ferait à Oran. Je l'attends encore et l'attendrai toujours ou, pour mieux dire, je ne l'attends plus.

Après s'être montré aux armées d'Orient et de Chine, il disparut à celle du Mexique, en 1863 ou 1864, et, depuis lors, jamais plus personne n'a ouï parler du caïd Osman.

Le général Thierry, commandant à Oran, me reçut le jour de mon arrivée et me dit : « Vous partirez demain avec le convoi pour Mascara. »

Or, il pleuvait à verse. J'étais chargé de nombreuses commissions d'achat et de ravitaillement pour mes camarades, et cet ordre donné par celui qu'on appelait Sidi-Bou-Alouf — le seigneur père du... sanglier domestique — et que l'on redoutait, sans raison, me déplut souverainement.

Je vis alors que les petites causes produisent

souvent de grands effets. Je me rappelai ce lieutenant, qui avait jadis marié sa fille, à la noce de laquelle j'avais manqué. J'allai le voir et, vidant un verre de madère pendant qu'il buvait une bouteille de vin bleu, je lui racontai ma mauvaise fortune.

Il me dit : « Cela ne sera pas ainsi. Allons chez le général. »

Le général Thierry ne reçut que lui. J'ignore ce qui se passa entre ces deux personnages ; mais le lieutenant revint avec l'autorisation pour moi de rester jusqu'au convoi prochain, c'est-à-dire huit, dix ou peut-être quinze jours. J'offris une deuxième bouteille de vin bleu qui fut acceptée, et je dégustai un second verre de madère, en admirant les décrets de la Providence qui, d'un ancien marchand d'hommes et de femmes, devenu mon collègue à cinquante ans, faisaient pour moi un protecteur.

CHAPITRE XVIII

L'avant-veille de mon arrivée à Oran, le général de la Moricière avait donné en l'honneur des officiers rendus par Abd-el-Kader un bal splendide, dans lequel une dame, femme d'un capitaine du 44ᵉ, magnifique par ses cheveux noirs et ses yeux bordelais, avait laissé tomber galamment son mouchoir aux pieds du général, ébahi et charmé.

En pays musulman, c'est le contraire qui a lieu. La dame n'en parvint pas moins à ses fins, malgré cette dérogation aux usages. Son vieux mari fut envoyé commandant de place sur les frontières du Maroc, et elle resta à Oran, non loin du jeune général de division.

Je ne vis pas même les prisonniers. Ils s'embarquaient pour la France le jour où j'arrivais.

A cette époque eut lieu le jugement du lieutenant Marin, du 15ᵉ léger.

Cet officier, chevalier de la Légion d'honneur, commandait le détachement d'Aïn-Témouchent; entouré par des forces supérieures aux siennes et croyant ne pouvoir résister avec deux cents hommes malades ou convalescents, dit-on, placés sous ses ordres, il avait jugé nécessaire de se rendre à l'émir en rase campagne.

Le conseil de guerre appliqua strictement la loi et le condamna à mort.

Plus tard, M. Dupin, procureur général près la Cour de cassation, toujours en vertu du précepte de Cicéron : « *in omni causa, duas causas explicare,* » plaida l'incompétence du conseil de guerre, la nullité du jugement et peut-être aussi l'innocence de M. Marin. Toujours est-il qu'il ne fut pas fusillé, soit par grâce, soit autrement.

Une pudeur naturelle à tout officier, une sensibilité dont je m'honore, m'empêchèrent d'assister aux débats de ce procès. Dans la ville, la décision du conseil surprit bien des gens.

La déposition des témoins, même à charge, avait été favorable à l'accusé. Malade lui-même, il avait été jugé par l'opinion publique, toujours opposée aux conseils de guerre, moins coupable qu'on ne l'avait cru d'abord.

Il était évident, selon moi, que pour sauver Marin
vivant, ces témoins s'étaient appesantis sur les méfaits des morts. On disait, entre autres choses, que
M. Hillerain était bien plus coupable que lui; mais
il avait la responsabilité du commandement et
tombait sous le coup de la loi.

Quoi qu'il en soit, de pareilles défaillances étaient
heureusement rares dans l'armée d'Afrique, qui
avait l'habitude de recevoir d'autres exemples. Je
n'en citerai qu'un seul, parce que mon régiment
contribua, pour une part importante, à le donner.

Le 24 juillet 1843, un détachement de 250 hommes
de diverses armes, 6e léger, 1er bataillon d'Afrique
et sapeurs-conducteurs, était campé sur l'Oued-el-
Hammam, derrière une enceinte de pierres sèches.
A l'aube, Abd-el-Kader en personne l'assaillit à la
tête de 600 cavaliers et de 200 fantassins.

A peine si le combat avait duré vingt minutes que
le chef de bataillon Leblond, du 6e léger, tomba
percé de balles. Cette mort, qui aurait pu désorga-
niser la défense, ne la rendit que plus furieuse.
Faure, lieutenant de sapeurs-conducteurs, Dubos,
lieutenant au 6e léger, Boeteau, sous-lieutenant au
1er bataillon d'Afrique, en devinrent l'âme.

Vingt fois les Arabes arrivent jusqu'à toucher la
frêle muraille qui abrite ces braves gens, vingt fois
ils sont repoussés avec des pertes cruelles.

Les intrépides officiers parcourent les rangs pour animer leurs soldats, presque tous récemment venus de France, les encouragent et leur montrent comment on fait son devoir.

Au bout d'une heure de vains efforts, l'émir cessa le combat et ordonna la retraite, après avoir perdu au pied d'un misérable retranchement les meilleurs de ses réguliers.

Les Français ne comptaient que quelques morts et un nombre relativement insignifiant de blessés; mais leurs chefs étaient d'autres hommes que ceux qui commandaient à l'affaire d'Aïn-Témouchent ou, pour mieux dire, du marabout de Sidi-Moussa, qui en est à trois kilomètres.

Mes journées se passaient dans l'oisiveté et j'étais à l'affût de tout ce qui pouvait intéresser ma curiosité de jeune homme et de Français. Il me fut donné d'assister à deux cérémonies juives que je transcris ici au point de vue de la couleur locale, et comme étude de mœurs.

Là première de ces cérémonies était funèbre.

Une femme juive, ma voisine, jeune encore, avait perdu son mari depuis déjà trois mois. Elle le pleurait néanmoins et le faisait pleurer, mais si bruyamment, que j'entrai dans la maison pour voir ce qui s'y passait.

Plusieurs pleureuses à gages, à ce que je compris, étaient autour de la veuve et, avec elles, les parentes du défunt, les siennes, ainsi que beaucoup de commères du voisinage.

Elles entonnaient des complaintes, en hébreu, sur un mode lent et lamentable, puis elles accompagnaient ce chant de mouvements de mains, comme si elles allaient se déchirer le visage à coups d'ongles.

Peu à peu, l'assemblée entière s'attendrit au chant qui, insensiblement, augmentait d'intensité. La veuve suivait l'exemple général. Tout le monde pleurait plus ou moins, suivant le degré de parenté, et s'arrachait plus ou moins les joues et les cheveux. Cependant, il est juste de dire que les voisines et les parentes éloignées ne faisaient que le geste. Quant à la veuve, sa figure était en sang.

Ce singulier manège dura deux heures. Les matrones partirent : tout rentra dans le silence. Peut-être était-ce la clôture du deuil.

La seconde cérémonie, moins lugubre en apparence, me fut aussi triste.

C'était la fête, juive aussi, de la consommation d'un mariage.

Un matin, la maison que j'habitais retentit de ces cris perçants qui, chez les Juifs comme chez les Arabes, indiquent une fête ou tout autre événement agréable.

En descendant, je ne fus point surpris de voir toute la juiverie de la maison en grande tenue. Je

m'approchai des femmes et leur dis d'un ton doux :
Festa, festa!

On me répondit : *Festa*, et on me fit signe d'entrer.

Tout d'abord, près de la porte étaient étalés, sur une table, plusieurs flacons de cette anisette, fabriquée je ne sais où, pour l'usage spécial des Juifs, et des assiettes pleines de ces gâteaux qui sentent, les uns l'anis, les autres la pommade.

Je fis honneur à ces préliminaires offerts à tous venants, à tous passants. Ensuite, je m'enquis des motifs de la solennité. Je compris que la petite Varika ou Farika, âgée de treize ans et mariée depuis six mois, avait, la nuit passée, consommé son mariage, et que c'était ce changement d'une pauvre enfant en pauvre victime, que l'on célébrait comme une fête.

On me racontait la chose gravement, comme simple et naturelle.

La jeune épouse était étendue, tout habillée, sur un lit aussi bien orné que possible. Elle avait ses plus riches atours et me parut d'une beauté suffisante. Chose rare à Oran, où l'humidité et la saleté des maisons juives ôtent promptement le duvet et la fraîcheur du teint, rendent les yeux malades et les visages pâles et scrofuleux. Je m'approchai de l'enfant et lui fis signe que je buvais à sa santé. Elle me remercia d'un sourire. Peu après, elle se leva et vint s'asseoir en chancelant dans la chambre.

Son mari, grand gaillard brun, robuste et d'environ trente-cinq ans, était son oncle maternel. Il avait l'air tout fier de son exploit et recevait, le nez au vent, les compliments hébreux qu'on lui adressait. Je ne pus m'empêcher de plaindre cette fillette, point encore formée, et son pauvre petit corps meurtri par les embrassements brutaux de ce grand dadais.

Ses amies venaient successivement la voir, la complimenter avec de jeunes enfants, et chacune, à tour de rôle, présidait la table, jusqu'à l'arrivée d'une autre connaissance. Le tout avec accompagnement d'anisette, de gâteaux à l'huile et de hurlements joyeux. Une nièce, âgée de douze ans, mariée depuis trois mois, mais qui attendait encore sa première nuit, assistait, curieuse et folâtre, à cette fête, dont elle paraissait essayer de deviner le sens et l'à-propos.

Un convoi, escorté par deux bataillons du 5e de ligne, sous les ordres du colonel Roche, devait partir d'Oran le 24 décembre. Le général Thierry m'ordonna d'en profiter pour regagner Mascara. J'obéis, mais un peu tard, ce qui me valut une singulière panique.

J'avais déjeuné avec quelques amis, et le déjeuner s'était prolongé par le café et les adieux, jusque vers deux heures de l'après-midi, lorsque je m'aperçus qu'il était temps de me mettre en route.

Mon ordonnance, mon mulet, chargé de mes bagages et de mon sabre, étaient partis à six heures du matin. Je comptais sur mes bonnes jambes pour franchir lestement les cinq ou six lieues de la première étape et rejoindre au Tlélat le colonel Roche et son convoi. Mais j'avais calculé sans tenir compte de la brièveté des jours du mois de décembre, et de l'absence de crépuscule dans ces pays méridionaux.

Il était près de cinq heures et j'avais fait les deux tiers du chemin, lorsque la nuit tomba, nuit sans lune, avec la seule clarté vague des étoiles.

De loin, sur ma gauche et en avant, j'aperçus tout à coup deux formes blanches, qui me parurent énormes, soit par un effet d'optique, soit par un effet d'imagination.

J'étais seul, bien entendu, et ma mémoire trop fidèle me rappela comme en un éclair tous les bruits sinistres répandus à Oran et, entre autres, l'assassinat de ce sergent-major du génie qui, appelé à surveiller certains travaux de la route que je suivais, avait trouvé naguère dans les tentes voisines les douceurs de l'amour et les affres de la mort.

Il était trop tard pour reculer, et le *statu quo* était impossible. Je m'armai dans chaque main d'une grosse pierre et j'avançai. Les formes restaient immobiles. Quand je fus vis-à-vis d'elles, un transport héroïque me saisit, et je lançai vigoureusement mes pierres droit sur le couple blanchâtre. Aussitôt, à mon grand effroi, je l'avoue, je vis se dresser deux longues machines, leurs flancs s'allonger prodigieusement à droite et à gauche, et le tout s'envoler et disparaître.

C'étaient, je pense, deux cigognes ou deux hérons, qui ne durent pas éprouver une peur moindre que la mienne.

Je me mis à rire de mon courage et de ma frayeur et, plutôt courant que marchant, j'arrivai au camp de Tlélat, où je trouvai mon ordonnance et les officiers que je connaissais, déjà inquiets de mon absence.

A l'Oued-Hammam, au lieu de passer le pont, je quittai bravement mes habits, et je savourai les délices prématurées d'un bain, dans ces eaux tièdes, même au mois de décembre, au grand effroi du colonel Roche qui, nouvellement débarqué de France, voyait partout des Arabes en embuscade, et se croyait, sur la route d'Oran à Mascara, fréquentée par des *diligences* isolées, en plein pays ennemi.

Je revis Mascara le 26 décembre et il s'en retourna paisiblement avec ses deux bataillons, sa tâche étant terminée.

Mon retour fut fêté vigoureusement. J'apportais avec moi, plus tard qu'on ne l'espérait, il est vrai,

le sucre, le café, les barils d'eau-de-vie et de vin commandés avant mon départ. J'appris avec plaisir que
mon mulet fugitif avait été ramené à Mascara pendant mon absence et que le bureau arabe, pour reconnaître le bon vouloir et la probité des Bédouins,
leur avait octroyé une gratification de quatre douros. Je payai gaiement cette dette, qui élevait le prix
de mon vigoureux mais sauvage collaborateur à la
somme ronde de cinq cents livres.

Les loisirs de la garnison de Mascara n'étaient
jamais bien longs. Le 4 janvier 1847, après les cérémonies et les visites aussi officielles qu'ennuyeuses
du jour de l'an, mon bataillon dut retourner à Saïda,
par ordre du général Renault.

Nos mulets étaient fortement chargés de provisions, Saïda ne me déplaisait pas. La route se fit
joyeusement.

Le 7, nous nous installions de notre mieux, à l'aide
de nos peaux de mouton et de bottes de paille, dans
un pavillon construit spécialement pour l'usage des
officiers.

Le commandant supérieur de Saïda et de son
cercle était un capitaine du 56e, long, sec, en lu-
nettes, fort ancien de grade. Il était proposé chaque
année pour chef de bataillon par son colonel; mais,
malgré son réel mérite et des qualités sérieuses,
M. Brun était constamment ajourné par le général
de la Moricière, auquel il ne plaisait pas.

Il nous laissa fort tranquilles, officiers et soldats, pendant le temps que nous passâmes sous ses ordres. Deux compagnies restèrent à Saïda pour y faire le service. Les quatre autres du bataillon montèrent sur les plateaux travailler aux routes.

Mon capitaine, M. Bohn, grand chasseur et bon tireur, remplit les fonctions de commandant de la place et de sous-intendant. Son frère, mon lieutenant, le seconda dans ces fonctions. Cela nous valut, de la part des colons et des administrateurs militaires, quelques améliorations à notre pension comme prix et comme qualité.

Je dois avouer que, malgré tout son mérite, notre commandant supérieur avait un grand défaut : c'était celui de redouter pour son village fortifié une insurrection. Sa petite responsabilité semblait l'écraser.

Cette crainte lui suggéra deux idées : la première de hausser les murs de Saïda, afin de défiler complètement la garnison des hauteurs voisines ; la seconde de couper tout d'un coup d'énormes choux qui croissaient en paix dans les jardins extérieurs, et n'en pouvaient mais, sous prétexte que ces coquins de Bédouins étaient bien capables de s'embusquer derrière ces magnifiques légumes.

Ce fut une désolation dans la colonie. Tant de choux coupés à la fois faisaient une récolte hors de proportion avec les besoins immédiats. On les

·conserva comme on put et mon capitaine, fidèle
enfant de l'Alsace, essaya de confectionner un
baril de choucroute, qui ne réussit pas au gré de
ses désirs. .

L'exhaussement des murs fut entrepris avec le
concours énergique de nos soldats et d'une grande
quantité de petits bourriquots, gais, bruyants,
pimpants et même galants.

Ce travail fit ressortir au delà de toute expression l'importance d'un homme jusqu'alors peu
.connu. C'était un sergent-major du génie, rem-
plissant à la fois les fonctions de garde et de chef
de l'arme, lequel avait d'excellentes raisons pour
.pousser le capitaine Brun à ces très inutiles dépenses.

Du jour où pelles et pioches entrèrent en activité, la tenue de leur directeur devint fantaisiste.
Chaque convoi lui amenait des paniers de vin de
Bordeaux et de Champagne, bientôt vidés en compagnie des heureux sous-officiers du 6ᵉ léger. Si
les Arabes apportaient sur le marché de Saïda des
peaux de lions, de panthères ou de magnifiques
dépouilles d'autruche, elles étaient rapidement
enlevées par le sergent-major du génie, devenu en
quelques semaines aussi riche qu'un nabab indien.

Je lui ai vu payer vingt-cinq douros une autruche mâle, garnie de toutes ses belles plumes et
assommée par les Arabes assez adroitement pour

ne pas les gâter. Je ne parle pas des œufs d'autruche, qui se vendaient au prix moyen de trois francs cinquante centimes à quatre francs la pièce, et dont il acheta plusieurs douzaines.

Cette existence que venaient encore agrémenter de belles Espagnoles ne pouvait se prolonger longtemps. Quelques mois après, durant notre sortie, nous apprîmes que le chef du génie de la place de Saïda avait été arrêté, conduit à Oran sous bonne escorte, traduit devant un conseil de guerre et condamné à pas mal d'années de bagne.

Ce malheureux avait trouvé moyen, pendant six mois, d'appliquer à son usage, sur les frais de l'exhaussement des murs et des réparations aux édifices militaires, une somme qui dépassait vingt mille francs. La chasse était belle, mais elle avait mal fini.

CHAPITRE XIX

Je m'aperçois que le commandant supérieur de
Saïda, ses fortifications et son directeur des travaux.
m'ont entraîné fièrement loin. Je suis obligé de
revenir au 12 janvier de l'an de grâce 1847, jour où
notre repos fut troublé au point de nous inspirer
de vives inquiétudes pour notre conservation... et
la sienne.

Les tambours battent, les clairons sonnent. La
plaine tremble sous le galop rapide d'innombrables
cavaliers, que des fantassins suivent du mieux
qu'ils peuvent au pas de course. En tête s'avance
Renault, le paladin, le chevalier Renault qui, hon-
teux de son oisiveté comme l'amant d'Armide, a
saisi sa valeureuse épée et d'un bond de lion —
en deux jours — s'est élancé de Mascara aux rem-

parts de Saïda, et il nous tombe dessus, *ex abrupto*, comme un exorde des *Catilinaires*. Son infanterie est sans sacs, mais ses légions n'en emportent pas moins de la viande cuite pour plusieurs jours. Où va-t-il? Il prétend d'un deuxième bond atteindre les Chotts et dévorer en quatre jours près de cinquante lieues. Il faut absolument qu'il aille, entre Daïja et Sebdou, mais plus au sud, refouler sur le général Cavaignac des tribus révoltées, qui sont tranquillement revenues labourer leurs champs.

Le chef d'état-major de sa colonne paraît désespéré de ce coup de tête fatigant et inutile. Les tribus sont averties et l'on arrivera douze heures au moins trop tard, en éreintant hommes et chevaux. Yusuf second.

Je cause rapidement avec l'officier d'ordonnance du général, M. Roberdey de Full, lieutenant au 6e léger, homme sérieux s'il en fut, et voici ce qu'il me raconte :

Deux jours avant de décider cette course endiablée, Renault était dans son cabinet, les bras croisés comme Napoléon, et se promenant à grands pas comme tous les petits hommes. Tout d'un coup, il lève vers le ciel les mains d'un air tragique; puis, les reportant avec force vers la terre, il s'écrie : « C'en est fait, ce repos me pèse, le sang me brûle. En avant! » Et il dicte l'ordre de départ.

à ses officiers d'ordonnance, qui écoutaient ce monologue bouche béante.

Il prend huit cents cavaliers du goum, cinq cent soixante chevaux français, un bataillon, force viande cuite, et le voilà.

Je tremblais qu'il ne lui prît fantaisie de puiser dans la garnison de Saïda pour augmenter son effectif. Il ne dissimulait pas qu'il voulait tomber comme la foudre sur la pointe ouest des Chotts. Il pleuvait, il neigeait même un peu. Triste temps pour imiter la foudre, surtout à pied. J'en fus quitte pour une peur affreuse. Il repartit le 13, à trois heures du matin, sans me déranger. Je n'avais pas encore l'honneur d'appartenir à une compagnie d'élite, et lorsqu'on n'appartenait pas à une compagnie d'élite, on était exempté de prendre part aux tours de force du général Renault l'Arrière-garde devenu l'Extrême Avant-garde. La troisième étoile!

Et je me remis à Lamartine et à Horace, au coin de mon feu, tandis que mes camarades tuaient des sangliers et chassaient le lion. Je n'étais pourtant pas sans inquiétude. Je venais d'échapper à une vilaine corvée, grâce au numéro de ma compagnie; mais qui pouvait savoir où l'aventureux Renault conduirait ce printemps son 6e léger, cette légion de héros formée par ses soins et par son exemple?

A son passage, on a parlé d'une expédition, rêvée par lui dans le sud, qui laisserait loin derrière elle toutes celles faites précédemment par nos colonnes. Il médite de faire connaître le nom de Renault dans des régions où jamais encore un pied français ne s'est posé. Enfin! qui vivra verra. En attendant que nous ayons soif et chaud, il fait un temps abomi-nable et nous *buvons* frais : c'est toujours cela de gagné.

Les mois de janvier, de février et de mars furent, dans ces régions élevées au-dessus du niveau de la mer, ce qu'ils sont en France, froids, neigeux, avec quelques percées de soleil et de beau ciel.

Mon capitaine continuait sa poursuite heureuse aux sangliers. Tant jeunes que vieux, tant petits que gros, il en tua plus de vingt ; et la chair de ces no-bles ancêtres du cochon domestique fit, sous toutes, les formes habituelles, une diversion heureuse aux maigres distributions de l'administration.

J'eus la curiosité de suivre quelquefois mon supé-rieur dans ses expéditions assez lointaines.

Un jour, entre autres, par un froid piquant de fé-vrier, nos fusils chargés d'un côté pour les san-gliers, de l'autre pour les Arabes, d'une balle coupée en quatre, je faillis être enlevé, gelé et morfondu, par un vieux solitaire que *Zampa*, le bon et solide chien du capitaine, avait réussi à chasser d'un lentis-que, son repaire attitré.

Souvent, nous rencontrions des Arabes à la mine peu rassurante. Nous les tenions à distance par ces mots, qui formaient le fond de la science arabe de mon compagnon : « *Rhô, fissah!* Va-t'en vite! » appuyés du geste significatif et bien compris de les mettre en joue.

Une autre fois, assis sur le sentier que nous avions à suivre pour rentrer à Saïda, se tenait un assez gros animal, d'une forme à moi peu familière, fauve, et qui me parut ressembler à un veau d'un âge avancé, sauf cette position peu ordinaire chez les nourrissons de la race bovine.

Le capitaine me prit par le bras, m'arrêta et me dit : « C'est un *cheune* lion. »

Il n'avait pas l'air méchant et j'étais presque tenté de faire une connaissance plus intime avec cet animal qui me semblait si doux, lorsqu'il se leva et s'enfonça gravement dans les bois voisins.

Mais ce que j'aimais par-dessus tout, c'étaient mes courses isolées dans les ravins, dans les rochers qui entourent le vieux et le jeune Saïda. Pas un bouquet de lauriers-roses le long du ruisseau, pas un buisson de thuya ou de genévrier au haut des rocs, qui n'aient été visités souvent par moi, imprudent et presque désarmé.

Çà et là, dans le creux des ravines, paissaient quelques maigres moutons, gardés par de vieilles femmes, sales, ridées, qui, malgré mes paroles affectueuses et mes aumônes légères, ne m'économisaient ni les injures ni les malédictions.

Leurs tentes malpropres, surveillées par ces chiens hargneux qui tiennent du chacal, et que l'on appelle chiens kabyles, étaient en général postées autour du vieux Saïda, où l'eau ne manquait pas, et où se retrouvaient encore, au milieu des jardins abandonnés, les ruines des moulins à eau, des fonderies et de tous les travaux faits par les déserteurs de la légion étrangère pour le compte d'Abd-el-Kader.

C'était là, en effet, qu'après la prise de Mascara et celle de Takedempt, l'émir avait essayé de transporter le siège de sa puissance; mais nos colonnes ne lui laissèrent pas le temps de l'y affermir et d'achever les constructions commencées.

Des plantes sauvages les recouvraient de leurs tiges rampantes, et de gros lézards les parcouraient sans crainte, propriétaires rarement dérangés de ces murailles croulantes et abandonnées.

Tous les soirs, des fentes des hauts rochers sortaient des bandes immenses, de chacals, que suivait l'hyène craintive et peu dangereuse, quoi qu'on dise; et c'était un charivari de cris, de hurlements aigus, du milieu desquels s'élevait de temps à autre la voix rauque et majestueuse des lions. Tout se taisait alors, pour recommencer plus tard et un peu plus loin.

Les journées s'écoulaient rapidement. Logé avec

mon lieutenant dans une grande chambre sans meubles, nous avions fait fabriquer avec des caisses à biscuit une table, jeux de dames, d'échecs et de trictrac. Nous variions ainsi nos plaisirs qui se prolongeaient souvent fort avant dans la nuit, nos lits respectifs de paille et de peaux de mouton touchant la table, jusqu'à ce que le sommeil de l'un des combattants vînt terminer la lutte nocturne.

Je m'étais abonné à un immense journal nommé *l'Époque*, dont chaque convoi nous apportait huit numéros, et c'était une précieuse ressource au point de vue de la littérature, de la politique et des nouvelles, car je n'avais emporté avec moi que trois livres : Lamartine, Horace et Brillat-Savarin.

Bref, nous étions bien unis, bien tranquilles. Nos soldats travaillaient à la terre et aux constructions. L'état sanitaire était excellent. J'ai passé, même à Paris, des heures plus maussades et plus vides de souvenirs.

Les quinze dernières soirées du mois de mars, éclairées par un soleil plus chaud, me firent le témoin quotidien d'un phénomène dont la relation sera aussi fidèle que possible, mais j'en abandonnerai l'explication à de plus savants que moi.

J'apercevais, à cinq ou six lieues de Saïda, une espèce de pic pointu complètement isolé dans la plaine. Tous les soirs, au soleil couchant, de som-

bres nuages s'amassaient autour de ce pic et cou-
ronnaient son sommet d'un dôme épais et noir.
Puis, le soleil tout à fait disparu et l'obscurité sur-
venant, de cette masse sortaient, dans toutes les
directions, comme de longues fusées, des éclairs
qui se succédaient avec rapidité.

Ce phénomène électrique durait environ une
demi-heure.

Le ciel étant pur entre le cône où il se produisait et Saïda, le bruit du tonnerre n'arrivait pas
jusqu'à moi.

Bientôt l'amas de nuages se dissipait pour se
reformer le lendemain.

C'était un beau spectacle devant lequel je restais
absorbé et en admiration. On aurait dit un volcan,
avec son pànache de fumée, lançant par son cra-
tère ses éclatantes éruptions, tandis que le reste de
la montagne se découpait, net quoique sombre,
sur l'air transparent.

Souvent, le matin, lorsque le lever du soleil annonçait une belle journée, j'allais me plonger dans
une petite fontaine formant à trois quarts de lieue de
Saïda un bassin rempli d'une eau chaude et limpide.

C'était ravissant de solitude et de verdure.

Il fallait, pour pénétrer près de la source, écarter
les branches des chênes et des lentisques. Je crois
même qu'un saule pleureur étendait au-dessus de
moi ses rameaux flexibles.

Deux nymphes eussent été à l'étroit dans cette conque peu profonde et peu large. Il était impossible d'étendre les bras sans en toucher les bords verts et fleuris. La naïade qui présidait à cette charmante fontaine devait être bien jolie. Par malheur, je ne l'ai jamais vue.

Toutes ces promenades, ces chasses, ces courses, étaient bien imprudentes et ces bains n'étaient pas sans danger. Le pays était loin d'être sûr et l'agitation y était entretenue au moins autant par le bruit de nos sorties futures que par les menées des émissaires d'Abd-el-Kader.

Malgré mes rencontres fréquentes avec des gens des environs, je n'eus pourtant jamais rien à craindre, pas plus qu'à me repentir de ce qui était alors de véritables traits d'audace. Il est vrai que je m'abstenais prudemment les jours de marché de toute absence.

Ces marchés étaient presque des fêtes, ou tout au moins de curieuses distractions. Le poste était doublé. Les Arabes, fouillés, laissaient à la porte le bâton noueux qui leur servait à assommer à la course les lièvres, les chacals, etc.

Ils nous apportaient du lait; du beurre aigri par le petit lait; des œufs de poule et d'autruche; des poules; du gibier de toute espèce et quelques légumes.

La cuisine, dont j'avais été promu directeur à

l'unanimité, s'alimentait de ces produits divers et, en général, peu coûteux.

Un lièvre se vendait cinq sols. Plus rare, la poule allait jusqu'à dix. Trente et même quarante coûtait le porc-épic à la chair vraiment exquise. Un bel œuf d'autruche frais ne s'obtenait pas à moins de trois et quatre francs, presque son prix à Marseille. J'en vidais avec soin le contenu qui égalait celui de deux douzaines d'œufs de poule, hardiment. En omelette, ils étaient peu mangeables : ils sentaient la terre. Mais j'avais appris à notre cuisinier à s'en servir pour les sauces et pour des pâtisseries que notre goût peu difficile trouvait passables.

Du reste, je mettais tout mon talent à surprendre la bonne foi de mes deux commensaux — mon capitaine et mon lieutenant — et à varier par des mets pittoresques et de couleur locale la monotone nourriture que nous offraient nos sangliers et nos moutons. Plus rarement, un cuissot de gazelle ou un morceau d'autruche, déguisé en civet ou en salmis, faisait son apparition sur notre table.

Les Arabes nous apportaient aussi du lion, mais, averti par l'expérience, je dédaignais le goût sauvage et le fumet de ce formidable gibier.

Les cornes des gazelles, leurs pieds gracieux, les coquilles des œufs et les plumes de l'autruche, les défenses des sangliers et les piquants des porcs-épics décoraient nos modestes chambres.

Le tout était encadré par des images extraites de l'*Illustration*, dont quelques-unes représentaient, plus infidèlement que fidèlement, les scènes variées de nos courses militaires et les traits glorieux de nos héros.

Je me rappelle avec plaisir et j'essaie de décrire avec exactitude les détails d'une existence militaire qui ne doit pas avoir laissé de traces aujourd'hui. Tous les petits postes, à l'éclosion desquels mon régiment avait en quelque sorte contribué, qui lui devaient ses routes, ses casernes, ses hôpitaux, ses jardins, ses fortifications et même ses maisons, sont devenus des garnisons à la française. Le système de vie passé a dû se reporter plus loin, dans les postes nouveaux créés sur les limites extrêmes du Sahara.

Tout cela avait pour moi le prestige de l'inconnu découvert, de la gaieté, de la santé et était doré par ton astre étincelant, ô jeunesse!

Au moment où j'appréciais le mieux les heureux jours, les mauvais me guettaient dans l'ombre. Un ordre, signé Renault, nous rappela subitement à Mascara, où, par des routes bien connues, nous rentrâmes le 3 avril 1847.

Mascara se peuple et s'embellit chaque jour, grâce à sa position enchanteresse et à tous ses autres avantages topographiques. Quelques nouveaux colons de toutes les nationalités sont venus s'y établir. Mais peu d'ordre, et de plan encore moins.

On démolit ce qu'on a construit; on reconstruit ce qu'on a démoli. Le génie refait des escaliers oubliés au pavillon des officiers, puis coupe en deux les étages trop élevés, pour doubler le nombre des pièces disponibles.

Deux villages nouveaux ont été tracés au sud et à l'ouest de Mascara. Nos soldats y construisent des maisons qui n'attendent plus que des habitants.

Des militaires libérés ont profité de ces avantages et accepté de fort jolies concessions. Il est fâcheux que des colons plus nombreux, des cultivateurs surtout, ne se présentent pas.

Ces villages sont parfaitement situés; ils ont des cours entourées de murs, des jardins à proximité, très bien arrosés, et des hectares de prairies.

Il y aurait là un bel avenir, s'il y avait des bras, de l'argent et du temps; mais le temps est ce qui manque le moins.

CHAPITRE XX

Nous ne pouvions espérer de voir luire beaucoup
de soleils à Mascara, étant donné notre bouillant
général.

Comme l'avait prévu son chef d'état-major, personne ne s'était trouvé sur son chemin pendant sa
pointe foudroyante sur les Chotts. Il s'était vengé de
sa déconvenue en ravageant de fond en comble les
semailles de l'*ennemi*.

Dans son livre sur l'*Armée française en* 1867, le
général Trochu a dit : « En campagne, le soldat
détruit pour détruire, comme font les enfants. » Il
a oublié pas mal de généraux.

Le nôtre était un enfant terrible, possédé de plus

d'un esprit d'imitation, qui avait eu tout d'abord à
s'exercer en la compagnie du général Yusuf. Le pli
lui était resté et il devait le garder longtemps,
même après la conversion de son modèle qui écrivait en 1851 (*De la guerre en Afrique*) :

Jadis, j'étais un très zélé partisan de la destruction
des récoltes ; j'ai reconnu depuis combien grande était
mon erreur. Quand nous croyions détruire les récoltes
de l'ennemi, c'était notre propre bien que nous brûlions,
car une seule campagne ne suffit pas pour en finir avec
les Arabes. L'expérience de dix-neuf ans nous le prouve.
Or, si, dans une première expédition, vous détruisez tout,
que vous vidiez complètement les silos, en un mot que
vous mettiez la ruine partout, quelles ressources trou-
verez-vous lorsque vous serez obligés de revenir ? Rien,
absolument rien, si ce n'est les traces à peine effacées de
vos incendies ! Avec quoi, dès lors, nourrir et les hommes
et les chevaux ?

Le général Renault avait donc détruit des semailles. C'était quelque chose, mais cela ne pouvait
guère faire pousser la troisième étoile. Il y fallait
les semeurs en personne. De ce côté déjà notre
repos était bien menacé... Il l'était de partout et
par tout le monde.

Le système des colonnes, plus ou moins infernales, du maréchal Bugeaud n'avait pas été abandonné.

Dans la province de Constantine, l'ancien bey,
Ahmed, parcourait l'Aurès en cherchant à soulever
contre nous les populations.

Dans celle d'Alger, Mohammed-Abdallah-Bou-Maza, traqué par les colonels Saint-Arnaud et Canrobert, promenait sa chèvre dont le lait aurait suffi, disaient les Arabes, à nourrir ils ne savaient combien de leurs tribus.

Au Maroc, Abd-el-Kader nous guettait, si nous le guettions, et reprenait des forces.

Les Beni-Hachen et les Beni-Amer, détachés de lui par sa longue et constante infortune, signe de réprobation pour les musulmans fatalistes, dont beaucoup jalousaient son intelligence et sa science politique, commençaient à le regretter et à se repentir, quoique heureux sur les terres que le shérif leur avait données aux environs de Fez.

Il attirait à lui les Marocains en excitant leur fanatisme par des prédications religieuses dans lesquelles il appelait à la guerre sainte les véritables croyants.

Établi au point de rencontre des trois caïdats de Thaza, du Rif et d'Oudjda, il tenait la puissante tribu des Halaf par Bou-Zian-Ould-Chaouï, caïd de Thaza, allié à l'empereur qui avait épousé une de ses filles, et Abd-er-Rahman, autre chef d'une fraction importante de cette tribu.

Sans les Halaf, l'émir n'aurait pu rester dans e pays. Ils pouvaient *manger* sa daïra pendant ses raids en Algérie, l'empêcher de sortir du Tell ou s'opposer à ce qu'il y rentrât.

Aussi comblait-il leurs chefs de cadeaux, prélevés sur le butin qu'il enlevait à nos tribus.

Le caïd actuel d'Oudjda, fourbe à notre égard comme l'avaient été ses prédécesseurs, tout en ne perdant pas une occasion de nous assurer de son bon vouloir, laissait l'émir agir à sa guise et recruter des adhérents.

Ceux-ci formaient, dans les deux caïdats, des rassemblements déjà considérables qui, le jour où ils viendraient à être réunis, étaient susceptibles de rendre Abd-el-Kader maître d'une partie du Maroc.

Seul, le caïd du Rif, Ben-Abbou, s'opposait, dans l'unique intérêt de son commandement, à toute fréquentation de ses tribus par l'émir, dans la crainte qu'il ne les lui enlevât en déployant sous leurs yeux l'étendard de la religion.

Le fils de l'empereur témoignait des meilleurs sentiments pour le fils de Mahiddin, et il lui avait envoyé en pur don soixante chameaux chargés de blé et quarante chargés d'orge à la suite de ce fier message :

« Je vous demande la permission d'acheter la nourriture pour les fidèles musulmans qui suivent nos pas, et quand le temps du jeûne sera terminé, j'irai chercher un refuge là où je ne pourrai être cause d'aucun malheur, si l'on veut appeler malheur la guerre contre les ennemis de Dieu.

« Mais si vous étiez sourds à la raison, en vous

alliant à l'infidèle pour m'attaquer, vos sujets deviendraient mes sujets, vos soldats mes soldats. »

Cette dernière phrase n'avait pas été du goût du père de celui à qui on l'adressait et, inquiet des suites possibles des menées de son hôte, il avait sournoisement commencé à établir un camp sous Thaza, camp que le maréchal Bugeaud ne voyait pas de bon œil, et supprimé tout subside à Abd-el-Kader. C'était la première fois qu'il pensait à exécuter le traité de Lalla-Maghrnia, qu'Isly, Mogador et Tanger lui avaient imposé et, en bon Arabe, il en avait choisi l'article le plus avantageux pour sa bourse.

L'émir, persuadé qu'il était de nouveau assez solide pour reprendre la lutte en se posant comme champion des musulmans contre les chrétiens, et se croyant à la veille d'exercer dans tout le Maroc une puissance d'opinion à balancer le pouvoir d'Abder-Rahman, avait été peu touché de cette suppression.

Abrité de nos coups par la frontière que le gouverneur général avait l'ordre de ne franchir que dans le cas d'une attaque marocaine, il la suivait lorsqu'il avait besoin de se ravitailler et tombait à l'improviste sur nos douars entre deux colonnes.

Ahmed-bey, Bou-Maza et lui, correspondaient par le Sahara, où nous comptions plus d'ennemis que d'alliés, si nous y avions des alliés bien sincères.

A tous ces motifs de ne pas laisser les troupes se
rouiller en garnison, il fallait ajouter l'expédition
dans la Grande Kabylie que préparait le maréchal
Bugeaud. Les Kabyles étaient tranquilles, et ne demandaient rien à personne depuis les exécutions militaires dont ils avaient été l'objet en 1844 et 1845 ;
mais le gouverneur général, à force de harceler les
ministres et les Chambres, avait obtenu que la France
entretînt en Algérie, jusqu'à cent quinze mille soldats : il lui était impossible de ne pas les utiliser.

Enfin, une raison dont on ne se douterait guère
et qui nous touchait pourtant directement, nous
autres bonnes gens de Mascara, nous obligeait, plus
que tous les autres, à marcher vivement.

A la fin de 1845, ce n'était pas hier, un fanatique
du nom de Si-Saad avait appelé à la révolte les tribus du Hodna.

Le général Levasseur, commandant intérimaire
de la province de Constantine, était tombé sur les
rebelles avec deux mille baïonnettes et deux cent
cinquante chevaux. Deux brillants combats à Foum-
bou-Thaleb et Ras-Oued-Sisly avaient dispersé les
insurgés que le général avait ensuite fait rentrer
dans le devoir en employant les moyens de pacifi-
cation adoptés par les Négrier, les Boyer, surnommé
Pierre-le-Cruel, les Yusuf, les Pélissier et aussi le
père Bugeaud.

Mais, — punition et vengeance célestes, — le

2 janvier 1846, la colonne victorieuse avait été surprise à quinze lieues de Sétif par une affreuse tempête de neige qui, sur ces Hauts Plateaux, n'avait pas tardé à changer son sanglant triomphe en retraite de Russie, à laquelle, grâce aux torrents, la Bérézina n'avait pas manqué.

En neuf heures de marche, soixante-quatorze cadavres avaient jonché la route. L'hôpital de Sétif reçut cinq cents malades, qui n'en sortirent que morts.

L'autorité militaire trouva *qu'une revanche s'imposait* et que, comme on ne pouvait aller la chercher dans la lune, les tribus du désert seraient rendues responsables de la barbarie des éléments.

Le général Cavaignac fut chargé de les châtier et de les soumettre. Il prit toutes ses précautions pour éviter un désastre comme celui de Levasseur; rassembla pour son convoi cinq cents mulets, deux mille chameaux, et donna à ses soldats un voile pour les garantir des ardeurs du soleil, si bien qu'on les nomma les demoiselles de Cavaignac.

Parti de Tlemcen le 1er avril 1847, il était à Daya, alors notre établissement le plus méridional, le 4, et, le 13, au puits d'El-Amrab.

Parallèlement à lui marchaient les généraux Yusuf, Marey et... Renault.

Le 6, nous avions quitté Mascara. J'étais bien portant. Mon mulet avait sa provision de riz, de

sucre, de haricots, de macaroni et même de jam-
bons séchés et durs comme le roc, fruits de nos
prouesses cynégétiques de Saïda. Mon nouveau
colonel, l'excellent M. O'Keeffe, paraissait s'intéresser à moi. J'allais voir à fond les oasis. Je savais
que je n'avais plus à me préoccuper de prendre
Abd-el-Kader, pas plus que Bou-Maza ou n'importe
qui ; que la chasse était tout simplement ouverte
pour les chasseurs et la pêche en eau trouble pour
les chapardeurs. Tout était donc clair et bleu dans
mon horizon, et j'avais chaussé gaiement mes
bottes de voyage.

Notre colonne expéditionnaire était ainsi composée :

1er et 2e du 6e léger, avec le colonel O'Keffe et le
lieutenant-colonel Grésy, forcé d'enfouir pour des
temps moins troublés sa théorie dans sa malle ;

1er bataillon d'Afrique, commandant Charras ;

4e et 6e escadrons du 1er chasseurs de France,
colonel de Noue ;

Un escadron du 2e spahis, commandant Favas ;

Un peloton de chasseurs d'Afrique ;

Le goum.

Le 9, nous étions tous réunis à Saïda, où le 56e
nous avait remplacés huit jours auparavant. Deux
compagnies d'élite de ce régiment, jugées inutiles
ici, furent placées sous les ordres du commandant
Charras pour faire partie de la colonne.

Le 10, le général Renault et son état-major nous rejoignirent, et à quatre heures et demie du soir nous partîmes pour aller camper à une lieue et demie de là sur les Hauts Plateaux.

L'état-major du général comprenait :

M. Osmont, capitaine faisant fonctions de chef d'état-major;

M. Lamy, lieutenant d'état-major au 56ᵉ, détaché près du général;

MM. Roberdey de Full, lieutenant au 6ᵉ léger, et d'Hautpoul, lieutenant au 1ᵉʳ chasseurs de France, ses officiers d'ordonnance.

Le 13, nous campions à Kheider — « le champ vert », — ksar complètement ruiné, mais point très remarquable. Une source abondante jaillit au pied d'un monticule sur lequel a été construite plus tard une tour à signaux optiques, communiquant avec Méchéria, Géryville, Ras-el-Ma, Saïda.

Sur la gauche du camp se trouvaient un aqueduc et une citerne dont les parois étaient garnies de beaucoup de roseaux et d'herbes parasites, dont les chevaux se régalèrent.

Les murs de l'aqueduc sont construits en pierres, cimentées avec du mortier fait de cendres et de charbons pilés.

Près du ksar, les zéphyrs du commandant Charras ont dévalisé un marabout. La pêche commence. On trouve ordinairement dans ceux qui, comme celui-ci, servent de tombeaux, des œufs d'autruche, des ornements de laine, et des morceaux de verre ou de talc, grossièrement travaillés.

Un événement d'une extrême importance s'accomplissait ce même jour dans la division d'Orléansville.

Bou-Maza, découragé, entrait dans la tente du caïd des Oulad-Jounès en demandant à être conduit à Saint-Arnaud.

— Tu es, dit-il au colonel lorsqu'il fut en sa présence, le Français contre lequel j'ai le plus combattu; c'est à toi que j'ai voulu me rendre.

Il avait environ vingt-cinq ans. Abd-el-Kader était la personnification de l'aristocratie arabe; lui ne représentait que le peuple, mais grand, généreux et surtout désintéressé. Aussi, s'était-il séparé de l'émir avec éclat.

Hardi, entreprenant, infatigable, ne comprenant rien aux tempéraments politiques d'Abd-el-Kader, c'était un chef de partisans redoutable; mais il n'était ni général ni homme d'État.

Son éloquence brutale et familière avait soulevé les tribus de l'Ouarensenis, puis celles du Dahra et il avait lutté pied à pied, multipliant les coups d'audace et prodiguant les ruses, à défaut de vues d'ensemble et de combinaisons stratégiques.

Conduit en France, il y fut traité en prisonnier

obscur et, libre plus tard, il entra au service de la Turquie.

Le 14, nous traversons les Chotts. Ce sont d'immenses lacs salés, praticables en deux ou trois endroits, et qui s'étendent de l'est à l'ouest. Nous passons le Chott El-Chergui. Le sol est blanc comme neige et couvert d'une espèce d'écume salée fatigante pour la vue, avec un goût amer.

Au milieu du terrain parcouru se trouve une île d'une lieue de large et boisée. Le second bras du lac, comme le premier, a une demi-lieue de large.

Nous campons à El-Amrah du côté méridional des Chotts. Pour toute eau, nous avons celle de quinze puits, dont ceux qui ne sont pas salés nous offrent un liquide ayant un goût de pourri plus que prononcé. Nous rencontrons de nombreuses traces de gazelles et d'autruches, qui ont dû prendre la fuite à notre approche.

Le 15 nous voit à Senia où je remarque avec plaisir quelques hirondelles.

Le 16, nous faisons deux lieues et demie pour nous arrêter à Fékarine. Il y a du nouveau. La chasse à l'homme va battre son plein. A trois heures de l'après-midi, le lieutenant-colonel Grésy part avec la cavalerie et les compagnies d'élite du 6ᵉ léger, celles du 56ᵉ et le bataillon du commandant Charras.

Le colonel O'Keeffe garde le commandement de la colonne des bagages.

La colonne active emporte deux jours de vivres. On a le projet de razzier les Hamians. Un agha de cette tribu serait, dit-on, venu dans la matinée prévenir le général Renault que ses subordonnés refusaient l'impôt, dans l'ignorance où ils se trouvaient de notre voisinage.

Moi, je prends et tue une vipère à cornes, reptile excessivement dangereux.

Le 17, nous arrivons sur l'Oued-Touadjer, où il nous arrive deux aventures. On trouve dans le sable un œuf d'autruche et les spahis font quatre prisonniers. Sont-ce des ennemis? on l'ignore.

Le 18, nous rejoignons la colonne légère à Nâama, réunion de puits creusés sur les bords d'un petit chott. Nous sommes sur les traces des demoiselles de Cavaignac. Ces pauvres demoiselles! Elles sont aux puits de Nebeh où elles peuvent aujourd'hui mettre leurs voiles dans leurs poches. De tropicale, la température est devénue pour elles absolument glaciale et sibérienne. Une neige abondante, qui leur rappelle le désastre de la colonne Levasseur, effraie les soldats, les guides refusent d'avancer. Il faut que le général et les officiers paient de leur personne pour entraîner tout le monde et mettre le petit corps d'armée à l'abri au ksar d'Asla.

Chez nous, des coups de fusil sont tirés sur un officier qui s'était aventuré à la chasse du gibier.

Nos compagnies d'élite ont fait dix-huit lieues en

vingt-quatre heures, avec trois quarts d'heure de halte seulement.

La razzia a été manquée, soit que les guides arabes aient donné de fausses indications pour laisser aux Hamians le temps de s'éloigner, soit pour nous écarter de la vraie route et nous empêcher de connaître les puits qui la jalonnent, soit enfin pour donner aux habitants des ksour voisins le loisir de déménager.

Le capitaine Deligny, chef du bureau arabe de Mascara, envoyé en avant avec le goum, affirme avoir joint la queue des fugitifs à trois lieues plus loin.

Le colonel de Noue assure que sa cavalerie peut encore prendre le trot pendant cinq heures. Les difficultés du retour retiennent le général.

Nous faisons séjour le 19. Le temps se met tout à coup à la neige.

Pendant la nuit, un ouragan nous enveloppe. Les touffes d'alfa disparaissent et aussi les petites tentes-abris des soldats.

Une corvée nombreuse est commandée afin de chercher sous la neige les herbes nécessaires à la nourriture du troupeau. Un pied de neige couvre la terre. Les guides sont tout à fait désorientés, soit pour l'aller, soit pour le retour. Une catastrophe semble inévitable.

CHAPITRE XXI

Le 20, soleil magnifique ; la neige disparaît
comme par enchantement. Nous faisons quatre
lieues pour camper sur les bords de l'Oued-Mzif,
en traversant une série de dunes de sable qui rendent la marche très pénible. La pluie et le vent
nous assaillent au bivouac.

Le lendemain, à trois lieues de Chellâla, nous
nous arrêtons à Asla pour la grande halte. C'est un
village perché en nid d'aigle sur une colline ro-
cheuse et entouré d'une muraille flanquée de cinq
grosses tours. Au pied, des jardins, assez bien entretenus, sont plantés de beaucoup de figuiers et
d'orangers, abrités des vents du nord et du sud par
deux chaînes parallèles. L'oasis renferme environ
douze cents palmiers. Les habitants, qui ont fait

leur soumission, nous regardent curieusement du
haut de leurs remparts.

C'est sous une pluie mêlée de neige que nous gagnons Chellâla, dont les naturels se sont également
soumis. Il y a deux Chellâla : Chellâla Dahrania —
Chellâla du nord — et Chellâla Gueblia — *Chellâla
du sud.*

Nous campons près du premier, ksar important,
quoique ayant peu de palmiers. Beaucoup de jardins, plantés d'orge et d'oignons.

Huit familles juives, qui y vivaient paisiblement
avant la guerre, mais maltraitées depuis lors parce
qu'on les soupçonne d'être contentes de notre venue dans le pays, prennent le parti de nous suivre
avec leurs tentes, leurs bagages et leurs enfants.

Nous retrouvons la trace toute fraîche des canons
et des chevaux de la colonne de Cavaignac. Il paraît
qu'elle campe à El-Malah, à deux lieues de nous.
On raconte qu'après avoir dépassé la nôtre de deux
ou trois lieues à l'est, en voulant poursuivre les
tribus, elle a perdu deux hommes morts de froid et
pas mal de bêtes de somme dans l'ouragan de neige
dont nous avons eu notre part à Naâma. Nous étions
au courant, mais nous ignorions encore les pertes.

Je profite du séjour pour visiter rapidement le
ksar, malgré un temps affreux. Je passe par des
rues en forme de portiques mal bâtis et j'arrive à
une petite place devant la mosquée.

Chellâla est près du Djebel Brem. Ces djebels ou montagnes ne sont que des collines de rochers et de sable sans verdure, mais d'où sortent en bouillonnant les sources d'eau vive qui permettent de créer les oasis.

De même les oued, lesquels ont tous leur direction vers le midi, ne sont que des ravins sans eau, excepté dans le creux de quelques rochers. Il est bien entendu que le lit se remplit pendant la saison des pluies, à un pied ou un pied et demi de profondeur.

Il nous paraît évident que les guides, choisis dans le pays, nous ont été infidèles, mais sont restés fidèles à leur cause. Ils ont tout fait pour retarder notre marche, dans le but excessivement important de nous fatiguer par le manque d'eau, et de nous empêcher de connaître la situation exacte des puits, indispensable pour arriver dans cette région fertile en oasis.

Le 23, nous partons à six heures pour arriver.à midi et demi à Bou-Semghroun. Nous avons fait six lieues et visité en passant Chellâla Gueblia, ksar bien plus petit que son homonyme, mais possédant des jardins riches en vignes, orangers, grenadiers, pêchers, etc. Il n'y a guère que trois ou quatre cents palmiers.

Les habitants de Bou-Semghroun ont pris la fuite avec leurs femmes, leurs troupeaux et tout ce qu'ils ont pu emporter. Le ksar est mis au pillage. Deux ou trois coups de fusil retentissent. Ils sont, dit-on, tirés par le gardien de la mosquée. En résumé, un zéphyr de M. Charras a été blessé d'un coup de feu, au moment d'entrer dans le village; un autre a reçu d'une femme un coup de pistolet. Quatre Arabes et deux femmes ont été tués.

J'ai vu l'une d'elles étendue devant la mosquée — c'était la femme au pistolet — à côté du cadavre vieux, nu et sale, sans doute du gardien. Les Charrassiens avaient lardé son pauvre corps de coups de baïonnette, de préférence dans les endroits que l'on ne nomme pas.

La bibliothèque a déjà été dévastée. Beaucoup de manuscrits sont déposés chez le colonel O'Keeffe.

On donne l'ordre de ne pas couper les palmiers — il y en a plus de dix mille; — mais les perches de cèdre qui forment la carcasse des maisons sont emportées pour les cuisines.

Du reste, tout le monde prenait sa part du pillage : le goum en tête, les quelques habitants qui n'avaient pas fui, et les Juifs immondes que nous traînons à notre suite. Pour ma part, je mets la main sur un document arabe, ramassé dans un marabout et provenant d'un cercueil que les soldats viennent de briser.

Je demande la permission au lecteur d'interrompre le récit de notre officier ; mais je tiens à donner la traduction du document dont il parle et à reproduire, en entier et avec tout son caractère oriental, la lettre que m'a adressée à ce sujet le cheikh Abou Naddara, l'écrivain, le conférencier, le poète de talent, le professeur incomparable, l'ami fidèle de la France :

Au nom d'Allah clément et miséricordieux, le cheikh Abou Naddara, le proscrit de la Vallée du Nil, l'ami dévoué de la France et l'hôte reconnaissant de ses fils généreux, présente au comte d'Hérisson, l'ardent patriote, l'écrivain impartial et le profond penseur, le parfum de son salut d'Orient, invoque sur lui les bénédictions du maître de l'Univers et lui dit :

Louange au Très Haut qui exauça mes vœux et t'accorda la guérison que mon âme lui a demandée pour toi. Tu peux donc aisément t'imaginer le plaisir qu'éprouva mon cœur à la lecture de ta lettre fraternelle.

Tes désirs étant pour moi des ordres supérieurs, je m'empresse toujours de les exécuter avec une satisfaction indicible.

La feuille sépulcrale arabe que j'ai trouvée dans ta missive est très curieuse et en même temps importante et rare. Comment la qualifierais-je ? C'est un passeport, non pas terrestre, mais céleste. Je vais essayer d'abord de te donner une idée de ce manuscrit qu'on doit avoir trouvé dans un tombeau d'un pieux musulman appartenant à la confrérie de Sidi Ahmed Ettidjani.

Sidi Ahmed Ettidjani, ainsi qu'il est prouvé dans ce manuscrit arabe, qui est pour moi un document de grande valeur, est descendant en ligne droite de Fatima, fille du Prophète Mahomet. Je te fais grâce, cher ami, de la traduction de l'arbre généalogique tracé dans ce passeport céleste, dont le but est de déclarer que le fidèle croyant qui le porte a appartenu pendant son séjour dans cette vallée des pleurs à la confrérie d'Ettidjani que les musulmans du monde en général et du nord de l'Afrique en particulier appellent : *Aboul Maâref ouel asrar Khalifat rassoul Allah*, le Père des sciences et des secrets, le successeur de l'Envoyé de Dieu, c'est-à-dire le représentant du Prophète Mahomet.

Si tu me demandes et me dis : « Qu'est cette confrérie ? je te répondrai que l'Ettidjanieh, confrérie religieuse fondée par Sidi Ahmed Ettidjani susnommé, est une association très répandue et tenue en grande vénération en Algérie et au Maroc où on compte ses adeptes par milliers dans tous les rangs de la société musulmane. Depuis quelques années cette confrérie se répand même en Tunisie, et Son Altesse le Bey et ses fils, ainsi que tous les hauts personnages civils et religieux font partie de cette association pieuse et charitable. Mais revenons à notre manuscrit arabe.

Il contient d'abord le salut à Allah et à son saint Envoyé Mahomet, puis une belle pièce de vers déclarant l'ardeur et la pureté de l'amour du défunt pour son sublime et vénéré maître Ahmed Ettidjani, à la sainte confrérie duquel appartient le défunt porteur du manuscrit.

Vient ensuite une touchante prière qui est censée adressée par le défunt à Allah afin qu'il ait pitié de son âme et l'éloigne des tourments de l'enfer. Il se recommande aussi à Ettidjani, son maître, afin qu'il intercède pour lui et lui obtienne l'entrée au séjour des élus.

Cette prière est suivie de l'éloge et de l'arbre généalogique de Sidi Ahmed Ettidjani.

Nous voici maintenant arrivés au passage le plus important de ce document.

Ce sont des vers inédits du saint homme lui-même, suivis d'une déclaration d'un grand cheikh attestant leur authenticité comme écrits par Sidi Ahmed Ettidjani, qui était un poète distingué. En voici la traduction. C'est le fondateur de la confrérie qui s'adresse à ses adeptes :

« Dirige tes pas vers nous; tu seras en sûreté, et ferme
« l'œil de ton cœur pour tout autre que nous. Tant que
« tu vis, sois fidèle à notre pacte; tu seras le plus pri-
« vilégié de nos protégés. Passe devant la porte de notre
« auguste demeure, humble et pauvre, et si tu veux nous
« voir, ne tourne tes regards que vers nous. Supporte les
« vicissitudes de l'existence en te résignant toujours et
« sans jamais murmurer contre les justes décrets du
« Très Haut, et sacrifie ta vie pour ta sainte foi, si tu
« désires nous rencontrer après ta mort.
« Aie confiance en nous et en notre secours, et tu
« seras guidé dans le sentier de la rectitude.
« Mais, si tu transgresses nos préceptes, les brasiers
« ardents de l'enfer sont prêts pour ton châtiment.
« Malheur! malheur à celui qui se révolte contre
« nous! »

Ainsi que tu le sais, cher Comte, l'esprit d'un auteur, comme celui d'une essence, s'évapore en le transvasant. Et puis, traduire des vers arabes en prose française, c'est comme si l'on te montrait une belle pièce de tapisserie à l'envers. Mais pour te faire une idée de l'efficacité de ces vers sur l'esprit musulman, tu n'as qu'à les faire lire à un fidèle croyant, un Arabe, et tu le verras ravi en extase, couvrant de ses baisers la feuille sépulcrale dont j'ai pris copie, et, si tu me le permets, je publierai ces vers de Sidi Ahmed Ettidjani dans mon journal et dans ma revue.

Reçois mon salut fraternel.

15 janvier 1891. ABOU NADDARA.

6, rue Geoffroy-Marie.

Nous continuons le 24 ces brillantes opérations. Vers trois heures du matin, la cavalerie et les compagnies d'élite partent pour essayer de rejoindre les habitants fugitifs. La cavalerie fait neuf lieues jusqu'aux limites des sables. L'infanterie, sous les ordres du commandant Charras, après avoir escaladé des espèces d'escaliers de rochers, semés de mauvais butin, tapis, tellis, etc., rencontre une chaîne de montagnes plus élevées, au haut desquelles se tenaient les gens de Bou-Semghroun, disposés à se défendre. Le commandant ne peut ou ne veut pas les attaquer, et revient avertir le général Renault du résultat de sa course.

Les pourparlers sont engagés avec les fuyards, ce qui n'empêche nullement le pillage d'aller son train. Les bons habitants des deux Chellâla arrivent en foule avec des ânes qu'ils chargent du bien de leurs coreligionnaires.

Ceux-ci que l'on attendait avant midi ne donnent pas signe d'existence et font peut-être bien, quoique leur chef soit venu trouver le général.

Voici une version racontée sur leur fuite. Avertis par un courrier, ils avaient préparé la rançon de-mandée et en portaient la moitié à notre général, lorsque, arrivés à deux lieues en avant de leur oasis, ils rencontrèrent les goums du bureau arabe, conduits par le capitaine Deligny. Ils abaissent leurs fusils en signe de conciliation; mais nos cavaliers alliés les enveloppent. De là une mêlée dont les détails ne nous sont point connus et ne le seront sans doute jamais. Ce qu'il y a de positif, c'est que ces pauvres gens, se voyant traités en ennemis, se défendirent, blessèrent quelques chevaux et per-dirent leur argent.

Le 27, nous les attendions de plus en plus. On coupe l'orge en vert pour les chevaux. Nos hommes, les habitants des Chellâla et les Juifs continuent leur petit commerce. On finit par démolir les mai-sons pour s'emparer des bois résineux qui les sou-tiennent. L'oasis aura de la peine à se relever de notre longue visite. Notre souvenir n'y périra pas.

C'est une des plus belles que j'aie vues, un vrai décor d'Opéra au lever et au coucher du soleil. J'ai parlé de la mosquée devant laquelle étaient les deux cadavres; il y en a une seconde plus neuve et plus éclairée qu'elle, mieux construite également.

Les palmiers étaient pleins de geais bleus, dont la forme et la couleur rappellent ceux de nos pays. La tête et le cou d'un bleu cendré; le dos est d'une

couleur isabelle qui se prolonge jusque sur les
ailes ; le croupion, la queue et le reste des ailes sont
d'un bleu d'azur ; les grandes plumes des ailes sont
moitié bleues et moitié noires ; tout le dessous du
corps est bleu gris et bleu foncé.

Un autre oiseau magnifique est le guêpier. Le
bec, long et effilé, est noir. Les yeux sont noirs
avec un cercle écarlate. La tête et le cou sont d'un
bistre qui va s'éclaircissant en rouge brun et jaune
rouge. Le dos est vert. Le dessous de la tête bleu
et jaune, avec un collier bistre. Le ventre est d'un
verdâtre bronzé. L'effet d'ensemble est superbe.

Pendant cinq jours que nous sommes demeurés
devant Semghroun, nous n'avons vécu que de petits oignons blancs, bien sucrés, d'orge grillée et
de pain de dattes, ressemblant fort — pour la forme — à un bloc de fromage de Gruyère, et dont les
couches pressées, coupées à la hache, alternaient
avec d'autres couches de sauterelles salées.

Singuliers mets auxquels on s'habituait vite —
je ne parle pas des oignons — comme aux huîtres,
aux crevettes, aux escargots, et qui, trouvés dans
les silos, étaient gravement distribués aux compagnies par messieurs les comptables des vivres, en
échange de bons bien réguliers, parfaitement rem-
boursables... Le convoi attendu n'arrivait pas, il
fallait manger. C'est piquant dans la vingtième année ou aux alentours ; mais je me demande com-

ment les estomacs de nos vieux capitaines, commandants ou colonels avaient pu s'accommoder d'un
ordinaire semblable, arrosé, il est vrai, par l'eau
claire et délicieuse d'une source qui, s'échappant
du rocher comme frappé par une baguette magique
ou biblique, faisait pousser pendant cinq à six kilomètres, jusqu'à son absorption complète par les
sables, les petits oignons sucrés, les piments rouges
poivrés affreusement, quelque peu d'orge et beaucoup de palmiers.

Les gens de Semghroun ne venant décidément
jamais, le général Renault prit le sage parti de s'en
aller.

Le 28, à quatre heures et demie, nous étions en
route. Après avoir fait payer le tribut aux indigènes
des deux Arbah, nous campâmes le 30 sur l'Oued-
Tarbeia, où la cavalerie et les compagnies d'élite,
nous laissant pour distraction la chasse aux vipères
à cornes, partent pour El-Abiod, capitale des Oulad-
Sidi-Cheikh.

En leur absence, nous fêtons le 1er mai, au repos.
En l'honneur du roi des Français, on nous distribue
du mouton et une ration de sucre et café. Un spahi
gagne le prix du tir à la cible et celui de la course
est enlevé par un zéphyr, naturellement.

Le 2, nous montons à cheval — je possède un
beau cheval arabe — et nous allons visiter les environs d'El-Abiod. Peu de palmiers; peu de verdure;

beaucoup de marabouts. Cinq ksours ou villages sont rangés en demi-cercle.

Cette oasis a une influence considérable qui s'étend au loin sur les tribus, on dit même sur tout le Sahara. Les marabouts — hommes — sont célèbres par leur science et leur sainteté.

Tous les ans, une caravane part de là et pénètre jusqu'au Soudan, après en avoir rejoint un grand nombre d'autres.

Notre colonne légère revient à quatre heures camper sur les bords de l'Oued-Tarbeia, aussi nommée Oued-Souès.

Le 3 mai, nous revenons aux deux Arbah Foukani — inférieur — et Tahtani — supérieur. — Ces deux épithètes sont données aux ksour au point de vue du sud. L'inférieur serait pour nous le supérieur, et réciproquement.

Le 4, camp sur l'Oued-Goulita. La soirée est égayée par sept coups de fusil que l'on nous tire. Sont-ce des chameliers mécontents d'avoir été renvoyés dans la journée, des gens d'El-Abiod, des individus du pays, peut-être même de la colonne qui voudraient nous pousser au pillage de l'Arbah ? Les compagnies de grand'garde ripostent par deux coups de feu. Le général donne à chacun des hommes de garde deux francs cinquante et promet vingt-cinq francs à celui qui tuera un Arabe.

Nous faisons sept lieues le 5 et nous arrêtons à

Aïn-el-Arak. C'est une source abondante et fort jolie qui sort du rocher. Je trouve près d'elle une charmante pantoufle arabe.

On prétend que, dans le creux des rochers, lorsque l'eau de la source est basse, on lit encore en lettres d'or une inscription romaine. Après un examen attentif, je n'ai rien vu, et rien lu, par conséquent.

CHAPITRE XXII

Le 6 mai, à Sidi-el-Hadj-ben-Ahmeur; le 7, sur
l'Oued-Rassoul. On fait aux compagnies une distribution de deux quintaux de riz vendus à l'Administration par un individu, dit le *Maltais*, à des prix
exorbitants. Le général Renault a dû approuver ce
triste marché. De plus, les marchandises que nous
apporte un convoi sont déjà accaparées par ce Maltais, et ses agents nous les cèdent à des prix énormes.
La bouteille de mauvais vin coûte cinq francs. Le
général avait l'autorité nécessaire pour imposer un
tarif honnêtement rémunérateur : il a jugé convenable de ne pas s'en servir.

Nous nous immobilisons sur l'Oued-Rassoul. Plusieurs détachements partent dans diverses direc-

tions, soit pour fouiller le pays, soit pour protéger les convoyeurs.

Dans la nuit du 14, un carabinier venu du 15ᵉ léger, nommé Adam, est assassiné dans les tentes-abris de l'escouade d'un coup de couteau en plein cœur. Cet homme, à moitié fou et que l'on avait souvent ramené complètement nu, avait l'idée fixe que les Arabes du convoi l'avaient reconnu et menacé de mort. L'auteur du crime, s'il y a crime, ne peut être découvert. Les factionnaires prétendent avoir entendu le matin du 14 un homme traverser l'Oued-Rassoul.

Le 15, je suis commandé de corvée pour les fourrages verts. Quatre spahis sont sous mes ordres. Ils font prisonniers deux Arabes. Deux autres s'échappent dans les collines rocheuses à une lieue et demie au nord du camp.

Pendant cette corvée, j'ai vu de nombreux troupeaux, venus de Stitten, paissant à un quart de lieue de l'endroit où je faisais couper le vert.

Les Arabes prisonniers sont remis, avec mon rapport sur le fourrage, entre les mains du lieutenant-colonel Grésy.

L'un des captifs, ayant voulu frapper de son couteau un des spahis, en a reçu un coup de crosse qui l'a étendu à moitié mort. D'après ce que j'ai pu comprendre à leur interrogatoire, ces hommes venaient tranquillement de Stitten et allaient à Rassoul.

Je m'y rends le même jour à cheval, en compagnie de plusieurs officiers. Ce ksar est à environ une lieue et demie de notre camp. Il m'a paru petit et bâti comme tous les villages arabes. *De loin c'est quelque chose, et de près ce n'est rien.* Beaucoup de masures et de ruines, les Arabes fatalistes ne se mettant pas en frais de réparations. Il est situé sur une éminence au pied de laquelle, arrosés par l'Oued-Rassoul, s'étendent en petite quantité les terres cultivées et les jardins.

Nous le parcourons. Il ne nous offre rien de remarquable. Un seul marabout, plus neuf que les autres, s'élève sur la face est du village. L'hospitalité nous est offerte par un vieillard dont les jardins avaient été ravagés en 1845 par la colonne du général Géry — 56°. — Après avoir mangé des dattes et bu du lait, nous nous sentons tous gaillards et partons de notre pied léger présenter nos hommages à des filles des Oulad-Naïl, établies sous des tentes dans l'oasis.

Ces demoiselles, averties indubitablement de notre marche directe sur leurs positions, dansaient aux sons d'une flûte de roseau et d'un tambour battu à tour de bras. Quand je dis danser, c'est faute d'autre expression.

Nous nous assîmes sur les tapis autour d'elles et les regardâmes de tous nos yeux. Elles étaient fort belles.

Sur la tête de chacune de ces Vénus faciles du

Sahara et même des Hauts Plateaux, un mouchoir
doré retient un voile de mousseline blanche qui les
drape par derrière. De dessous ce mouchoir sortent
d'énormes tresses de laine noire simulant des cheveux. De grands anneaux d'argent ornent leurs
oreilles. Les unes ont des robes d'étoffe bleu sombre, les autres d'étoffe grenat, attachées avec des
broches et des chaînettes d'argent. Une ceinture
d'argent massif, artistement travaillée, entoure leur
taille. Elles ont des colliers d'ambre et de corail.
Elles portent aux poignets et à la cheville du pied
des cercles en argent. Leurs sourcils sont peints et
autour des paupières est étendu du keul, ou sul-
fure d'antimoine, qui allonge les yeux et rend le
regard langoureux.

Elles dansaient donc, mais une danse rythmique
plutôt que passionnée, quoique figurant toujours
des scènes amoureuses. De leurs bras, garnis de
bijoux, elles se faisaient comme des auréoles et
marchaient en se balançant, avec des clignements
d'yeux et des poses plastiques... L'usage est que
les spectateurs *sérieux* alignent à leurs pieds nus,
dorés par le henné comme leurs mains, le tribut de
leur admiration.

Les habitudes de ces demoiselles ne diffèrent en
rien des us et coutumes de leurs camarades d'Europe. *Zit! zit!* — ajoute, ajoute — faisaient-elles
en regardant nos offrandes.

Nous finîmes par regagner notre camp et il y
avait déjà beau jour que nous étions rentrés à Mascara sans que plusieurs d'entre nous les eussent
oubliées.

Quand elles se sont amassé ainsi un pécule suf-
fisant, elles retournent à leur tribu, achètent un
troupeau et plus le troupeau est présentable, plus
elles sont sûres de trouver un mari... pareil au
troupeau.

Le 16, un détachement part pour porter quatre
jours de vivres à la colonne légère, qui se trouve à
une demi-lieue de Rassoul. Il rentre avant midi. Les
Arabes, les chameliers, chantent des chansons im-
provisées dans lesquelles ils prétendent que la
poudre aurait parlé dans le voisinage, ce qui est
faux. Ces individus ne songent qu'à piller et, dans
ce but, cherchent à nous indisposer contre les gens
des oasis.

Nous tenons bon sur l'Oued-Rassoul. Dans la nuit
du 17 au 18, sept à huit coups de fusil sont tirés
sur le camp des rochers qui le dominent à cinq
cents mètres de sa face est. Ils ne blessent personne.

Cette attaque nocturne motive une grand'garde
sur ces rochers, que l'on aurait certainement dû
occuper plus tôt.

Le goum nous rejoint avec une razzia d'environ
neuf cents moutons et de trois cents chameaux. Le
général en fait de joyeux cadeaux au beylick et à

Kaddour-ben-Morphi. Nous recevons des rations d'orge jusqu'au 21 ; mais nous perdons en tout cinq rations dont les bons ont été fournis : deux à Bou-Semghroun et trois sur l'Oued-Rassoul. Est-ce le beylick, l'État, qui profitera de cette économie?

Le 19, nous gagnons Ksar-el-Ahmeur. Pendant cette marche,. qui ne dure que de cinq heures et demie à une heure et est de cinq lieues, la cavalerie et quelques compagnies d'infanterie précèdent le convoi et le troupeau.

Le 20, nous arrivons à Sidi-el-Hadj-ben-Ahmeur, ksar ruiné et inhabité. Il paraît que le ksar neuf et habité est à une demi-lieue de là. Notre général semble avoir terminé ses opérations. Aussi les séjours succèdent-ils aux séjours. On aurait pu les faire ailleurs. Enfin! l'eau est bonne et il y a du vert pour les chevaux.

Je vais visiter un marabout voisin, orné intérieurement de peintures primitives à la détrempe. Ce sont des cigognes tenant des scarabées, un Arabe à cheval tenant un drapeau, etc., etc.

Le 24, un officier du bureau arabe de Mascara arrive avec un courrier, apportant des décorations et des promotions qui excitent naturellement, parmi les intéressés, des conversations tumultueuses et mécontentes. Moi, les nouvelles de l'expédition dans la Grande Kabylie m'intéressent davantage.

Le général Bedeau est parti de Sétif avec Bougie

pour objectif et le maréchal Bugeaud, sorti d'Alger, a pris la même direction. C'est la colonne du gouverneur général qui a entamé les hostilités.

Le 16 mai, elle a emporté d'assaut le village d'Azrou, sur le territoire des Beni-Abbas, après une résistance acharnée. Elle n'a pas pris Abd-el-Kader, mais elle a brûlé les maisons, les moulins à huile, les récoltes et les arbres. Le soir, les soldats sont rentrés au campement chargés de butin : armes, pièces d'étoffes, tapis, burnous, bracelets, anneaux de pied, colliers, pendants d'oreilles, plaques d'argent ciselé, ceintures brodées d'or, chevreaux, moutons et volailles.

Le lendemain, grand marché à l'angle de notre camp. Les vainqueurs vendent à vil prix aux vaincus tout ce dont ils les ont dépouillés la veille, sous les yeux d'un maréchal de France! Sonnez, clairons !

Le même jour, le général Bedeau attaquait la tribu des Reboulas, la culbutait et la soumettait à l'impôt. On ne dit pas s'il y a eu là aussi grande foire de Beaucaire.

J'ignore ce que rapportera à la France la soumission des Kabyles, n'étant pas sur les lieux pour m'en rendre compte ; mais je crois être en état d'apprécier les bénéfices qu'elle retirera de la conquête des Ksour.

Voyager c'est vivre, a dit un sage ; c'est s'instruire aussi et mûrir ses facultés de juger. Or, je viens de voyager tellement, qu'ennuyé, comme la plupart de mes collègues, de faire à pied des courses énormes, pour lesquelles, le plus souvent, on décharge les soldats de leurs sacs en ne leur laissant que le fusil et les cartouches, je me suis décidé à acheter un cheval du coût de quatre cent vingt-cinq francs. Ce sacrifice, qui témoigne de mes fatigues, et tout particulièrement de ma mo_ralité, donnera, je l'espère, un certain poids à mes réflexions, quoiqu'elles émanent d'un simple sous-lieutenant. Mon droit d'appréciation est resté intact.

Nous faisons, à l'heure actuelle, une de ces expéditions coûteuses en hommes et en argent, dont le but est loin d'être en rapport avec les dépenses. Un commerce douteux, et dans tous les cas sans grand objet, qui rattacherait aux populations du Tell, notre vraie conquête, les tribus flottantes du Sahara et les pauvres habitants des Ksour parsemés dans les collines de sable du désert, tel doit être le fruit le plus précieux de nos marches et contre-marches.

Mais alors, ces courses ne devraient être que des démonstrations pacifiques et non pas une occasion de razzias, de pillage, de citations et d'avancement.

Notre chef pense-t-il que les gens des oasis auxquels nous venons d'imposer notre désastreuse visite, dont nous avons coupé les orges sur pied, abattu les arbres à fruits, brûlé les maisons, pense-t-il que ces gens-là viendront de longtemps chercher chez nous les provisions qui vont leur manquer pour vivre et pour ensemencer leurs champs?

Pense-t-il que les Hamians, dont il a tant poursuivi les immenses troupeaux, iront demain et de bon gré vendre sur nos marchés la laine de leurs moutons, échappés à grand'peine au galop de notre cavalerie ?

Pour moi, abstraction faite de toute idée de religion et de race, je ne le crois guère. Toutes nos sorties devraient être imposantes par la démonstration de la science supérieure et de la bonté et non par l'usage, à tort et à travers, des armes.

Ce n'est pas comme un maître des existences, comme un sultan tenant l'épée que notre général devrait se présenter; mais comme un ami, apportant à ces pauvres diables, qui ne demandent qu'à vivre en paix entre les Français et Abd-el-Kader, entre l'enclume et le marteau, des gages de sécurité contre l'ennemi commun et d'intimité avec nous.

Au lieu de cela, il leur lance dessus les zéphyrs du commandant Charras ! Des hommes qui ne demandent qu'à piller et à violer. Quel singulier bataillon ! Composé entièrement de soldats condamnés par les conseils de guerre et qui achèvent leur temps de service, je n'ai jamais rien vu d'aussi canaille, mais rien non plus d'aussi gai ni d'aussi spirituel.

Presque tous enfants de Paris, ils ont conservé l'accent du faubourg *Antoine* et de la place Maubert.

Ils sont plus redoutés dans notre régiment que les Arabes. Ils font commerce de tout. A-t-on besoin d'une gamelle, d'une corde, d'un fer à cheval, d'un couteau, tout se trouve chez les zéphyrs.

Ils sont aussi mauvais soldats qu'ardents au pillage. Le quart du bataillon est déjà monté sur les chameaux du convoi. A peine l'un de ces utiles et doux animaux est-il déchargé d'un sac de biscuits ou d'une caisse de sucre, qu'il est aussitôt occupé par un zéphyr, muni d'une ordonnance en règle de son docteur.

Ils simulent avec un art infini les maladies qu'ils n'ont pas, ou plutôt ils les ont toutes, car ces pâles voyous sont rongés par l'inconduite, par l'infamie et par tout ce qui en résulte.

Leur chef à longue barbe, le grave Charras, vêtu d'un ample burnous blanc, coiffé d'un grand chapeau à plumes, marche à l'avant-garde avec le général, laissant à ses subordonnés le soin de conduire et de guider les hommes qu'il commande. On sent que ces devoirs sont au-dessous de ses hautes capacités.

Nous marchons ordinairement sur deux colonnes parallèles, le convoi au centre. Tout le terrain battu par cette masse d'hommes et de bêtes est couvert de lièvres qui perdent facilement la tête et viennent se réfugier dans nos jambes, poursuivis qu'ils sont d'une colonne à l'autre. J'en ai boulé un d'un coup de pied, et le chien de mon capitaine l'a ramassé. Nous en sommes encombrés, et c'est heureux; sans les lièvres, ce n'est pas la maigre pitance donnée par l'État qui remplirait les casseroles des officiers et les marmites des soldats.

Depuis Bou-Semghroun où l'on a vidé de nombreux silos pleins non seulement d'orge, mais de dattes sèches comme des noisettes, on nous donne celles-ci en distribution pour remplacer le biscuit qui nous manque. On ferait mieux de nous donner l'argent de nos rations, car nous avons en abondance des dattes meilleures. A qui vont profiter ces substitutions? A l'État? J'en doute. Au général? Peut-être. A l'administration et aux comptables des vivres? Certainement.

A la faveur de nos longs séjours, il s'est ouvert un marché des objets pillés. J'y ai remarqué une grande quantité de vieilles lames d'épées et de sabres espagnols. L'une d'elles, achetée par moi trente sous, a la devise castillane : *Ne la tire pas sans motif; ne la remets pas dans le fourreau vierge de sang.* J'ai vu aussi un superbe morceau de corail plus gros que le pouce. Le zéphyr auquel il appartenait en voulait vingt francs. C'était trop cher pour ma bourse, mais quel joli cachet! Je n'en ai jamais rencontré d'aussi beau, même dans les galeries du Palais-Royal. Du reste, grande exhibition de guenilles. On voit que les fuyards ont emporté le meilleur, et ils ont bien fait.

Puisque le nom de Bou-Semghroun s'est retrouvé sous ma plume, au moment où je profite des loisirs que me fait le général Renault pour revoir mon journal de route et le compléter, il ne faut pas que je laisse perdre une aventure qui m'est advenue avant d'y arriver.

Nous revoyions les deux Chellâla que nos colonnes avaient visitées l'année dernière. Plus confiants cette année, les habitants de ces oasis n'avaient pas fui. J'eus la curiosité de me présenter dans l'un des ksour.

En entrant, moi deuxième dans une espèce de caravansérail où s'était réfugié, par précaution, le beau sexe de l'endroit, je fus assailli par deux femmes âgées, ou qui semblaient l'être, accompagnées d'une jeune fille, que l'une d'elles jeta dans mes bras.

Elles criaient, elles pleuraient et me montraient du doigt un énorme brigadier de spahis indigène, noir comme l'ébène, qui, autant que je pus le deviner, menaçait la jeune fille de son redoutable amour.

Malgré la saleté volontaire dont ces femmes et cette enfant s'étaient couvertes, je compris que j'avais affaire à une famille notable de l'oasis. La jeune fille était, malgré tout, charmante avec ses jolis bras nus et des pendants d'oreille de corail, et blanche quoique bronzée par le soleil.

La tentation était immense et, cependant, jamais pinceau plus ou moins habile ne célébrera ce trait de ma vie, remarquable à l'égal de ceux des Alexandre, des Scipion et des Bayard.

Je pris la jeune fille sous ma protection, je rassurai les femmes plutôt par mon accent, mes gestes et mon sourire que par mes paroles. Je serrai la petite main de l'infante, ornée d'un tatouage bleu foncé en forme de fleur de lis, et lui offris comme souvenir de ma visite une pièce d'un franc toute neuve, qu'elle ne manquera pas, suivant l'usage, d'ajouter à son collier ou à son bracelet.

Le nègre, intimidé par notre présence et la démonstration opportune de nos cravaches, disparut, et les femmes, rassurées, nous quittèrent en essuyant leurs larmes, en embrassant nos mains, et en nous comblant probablement de leurs bénédictions.

CHAPITRE XXIII

J'avais remarqué au sac de Bou-Semghroun que
la convoitise des habitants des Chellâla et des Arbah,
venus à notre suite pour prendre leur part du pillage, était surtout excitée par la charpente des maisons, ou pour mieux dire, des masures.

Cette charpente est formée de troncs assez
minces, non équarris, d'un bois résineux, qui m'a
paru être du cèdre. Leurs ânons en repartaient
chargés.

D'où viennent ces cèdres ? Nous n'avons rencontré
nulle part d'arbres de cette espèce, non plus que
des pins et des sapins. Ils valent littéralement leur
pesant d'or. D'après ce que m'a dit un spahi de la
colonne, quand une fille se marie, on lui donne en

dot quelques morceaux de ces bois pour construire
sa maison.

Pour en trouver, il faut aller jusque dans les montagnes du Tell, et celles de Saïda sont les plus rapprochées.

Peut-être y avait-il autrefois dans ces régions,
nues et arides, des forêts aujourd'hui disparues.
Peut-être ces poutrelles datent-elles de ces époques
éloignées, et alors leur masse incorruptible a fatigué le temps.

Dans tous les cas, nous avons causé aux pauvres
gens des oasis des pertes irréparables, car partout
nos soldats ont brûlé ces poutrelles, lorsque les pillards n'étaient pas là pour les emporter. Il leur était
défendu d'abattre les arbres fruitiers, et le palmier
avec sa tige fibreuse ne se laisse pas facilement entamer par la hache.

Quels beaux arbres que ces palmiers ! Comme ils
sont élégants ! Les houppes des palmiers mâles
étaient en fleur : mais sur les palmiers femelles on
voyait encore les longues tiges, qui soutenaient les
fruits de l'année dernière. C'était comme un balai
aux brins écartés et presque perpendiculaires à la
tige principale.

Chaque brin porte cinquante à soixante dattes et
comme il y en a quelquefois cent vingt à cent
cinquante attachés à un régime, il est facile de cal-
culer d'après le nombre des régimes la quantité de

dattes produites par un seul palmier. Je l'ai estimé
de cinq à six mille. Il est vrai que tous ne rapportent pas chaque année.

J'ai vu des groupes de palmiers réunis par la base,
qui ressemblaient presque au chandelier à sept
branches de la Bible ; moins cependant que la hampe
droite et superbe de l'agave, que nos soldats appellent l'aloès.

L'administration française, peu poétique, qu'elle
porte le sabre de l'officier ou la plume d'oie du
civil, a numéroté ces palmiers et a frappé chacun
d'eux, comme matière imposable, d'une taxe an-
nuelle d'un franc, un franc vingt-cinq, et même
un franc cinquante centimes selon la richesse pré-
sumée des habitants.

Le passage subit des marches forcées au calme a
développé des maladies dans la colonne. Presque
tous mes amis sont atteints. L'un a eu une insola-
tion qui l'a rendu fou furieux pendant une demi-
journée. D'autres ont la fièvre et vont être obligés
de continuer leur route sur les cacolets du train.
D'autres encore, à défaut de place aux cacolets et
n'ayant pas de chevaux, vont faire comme les zéphyrs et se hisser sur les chameaux. Notre long et
sec lieutenant-colonel Grésy, qui en est à sa première campagne, paie son tribut comme les camarades. Il va surcharger un mulet du poids de ses
plaintes et de ses souffrances, plus lourdes que son

corps, car il est véhémentement question que nous allons nous remettre en route. Pour moi, je tiens bon, comme par miracle, et pourtant je ne m'épargne pas.

Il est vrai que tout m'est distraction. Une touffe d'herbe me réjouit. Je salue en passant comme de vieilles amies les plantes qui ressemblent à celles que je ramassais jadis lorsque j'étudiais la botanique.

Tous les insectes rencontrés, jusqu'au sale scorpion, au hideux mille-pattes, deviennent des incidents heureux et récréatifs de mes étapes. J'ai dans mes bagages une vipère à cornes que les Arabes appellent serpent-minute, parce que la mort de celui qu'elle blesse est pour ainsi dire instantanée.

Elle était enfouie sous une grosse pierre, d'où l'on apercevait sa tête plate, ses yeux brillants et son corps rouge brique. Avec le pied, j'appuyai fortement sur la pierre ; puis, enveloppant ma main droite d'un mouchoir, je fis ce que je faisais dans les vignes des environs de Cluny : j'empoignai la bête, probablement engourdie par la pression près du cou, et le lui serrai fortement. Sa gueule s'entr'ouvrit et je vis les doubles crochets qui arment sa mâchoire. La queue remuait par des mouvements saccadés, qui prouvaient qu'elle était encore vivante. Au-dessus de ses yeux s'élevaient les deux petites cornes qui lui ont valu son nom.

En la tenant ainsi suspendue, et après avoir ôté le mouchoir qui enveloppait ma main, je la présentai aux Arabes du convoi, dont les uns s'enfuirent, tandis que les autres, terrifiés, ne purent les suivre. Ils paraissaient cloués au sol et criaient en chœur : « Allah, Sidi! Allah, Sidi! »

Après avoir joui de leur effroi et de ma puissance, je fis casser, par notre cuisinier, le col d'une bouteille où il y avait de l'esprit-de-vin, et j'y plongeai, la tête la première, ma venimeuse conquête.

Elle a dû orner longtemps le musée de Saïda; mais je reçus les reproches de mes camarades, qui prétendaient que j'avais perdu une denrée précieuse. L'esprit-de-vin fait d'excellent cognac avec une infusion de thé et un peu de sucre.

Cet animal a un pied et demi de long et ses cornes ont environ trois millimètres. Elles lui donnent un aspect vraiment terrible.

Une des plus grandes fatigues de la route, c'est de garder les quelques milliers de moutons qui constituent notre magasin de vivres frais. Rien de bête, rien d'absurde comme ces animaux-là. Au lieu de se mettre franchement en marche, ils tournent durant des heures entières dans un cercle qui fait rêver du mouvement perpétuel.

C'est en vain que, pour rompre cette marche inutile et ce cercle insensé, on se précipite au galop à travers ces masses laineuses. C'est en vain

que des soldats robustes empoignent par les cornes
ceux que l'on peut considérer comme les chefs du
troupeau, et les entraînent à la suite du convoi. Rien
n'y fait.

Ils tournent et tourneraient encore jusqu'au jugement dernier, si les Arabes chameliers, plus
expérimentés que nous, ne parvenaient, au moyen
de sifflements connus, à changer leur mouvement
curviligne en un mouvement rectiligne.

Une nuit, ma compagnie était disséminée de
garde autour de ces sottes bêtes. Je plantai ma
tente près du troupeau dans un endroit qui me parut sec et convenable. Un orage mêlé de grêle sur-
vint. Poussés par le vent et par la pluie, mes moutons se mettent en mouvement et commencent
leur rotation, cédant insensiblement à la pression
de l'orage.

Vers minuit je me sentis tout à coup réveiller,
moi couché par terre, sur une simple toison, et
piétiner tout du long par des masses étouffantes.
J'étendis la main au hasard et je compris tout. Ma
tente avait été envahie par mes subordonnés de
vingt-quatre heures. Je les chassai comme je pus,
non sans peine.

Les cornes des béliers trouèrent la toile déjà usée,
et emportèrent ma cravate et ma casquette que je
retrouvai le lendemain matin, foulées aux pieds, souil-
lées de boue... et les moutons tournaient toujours.

Parmi ces moutons se trouvaient quelques chèvres, rares il est vrai. Alléché par l'espoir d'un riz au
lait succulent, j'ordonnai à notre cuisinier d'aller,
à la faveur des ténèbres de la nuit, échanger une
des bêtes à nous octroyées par le général Renault
contre une chèvre laitière, et je m'endormis sur
cette douce pensée de café au lait et de plat sucré.
Le cuisinier obéit militairement, en silence, sans
murmurer, et le lendemain à la pointe du jour,
lorsque la diane sonna, il me montra sa prise d'un
air triomphant... C'était un bouc!

A propos de diane, je me demande si la fanfare
des zéphyrs croit chasser notre sommeil en nous
jouant la triste complainte de *Zampa*. C'est une
erreur. Ce chant lamentable excite nos regrets et
nous fait abandonner avec peine notre duvet de
sable et d'alfa. Au 6ᵉ léger, c'est bien différent.
Chez lui, tout est gai, tout est allégro. C'est ordinairement avec l'air du *Jeune Henri* qu'il nous fait
secouer les pavots de l'antique Morphée. Mais com-
prend-t-on la complainte de *Zampa* pour un réveil!
A quoi pense M. Charras?

Le 26 mai, j'accompagne à cheval et en amateur
un fourrage en vert qui se fait à une lieue et demie
du camp. On suit l'Oued-Rassoul jusqu'à son con-
fluent avec un autre ruisseau sans eau, venant de
la droite et dont le lit est parsemé de flaques d'eau
dormante, disparaissant et reparaissant tour à tour.

Beaucoup de tamaris. Nous voyons un ksar ruiné et abandonné.

Enfin! Le 27, à deux heures et quart du matin, nous partons, pour faire, quoi? quatre lieues. Les chameaux portent les sacs des compagnies d'élite. Nous campons à sept heures à El-Krodeur, où on nous distribue une ration de sucre et café, en l'honneur de la fête du roi des Français! Le plus joli, c'est qu'il est défendu de faire du feu. Alors à quoi bon ce sucre et ce café?

Nous repartons à trois heures et quart de l'après-midi, sac au dos pour tout le monde. Une seule grande halte est faite au milieu de la nuit. On mange la viande cuite à l'avance. Défense toujours de faire du feu.

El-Krodeur est une espèce de monticule d'un bleu cendré, où j'ai trouvé beaucoup de traces de sulfate de cuivre et ramassé de l'amiante dans les rocs.

Nous y avons été rejoints par cinq cents cavaliers, qui n'avaient pas l'air satisfait, venus des ksour voisins.

Le 28, à sept heures et demie du matin, nous arrivons à El-Malah. Les maisons en sont abandonnées. Nos compagnies d'élite, deux cents zéphyrs, le goum et la cavalerie partent à cinq heures du soir pour une razzia.

Le 29, nous rompons à cinq heures. Nous retrou-

vons les traces des canons et des prolonges de la
colonne Cavaignac. Malgré le vent du désert et le
peu de consistance du sable, leur ornière se voyait
encore parfaitement.

Cette colonne a eu ses parlementaires égorgés au
ksar de Mohgard-Thatania. Elle les a vengés en
pillant l'oasis. Au ksar de Moghard-Foutania, les
choses ont pris une tournure encore plus sérieuse.
Il a fallu déloger les Sahariens à coups d'obus et
emporter Moghard d'assaut.

Elle a successivement reconnu et occupé Tiout,
Aïn-Seufra, S'fissifa, Lambâa, Teoussera et Aïn-
bou-Khalil.

Aujourd'hui Cavaignac est en marche pour
revenir à Tlemcen avec sa cavalerie. Le colonel de
Mac-Mahon ramène l'infanterie et les équipages.

Pendant la route, il m'a pris la fantaisie d'essayer
de l'équitation à dos de chameau, non pas que mon
cheval me fatigue, il est doux et soumis comme
tous les chevaux élevés en famille par les Arabes ;
mais afin d'avoir une occasion de le céder à mon
sergent-major, fort gentil garçon auquel je le
prête quand les étapes sont trop longues, chacun
de nous marchant à pied à tour de rôle.

Un Arabe du convoi m'amena un de ces grands
et jaunes méharis du désert, plus rapides que les
lourds chameaux du Tell. Il l'arrêta, le fit mettre
à genoux au moyen d'un sifflement particulier

dont il m'a été impossible d'apprendre le méca-
nisme, et je m'assis le plus commodément possible
sur le bât qui couvrait sa bosse. Les chameaux de
ce pays n'en ont qu'une et devraient être appelés
dromadaires, par conséquent.

En ce moment, il me revint — fort heureusement
peut-être — à la mémoire un renseignement lu
autrefois dans le *Magasin pittoresque* sur ces animaux. C'est que, pour se relever, ils commencent
leur mouvement par les jambes de derrière, tandis
que le cheval commence le sien par celles de devant. De sorte que si, comme à cheval, on se porte
en avant, on est sûr de piquer une tête et de
passer par-dessus les oreilles de sa monture, au
grand ricanement des Bédouins.

Averti par le *Magasin pittoresque,* je me penchai
fortement en arrière. Le mouvement du lever
s'effectua sans encombre; mais le méhari prit pour
rejoindre ses congénères un trot qui me rappela le
roulis de la *Perdrix* et me fit craindre les accidents
de mes premières navigations.

Au galop, les dromadaires n'ont pas cet inconvénient. Le méhari est aussi rapide que le cheval
et fend l'espace sans donner le mal de mer à son
cavalier inexpérimenté.

Il y a parmi ces bêtes des gaillards récalcitrants
que l'on nomme chameaux de punition. Les doc-
teurs de la colonne les infligent aux soldats qu'ils

ne croient pas malades. A peine juchés sur la bosse de l'animal perfide, les pauvres diables dégringolent prestement à terre.

Mais, disent les Arabes, si on se tue en tombant d'un âne, le chameau étant béni de Dieu, les chutes qu'il fait faire, volontairement ou involontairement, ne sont pas dangereuses.

Au cours de ma cavalcade, où je n'eus pas à éprouver la justesse de ce dicton, je remarquai un chameau chargé d'un palanquin, connu ici sous le nom d'*atatiche*. Ce meuble, qui sert à cacher les femmes, éveilla ma curiosité et mes suppositions.

Est-ce que le paladin Renault transporterait là dedans quelque Armide des Oulad-Naïl, enlevée à son corps de ballet et de *zit, zit?* Je riais déjà dans ma barbe en me caressant fortement le menton. Vérification faite, il se trouva que j'avais commis un jugement téméraire au détriment de mon grand chef. L'atatiche était vide, et le pudique Renault ne le traînait à sa suite qu'en qualité d'amateur du bric-à-brac. C'était un des fruits de ses victoires, un trophée, plein de couleur locale, à défaut d'autre chose.

L'atatiche ressemble à une grande corbeille en forme de nacelle. C'est un assemblage de cerceaux en bois très flexible qui compose ce système fort ingénieux. Plusieurs de ces cerceaux se croisant au-dessus de la nacelle forment une espèce de carcasse semblable à celle d'une capote de cabriolet, et servent à recevoir les tentures qui doivent abriter du soleil les beautés délicates. Tout cela se relie à deux arçons en bois, placés à l'avant et à l'arrière du chameau, et assemblés de chaque côté par deux traverses en croix. Tout cet échafaudage s'emboîte étroitement sur un bât en paille ou en laine.

L'intérieur de l'édifice est garni de coussins et de tapis pour combler les vides entre les cerceaux et la bosse du dromadaire, qui s'élève dans le milieu de la nacelle, de sorte que la personne qui s'y trouve y est installée de la façon la plus moelleuse.

Des deux côtés de la nacelle pendent de riches tapis ; ils se rattachent à un immense filet, en laine de différentes couleurs, qui couvre entièrement le chameau depuis les oreilles.

A chaque nœud du filet, il y a de petits pompons de nuances variées, formant, par leurs dispositions symétriques, des dessins très originaux. Des cordons, garnis de gros glands de laine, tombent élégamment de distance en distance et s'harmonisent parfaitement avec les couleurs des tapis, dont les tons se trouvent rappelés partout, dans le filet et dans les garnitures.

La partie supérieure de l'atatiche est garnie de plumes d'autruche formant panache, et toute la corbeille est recouverte de toile de coton cramoisie.

17.

Nous arrivons à Naâma. Nous avons fait six lieues et demie. Séjour. Un détachement de trois compagnies part pour porter des vivres à la colonne légère. On nous annonce une razzia de deux mille moutons.

CHAPITRE XXIV

Le 31 mai, à sept heures du matin, la colonne légère nous rejoint avec le détachement parti la veille. On lève le camp pour gagner l'Oued-Touadjer, d'où nous ne repartons que le 2 juin. Journée chaude, poussiéreuse et très fatigante de dix lieues. Un violent orage nous assaille à notre arrivée au bivouac. Il n'en est pas moins le très bien venu.

Le 3, nous sommes à Tismouline. Ce camp a été occupé l'année dernière par Abd-el-Kader, comme une position centrale qui lui permettait d'observer à la fois les provinces d'Alger et d'Oran, et dont la difficulté de se procurer des vivres rend l'accès peu commode : c'est la première fois que nos colonnes passent de ce côté.

Séjour le 4. Départ le 5 à quatre heures et demie.

A midi, nous nous arrêtons sur les bords de l'Oued-Ernem, après une course de sept lieues à travers une plaine couverte de touffes d'alfa, qui ont rendu la marche tortueuse et difficile.

Le 6, nous nous mettons en route à trois heures et demie du matin pour traverser le chott et camper à El-Kheider. La chaleur est étouffante. Les pieds des hommes sont brûlés sur le sol blanchâtre du lac desséché; les chiens hurlent lugubrement. On les porte en travers sur les chevaux.

Les Arabes de Sidi-Khalifa, village voisin, ont semé depuis notre premier passage des pastèques, des concombres, qui sortent de terre. Quelques champs maigres sont labourés.

Notre séjour à El-Kheider est marqué par une pluie mêlée d'orage, qui nous mitraille avec des grêlons.

Le 8, après neuf lieues de marche, nous revoyons Sfid. Le goum nous quitte. Le 9, nous sommes à Timetlas.

Mon capitaine s'aperçoit en arrivant qu'il a oublié sa montre à Sfid. Elle est vieille, mais elle a pour lui quelque valeur comme souvenir de famille.

Il demanda au colonel O'Keeffe la permission d'aller la chercher. Celui-ci fit les observations convenables, tirées de la sûreté du capitaine, qui allait exposer sa vie pour un bijou. Puis, vaincu par ses instances, il lui accorda l'autorisation.

Entendant les demandes et les réponses, je fis seller mon cheval, celui du capitaine et un mulet, sur lesquelles je campai deux ordonnances, et quand il revint suivi d'un spahi indigène que le colonel lui avait donné pour guide, nous étions prêts à partir et nous partîmes... Sans lui, bien entendu. Il était un peu malade et j'étais content de lui épargner une corvée. L'aller et le retour se firent rapidement au galop, l'étape n'ayant été que de deux ou trois lieues ; et je fus assez heureux pour retrouver la montre, grâce à ce que notre compagnie avait été de grand'garde la veille et par suite éloignée du camp.

Car les Arabes maraudeurs le couvraient déjà, ramassant les débris de toute nature que deux mille hommes laissent toujours après eux. Avec les Arabes se tenaient, surtout près de l'abattoir, une grande quantité de vautours, sur lesquels, la montre retrouvée et déjà en route pour le retour, je permis à mes hommes de décharger leurs fusils. Les vautours s'envolèrent à grand bruit ; les Arabes étonnés se replièrent, et nous, après avoir rechargé nos armes, nous reprîmes le chemin du camp de Timetlas.

Vers sept heures du soir, le colonel, se promenant devant sa tente après dîner, rencontra mon capitaine et lui demanda des nouvelles de sa montre, tout en s'étonnant de le voir aussi vite revenu.

— Je vous remercie, mon colonel, de votre complaisance, répondit le capitaine. Voici ma montre, mais ce n'est pas moi qui suis allé la chercher.

— Et qui donc?

— Mon sous-lieutenant, qui a absolument voulu partir à ma place.

— Ah!... Faites venir votre sous-lieutenant.

J'arrivai peu rassuré. Le colonel avait son air d'habitude qui était sévère :

— C'est vous, monsieur, qui avez cru pouvoir quitter le camp sans ma permission, me dit-il.

Je m'excusai assez gauchement, en disant que puisque l'autorisation avait été donnée à mon capitaine, âgé et souffrant, j'avais pensé que son sous-lieutenant, jeune et point malade, aurait pu l'obtenir à plus forte raison.

— C'est bien, monsieur, je m'en souviendrai.

Il y avait justement une vacance aux voltigeurs du 1er bataillon. J'appris, le lendemain, que j'étais proposé par le colonel, et que j'allais être infailliblement nommé, vu les notes à l'appui, par le général Renault. Ainsi soit-il.

Et c'est ainsi que le colonel du 6e léger s'est souvenu de l'affaire de la montre.

Je m'applaudis plus que jamais de n'avoir pas reculé devant la dépense d'un cheval. Le titre d'officier des compagnies d'élite, envié par tout le monde, a des conséquences pénibles en Afrique. C'est un

surcroît de marches et de fatigues. Un cheval n'est
pas un objet de luxe pour un officier; il lui est indispensable.

Dans les courses effrénées de nuit et de jour des
voltigeurs, on charge les chameaux de leurs sacs.
Ils marchent alors comme des dératés, et l'officier,
obligé d'encourager les uns, de ramasser les autres,
d'aller chercher le docteur pour les plus malades, au
lieu de dix lieues en fait presque le double, ce qui
est au-dessus de toutes les forces humaines.

Et puis, je me suis attaché à mon noble compagnon, qui m'a sauvé la vie dans une circonstance
que je ne veux pas omettre.

Une nuit, étant d'arrière-garde et m'arrêtant
comme la colonne un quart d'heure toutes les deux
heures, sans feu, sans pipe et sans cigare — par
ordre — je m'étendis sur le sable, la bride de mon
arabe passée autour de mon bras, et je m'endormis
profondément.

La colonne partit et mes hommes aussi. Mon cheval, qui n'avait rien mangé depuis cinq ou six heures, se mit à brouter la paille de mon chapeau et
me réveilla. Il était temps. Je ne voyais, je n'en-
tendais plus personne, et ce ne fut qu'à la trace des
pas sur le sable que je pus rejoindre l'arrière-garde.

Je l'échappai belle. Nos bataillons sont toujours
suivis de quelques Arabes pillards, assassins au besoin, qui, pour avoir mon pantalon et surtout mon

cheval, n'auraient pas hésité une minute à me faire passer de vie à trépas. Il est vrai que j'aurais figuré dans les rapports officiels de l'expédition, comme tué à l'ennemi; mais j'aime tout autant vivre encore un peu.

Le 10 juin, nous arrivons à deux heures à Saïda. En route, un sergent du 6° léger, secrétaire du général Renault, un peu ivre, tombe de cheval. Son état détermine une congestion cérébrale qui le tue. J'avais prêté mon Rabelais à ce jeune homme; il s'était servi des feuilles pour allumer sa pipe!

Nous séjournons le 11. Deux officiers du 6° léger enivrent le sergent préposé aux distributions et se vantent de lui avoir fait *sauter*, par leurs ordonnances, cent cinquante rations d'orge. L'État n'en souffre pas, cette orge provenant des razzias.

Nous campons le 12 sur l'Oued-beni-Meniarin, le 13 sur l'Oued-Froha et, le 14, nous revoyons Mascara.

Toute la population se porte à notre rencontre. Nos soldats rentrent bizarrement harnachés. Plumes d'autruche, chapeaux de paille, branches de palmier, lézards, gerboises, caméléons, chacun rapporte un souvenir de cette sortie.

Ainsi finit l'expédition du Sud.

Nous étions donc à Mascara! J'eus cette fois deux mois pour admirer ses nouveaux embellissements; mais j'étais décidément voué à Saïda.

Le 10 août 1847, notre 1er bataillon reçut
l'ordre d'aller y relever un bataillon du 56e et je
fus désigné pour remplir les fonctions d'officier
payeur et de sous-intendant militaire dans une petite colonne composée de notre bataillon, d'une
vingtaine de cavaliers et de quelques soldats d'administration, bouchers, infirmiers, etc.

· Le 14, nous étions à une lieue et demie de Saïda,
sur ses plateaux bien connus, où nous remplacions
le bataillon du 56e, commandé par M. Corréard,
lequel se trouva par hasard être mon général de
division et mon inspecteur général au camp de
Châlons en 1869.

Mes fonctions d'officier payeur étaient faciles et
ne demandaient qu'une vérification de chiffres et
une certaine régularité dans les inscriptions.

· Le 30 août, mon lieutenant, M. Fermier, nommé
capitaine, quitta le camp et je dus prendre le commandement des voltigeurs du 1er bataillon, qui
se trouvait sans officier. Le chef de ce bataillon
était un Breton, honnête et solide, nommé M. Ponsard. Il avait été fait officier de la Légion d'honneur,
après la surprise de Sidi-bel-Abbès, en janvier 1845.
Il regrettait la croix de Saint-Louis que son père
et son grand-père avaient portée jadis.

Avec notre 1er bataillon se trouvait le 3e, déjà
installé sur les plateaux avant notre arrivée. Il était
commandé par un officier supérieur qui était l'op-

posé complet en instruction, en moralité, en dignité du commandant Ponsard.

L'honnête homme est resté chef de bataillon, l'autre est devenu commandant d'un bataillon de zéphyrs, colonel du 88ᵉ, enfin général de brigade. Il est mort dans ce dernier grade.

Mes rapports avec lui furent rares. Je me rappelle seulement qu'un soir je lui appris à reconnaître l'étoile polaire et que les soirs suivants, jusqu'au 25 février, date de son départ, il ne manqua jamais, entre deux vins, ou plutôt deux absinthes, d'inspecter la Grande Ourse et « la Polaire », devenue l'objet de son humide admiration.

Notre séjour sur les Plateaux paraissant devoir se prolonger, M. le commandant Ponsard accorda aux officiers et aux soldats la permission de construire des *gourbis*. Les Arabes nomment ainsi les cabanes des bergers faites de branchages verts. Chaque jour, des corvées organisées partaient et revenaient chargées de branches appartenant à tous les arbres, à tous les arbustes à proximité, mais pour la plus grande partie aux lauriers-roses bordant les ruisseaux des nombreux ravins des environs. Ces constructions furent bientôt terminées.

Mon gourbi se composait de deux pièces, si toutefois on peut donner ce nom aux espaces étroits qu'il refermait. La pièce du fond contenait entre quatre piquets un lit épais de mousse, sur lequel j'étendis ma peau de mouton et ma tente. Cela me constituait un couchage qui me parut bien doux en comparaison des sables et des herbes vertes des campagnes précédentes.

Un cercle à l'usage des officiers avait été également construit sous un dôme de lauriers-roses, de lentisques et de thuyas. On avait improvisé des bancs de laurier-rose recouverts de mousse, des tables et des sièges mobiles avec les caisses à biscuits de l'administration.

Nous espérions passer en paix la durée de notre détachement, lorsque tout à coup vint fondre sur le camp une épidémie fiévreuse, qui prit en peu de jours des proportions terribles.

Sur soixante-quinze hommes environ qui composaient l'effectif d'une compagnie, cinquante étaient atteints et ne sortaient de l'hôpital et de l'infirmerie de Saïda que pour être immédiatement remplacés par d'autres malades, quelquefois par les convalescents de la veille.

Le fléau n'épargna personne, ni officiers, ni sous-officiers, ni soldats. En quelques semaines, le camp devint presque désert, et ses habitants, pâles et défaits, avaient perdu toute gaieté et même toute espérance.

Peu mouraient cependant, si tous étaient frappés. Mon sergent-major, mon fourrier, mes cadres, entrèrent à l'hôpital, et je devins seul chargé de l'administration et de la comptabilité de ma compagnie.

Un soir, je crus ressentir les symptômes du fléau. Je pris dans une tasse de café une forte dose de sulfate de quinine, qui littéralement m'empoisonna. Je fus horriblement malade pendant vingt-quatre heures, et j'éprouvai sur moi-même la vérité de la formule : *similia similibus curantur*. Le mal passa, vaincu sans doute par la dose énorme du remède que je m'étais administré.

On attribua, peut-être avec raison, les causes de la maladie aux funestes exhalaisons des fleurs et des feuilles du laurier-rose. Tout le monde sait que cet arbuste contient un poison violent; mais ce que l'on ne savait pas encore à cette époque, c'est que l'eau même qui coule sur ses racines est empoisonnée et que les baguettes, dont nos soldats se servaient quelquefois en guise de broche pour faire cuire leur ration, communiquaient aussitôt à la viande leurs malfaisantes propriétés.

Le commandant Ponsard prit alors des mesures énergiques. Il fit abattre les gourbis de la troupe et relever les tentes, en ne conservant comme couchage que les branches des lentisques et des thuyas. L'eau des cuisines fut puisée à la source des ruisseaux et dans les puits, le plus loin possible du voisinage dangereux des lauriers-roses.

Quant à moi, je conservai mon gourbi et ne m'en trouvai pas plus mal.

Vers le milieu d'octobre, un courrier nous apprit que l'inspection générale se passait à Mascara. Le commandant Ponsard me fit appeler et m'annonça, les larmes aux yeux, que le colonel me proposait au tour du choix pour le grade de lieutenant et, de plus, que j'étais désigné pour suivre en France les cours de l'École de tir, à Grenoble.

Je fus enchanté d'être l'objet d'une proposition semblable. Quant à mon voyage en France, j'en fus moins satisfait. Je faisais campagne en Afrique ; je m'y trouvais bien ; je croyais que cela valait mieux pour moi que de passer six mois à Grenoble, et j'allais écrire au colonel O'Keeffe pour le prier de proposer un autre officier, lorsqu'un courrier nouveau m'empêcha de le faire. En vertu des ordres du ministre, il fallait un lieutenant pour suivre les cours de nouvelle formation. Dès lors mes craintes de départ se trouvèrent sans objet.

Dans les premiers jours de novembre, mon bataillon reçut l'ordre de rentrer à Mascara. Notre mission de surveillance sur les Plateaux était terminée. Les récoltes des tribus étaient faites ; il n'était pas plus question d'Abd-el-Kader, qui ne s'endormait pas pourtant, que s'il n'eût jamais existé.

Ce fut avec plaisir que nous vîmes quelques compagnies du 56ᵉ nous remplacer dans ce camp fiévreux, où nous avions passé de si mauvais jours.

Comme par enchantement, il n'y eut plus de malades, et, sauf quelques hommes, plus délicats ou plus éprouvés, qu'on laissa à l'hôpital de Saïda, le bataillon arriva autant dire complet dans la ville que nous aimions tant à revoir.

Quelque temps après, c'est-à-dire dans les premiers jours de novembre, le colonel O'Keeffe me fit appeler chez lui et me tint à peu près ce langage :

— Je ne suis pas content de l'officier du régiment qui commande le village de Saint-André. Je ne sais si vous comprenez ce que je veux dire, mais je n'en suis pas content, et c'est vous que j'ai proposé au général Renault pour le remplacer immédiatement.

Cette ouverture me souriant peu, je répondis au colonel que, revenant de 'Saïda, où j'avais été éprouvé par les fièvres — épreuve dont j'exagérai avec force la réalité — je devais redouter de passer l'hiver dans un village nouveau, que je croyais peu sain, à cause des défrichements ; que je ne reculais, ni devant le surcroît de fatigues, ni devant l'ennui de l'isolement, mais que je devais à l'état de ma santé le refus d'une proposition à laquelle j'étais cependant fort sensible.

— Bah! bah! me répondit-il, vous ferez comme les autres ; quand vous y serez, vous ne voudrez plus en sortir.

Et il écrivit devant moi l'ordre de ma nomination en souriant et en tourmentant, comme c'était son habitude, dans ses moments de gaieté, un assez beau diamant qu'il portait au petit doigt.

Il fallut obéir et, en moins de cinq minutes, je me trouvai commandant supérieur des forces militaires et civiles du village de Saint-André de Mascara.

CHAPITRE XXV

Mes promenades à cheval ou à pied m'avaient souvent amené du côté du village de Saint-André, composé d'environ soixante maisons, distant de cinq kilomètres de Mascara, et, chaque fois, j'avais admiré sa position charmante sur une colline en pente douce, d'où l'on découvrait toute la plaine d'Eghris et les montagnes du Sahara.

Le sous-lieutenant que j'étais appelé à relever, plus jeune de grade que moi, mais beaucoup plus âgé, était un ancien adjudant de Saint-Cyr. Il y avait souvent compromis sa réputation et surtout la dignité de son uniforme, en vendant fort cher aux élèves des bouteilles de vin de Champagne, des pâtés de foie gras et en usant les bottes et les

redingotes de ceux qui, cédant à ses doucereux
conseils, avaient consenti à mettre chez lui, en
dépôt, les malles contenant leurs effets civils.

Aussi était-il arrivé au régiment, en 1846, pré-
cédé par une réputation détestable. Cependant, une
prestance des plus belles, un aplomb colossal,
avaient plaidé en sa faveur auprès des chefs, qui
ne connurent pas immédiatement la vérité, et on
lui avait confié le commandement dont on le dé-
pouillait précipitamment aujourd'hui.

Il s'y était distingué par une activité de mauvais
aloi, une galanterie peu convenable auprès des
femmes, et, en outre, par des dépenses exagérées,
peu en rapport avec ses appointements de sous-
lieutenant et avec la fortune dont on le savait dépourvu, puisque ses billets étaient le plus souvent
protestés.

Il me mit rapidement au courant de la besogne.
Les deux villages de Saint-Hippolyte et de Saint-
André, nouvellement construits autour de Mascara,
étaient commandés chacun par un sous-lieutenant,
relevant d'un capitaine d'artillerie investi du com-
mandemênt supérieur par la confiance du général
Renault.

Saint-André était gardé par un poste permanent
de vingt-cinq hommes, changés tous les mois. Cent
cinquante à deux cents travailleurs arrivaient tous
les matins de Mascara et étaient mis à la disposi-

tion du commandant du village, qui les distribuait aux colons, selon leurs demandes, ou plutôt selon leurs besoins présumés.

L'ouvrage de ces hommes de corvée était peu actif, les uns travaillant gratuitement et les autres étant payés à raison de vingt-cinq à trente centimes par jour. Mais enfin, ils travaillaient, peu ou prou, et leur concours était précieux.

Les maisons n'étant pas encore terminées entièrement, ni les jardins complètement défrichés, une certaine quantité d'outils de tous genres, pelles, pioches, marteaux, jusqu'à des clous, et de matériaux de toute espèce, était confiée au commandant militaire qui en devenait responsable envers qui de droit.

La comptabilité était facile : un simple registre en partie double des recettes et des dépenses, avec la signature des parties prenantes pour acquit. Du reste, tout était prêté comme outil, ou distribué gratis comme matériaux.

Pour bien administrer, il suffisait d'avoir un peu d'ordre, de ne pas forcer les dépenses et, surtout, d'étudier, afin de prévenir les demandes exagérées, le personnel un peu mêlé des habitants du village.

La fraude pouvait principalement porter sur les travailleurs payés par quelques colons plus riches que les autres. Si, au lieu de soixante-quinze travailleurs payés par exemple, le relevé du jour n'en portait que cinquante, c'était vingt-cinq journées de travail que l'officier devait mettre dans sa poche, c'est-à-dire de douze à quinze francs par jour, ce qui ne laissait pas de constituer à la fin du mois un assez joli bénéfice.

Je compris, en écoutant toutes ces explications, lesquelles ne me furent pas données aussi complètes, les paroles de mon colonel : « Je ne suis pas content de l'officier du régiment qui commande le village de Saint-André. ¡Vous comprenez ce que je veux dire : » que je ne comprenais pas du tout.

On ne chassait peut-être pas à Saint-André ; mais on y pêchait et fructueuse était la pêche, sinon merveilleuse.

On pêchait aussi à Mascara, où des bals fréquents réunissaient les officiers de la bonne ville et des alentours.

On y répétait souvent à cette époque un adage fort connu : c'est que, des officiers de la garnison, ceux de l'infanterie étaient toujours à cheval, ceux de l'artillerie quelquefois, ceux de la cavalerie jamais. Il en était de même dans les bals : l'infanterie dansait toujours et jamais les cavaliers. C'était le contraire dans la salle consacrée aux jeux.

Parmi les habitués les plus consciencieux des tables d'écarté, se trouvait un sous-lieutenant de spahis servant au titre indigène et malheureusement chargé de la comptabilité de la caisse du détachement de son régiment en garnison à Mascara. Il était, comme son ami intime le caïd Osman, d'origine prussienne.

Son titre lui donnait le droit de porter un costume splendide avec un turban de cachemire non moins splendide, encadrant une tête encore plus splendide. Ses beaux yeux bleus, son nez aquilin, son teint blanc et ses longues moustaches blondes faisaient de cet officier le bonheur à la fois et le désespoir des brunes espagnoles qui nous vendaient à qui mieux mieux, avec beaucoup d'autres choses, des cigares et du tabac. Heureux, trop heureux, si Vénus seule avait reçu ses hommages et si la dame de pique n'avait pas prélevé sur ses offrandes une dîme trop forte et trop répétée.

Ce pauvre garçon ne pouvait avoir du bonheur partout. A la fin de chaque bal, lorsque le soleil levant faisait pâlir l'éclat des bougies, ou plutôt des chandelles, ceux qui avaient suivi les péripéties émouvantes du jeu et compté les gouttes de sueur qui perlaient sur le front du blond Prussien, disaient: «Il y a eu sûrement cette nuit une catastrophe chez les spahis; certainement la caisse de leur officier payeur a été forcée. »

C'était l'usage et, quelques heures après, chez Vivès, le pâtissier à la mode de Mascara, entre deux verres de madère, on voyait arriver pâle, défait, le turban en désordre, le malheureux sous-lieutenant de spahis, accusant d'une voix qu'il essayait de rendre chevrotante le vol dont la nuit l'avait rendu victime.

Ce manège se répéta souvent et dura longtemps. Qu'est devenu cet officier payeur enguignonné? Je l'ignore. Il ne figure plus sur les annuaires de l'armée française. Je les en félicite.

Je lisais, de temps à autre, les journaux que, chaque semaine, un courrier nous apportait d'Oran. Quelques-uns dataient d'une époque déjà fort éloignée. Ainsi, M. le général Moline de Saint-Yon, ministre de la guerre, avait été remplacé par le général Trézel, le 9 mai 1847. On voit comme nous étions au courant.

Ce choix, déterminé sans doute par les embarras parlementaires, ne plut pas à l'armée d'Afrique. Général d'état-major, brave sans doute, mais aussi paperassier que brave, il n'était guère connu en Algérie que par la défaite sanglante que son incapacité comme militaire actif fit essuyer à l'armée française sur les bords de la Macta, lorsque nous ne chassions pas à l'homme et qu'Abd-el-Kader, n'y chassant pas non plus, se battait en ligne.

Il fallait à cette époque au ministère un homme jeune, actif, résolu, comprenant les idées nouvelles des nouvelles générations, et le choix du roi s'était porté sur un soldat de 1801, qui devait nécessairement avoir atteint l'âge du repos.

Une autre cause de mécontentement pour l'armée d'Afrique, en général, et pour les troupes de la province d'Oran, en particulier, fut l'accueil trop cordial, si je puis m'exprimer ainsi, — qui ne devait du reste être qu'un feu de paille — fait à Bou-Maza et à son cornac, le capitaine Richard, du génie.

Quelques personnes bien informées, ou se disant telles, prétendaient que l'élévation de ce jeune révolté, son insurrection et sa soumission n'avaient été que l'œuvre de gens extrêmement habiles du pays, touchant de près ou de loin aux bureaux arabes et à l'adroit colonel Saint-Arnaud. Ces cancans, dont il m'est impossible d'apprécier la valeur, avaient pris une consistance assez sérieuse à Mascara, soit par jalousie de confrères, soit par amour de la vérité. L'histoire a parfois des dessous qui échappent à toute vérification.

Les mêmes journaux nous donnaient encore le récit des hauts faits accomplis par le général Renault pendant sa dernière sortie. C'était officiel.

Les habitants de Chellâla étaient venus à sa rencontre, en payant intégralement leurs redevances, et les amendes qui leur avaient été infligées. On oubliait d'en dire le montant. On s'attendait à voir la colonne accueillie de la même manière à Bou-Semghroun. On sait qu'à Bou-Semghroun, sauf deux ou trois vieilles femmes, toute la population avait fui. Elle n'avait quitté que très tard les montagnes où elle s'était réfugiée pour venir retrouver ses champs dévastés et ses maisons démolies.

Le 5 juin, le maréchal Bugeaud avait fait ses adieux à la marine et à l'armée. Son ordre du jour, essentiellement militaire, n'avait rien eu de politique et, en cela, il donnait une bonne et dure leçon à ceux qui le dénigraient à Paris. Le général de Bar, commandant la division d'Alger et le plus ancien des lieutenants généraux, avait remplacé le maréchal à titre provisoire, en attendant la nomination du duc d'Aumale.

Avec ces nouvelles, les journaux nous apportaient des bruits alarmants. Des procès scandaleux surgissaient de toutes parts. Devant les Chambres s'accumulaient chaque jour des débats plus scandaleux que les procès. Les tribunaux faisaient justice des uns, tandis que les autres, répétés par les mille voix de la presse, portaient aux quatre coins de la France et de l'Algérie des accusations vaguement formulées, et des dénégations officielles auxquelles, suivant l'habitude française, personne ne croyait.

Je ne sais ce qui se passait ailleurs, mais, dans la province d'Oran, les généraux s'empressaient d'abandonner leur commandement et d'aller à Paris prendre le vent et comme l'avant-goût des événements futurs.

Le général de la Moricière était en congé; le général Renault était en France, remplacé à Mascara par le colonel du 56e, M. Géraudon, personnage gros et débonnaire, à la figure luisante, d'une insignifiance parfaite.

Le général Thierry, commandant la subdivision d'Oran, avait quitté l'Afrique pour un commandement près de Paris et le général Cavaignac était en congé.

On eût dit que chacun pressentait l'avenir.

Cependant le duc d'Aumale avait été nommé gouverneur général de l'Algérie. Le 3 octobre, il s'embarquait à Toulon sur le *Labrador* et le 5 il était à Alger, où l'attendait un magnifique accueil.

L'ordre du jour qui annonçait sa prise d'autorité fut digne et modeste, et nous y lûmes avec plaisir l'éloge du maréchal Bugeaud, les regrets de son départ et le désir de marcher sur ses traces. C'était justice, car si la médaille avait un revers, elle était bien frappée néanmoins. L'homme n'est pas parfait.

La présence du prince à Alger fut le signal du retour de tous les généraux qui, pour des motifs plus ou moins valables, se trouvaient alors en France.

Le général Changarnier s'était embarqué avec le nouveau gouverneur. Le général de la Moricière s'empressa de regagner son poste à Oran, d'y prendre rapidement connaissance des affaires et de se rendre courtoisement à Alger.

Le général Renault, emboîtant, selon son habitude, le pas au grand homme, reçut pendant l'absence du général Cavaignac le commandement de la subdivision de Tlemcen.

Le voisinage du Maroc rendait ce poste fort important. Abd-el-Kader, à bout de ressources, s'était définitivement installé sur les limites douteuses de notre colonie de l'empire, devenu, disait-on, notre allié contre lui. On ajoutait que Muley Abd-er-Rahman, pressé par nos diplomates et redoutant à la fois la concurrence de l'émir et la menace incessante de nos bataillons, s'était décidé à faire marcher, pour avoir raison d'un hôte redoutable, une armée peu nombreuse, mais choisie parmi ses plus fidèles soldats.

Tout faisait pressentir la chute prochaine de notre insaisissable ennemi, et c'était à qui de nos généraux se disputerait l'honneur de recevoir sa soumission.

Ces rumeurs n'arrivaient que tardivement à nos oreilles. Mon régiment se reposait de sa rude campagne dans les oasis en cassant des pierres sur la route de Mascara au Sig, et en réparant, tant bien que mal, les désastres causés par les pluies périodiques aux nombreux lacets du Crève-Cœur, près de la ville.

Moi, comme Sancho, je me consacrais entièrement à gouverner mon île en terre ferme. Simple sous-lieutenant, toujours, je m'occupais peu de ce qui se produisait ou pouvait se produire dans les hautes régions de l'autorité. Malgré la proposition au choix, dont j'avais été l'objet à l'inspection générale, c'est à peine si je pensais à ajouter un deuxième galon à ma casquette; et cependant, cette année même, au 5e de ligne et au 38e, mes camarades de Saint-Cyr avaient été nommés lieutenants, et j'étais en droit d'espérer bientôt une fortune semblable. Je comptais sans la République et sans M. Charras.

J'étais dans un vrai paradis, digne de Mohammed et de tous ses fidèles. Saint-André abritait des Allemandes rosées, des Juives bistrées, des Espagnoles orangées et quelques échantillons des plus jolis produits des Pyrénées-Orientales ; tout cela placé sous la protection de mon sabre.

Je faisais achever par mes ouvriers militaires une cinquantaine de maisons et planter quelques milliers de pieds de vigne, venus de Perpignan. J'avais décidément pris mon village en amour, — peut-être à cause d'une de ses habitantes, — et je suivais avec ardeur les progrès de sa population, la croissance de ses arbres et jusqu'au nombre de ses poules.

Un mouchoir blanc que j'apercevais, le soir, quand je rentrais de quelque longue tournée dans mon île, s'agiter au bout d'un jardin, à travers les tiges touffues des palma-christi, chassait d'ailleurs eñ moi toute pensée triste et me semblait une étoile suffisante à mon ciel. Je l'admirais plus que « la pôlaire » de M. Etienney. Chère étoile! elle était la mystérieuse reine d'un royaume que j'allais bientôt perdre. Mon trône était placé sur un volcan et je touchais à l'heure où il devait être renversé.

Abd-el-Kader à Sidi-Brahim m'avait fait quitter la France ; j'allais y rentrer, coïncidence bizarre, parce que l'émir était revenu à Sidi-Brahim!

Des tribus marocaines lui offraient leurs hommages directs. De toutes parts on accourait à lui. Au nombre des transfuges était le fils du précédent shérif, qui se plaignait d'avoir été dépossédé, et offrit à l'émir ses services et ceux de ses nombreux amis.

Abd-er-Rahman, qui ne le respectait que par vénération religieuse, ne fut plus retenu par rien quand il eut donné asile à son rival, et commença par fortifier le camp établi sous Thaza. La garde sévère que montaient nos troupes sur notre frontière isolait complètement l'émir, en arrêtant l'émigration.

Mais lui, plein de la parole du Prophète : « Tu ne t'arrêteras qu'après la victoire, » conçoit un plan digne des plus grands capitaines. S'il réussit, il se voit plus puissant que jamais ; s'il échoue, si la fortune l'abandonne encore, pour éviter d'être

livré par un descendant de Judas, il se livrera lui-
même.

Les Beni-Amer et les Hachem, croyant de nouveau à la mission divine du fils de Mahiddin, lui
écrivirent alors pour lui demander d'être admis à
refaire partie de sa daïra, lui affirmant que la misère et la famine seules les avaient forcés à émi-
grer pour fuir un sol constamment ravagé par les
horreurs de la guerre.

De plus, ces tribus, mises au courant de ses projets,
lui offraient, pour venir plus facilement à bout des
Marocains, de les prendre en queue, en venant le
rejoindre, tandis que lui, en s'avançant à leur rencontre, les prendrait de front et les écraserait. La
trahison fit tout avorter.

Prévenus à temps, les Marocains attaquèrent
avec des forces supérieures les tribus en marche,
les broyèrent, tuèrent tous les guerriers, et se par-
tagèrent comme un vil butin les femmes, les enfants, les vieillards et les troupeaux.

Arrêté de son côté par des forces décuples des
siennes, l'émir n'avait pu rompre la ligne de fer qui
l'enserrait, et venir au secours de ses malheureux
compatriotes. En même temps, la daïra, qui s'était
avancée avec confiance dans l'intérieur, afin de rejoindre les tribus et de les secourir au besoin, était
surprise, rompue et livrée à une affreuse boucherie.
La plupart des femmes et des enfants tombèrent

au pouvoir des cavaliers nègres du shérif, et les
deux tiers des guerriers restaient sur le champ du
massacre. Les débris fugitifs de la daïra vinrent
errer à l'aventure sur les bords de la Malouïa, jusqu'au jour où il n'y eut plus pour eux de salut possible que dans le recours à la clémence de la France.

CHAPITRE XXVI

Ces nouvelles sanglantes jetèrent, pendant quelques jours, Abd-el-Kader dans le plus grand abattement. Enfermé au fond de sa tente, la tête couverte de son burnous, il garde un morne silence, ne
répondant pas même à ses amis qui veulent le con-
soler. Mais enfin ce caractère d'acier reprend le
dessus, et comme le lion blessé qui, avant de se réfugier dans son antre où il doit mourir, cherche à
rompre la ligne des chasseurs, Abd-el-Kader songe
à s'ouvrir un passage au travers de ses ennemis.

S'il triomphe, son prestige se relève d'un seul
coup ; ses anciens partisans reviendront en foule ;
les Riffains, qui maintenant le combattent, seront
demain à lui ; il marchera sur Fez et fera, à son tour,
trembler le shérif au cœur même de ses États. Il se

souvient d'Annibal enfermé par Fabius dans un infranchissable défilé. Deux camps marocains sont maintenant devant lui : il faut ou leur échapper, ou les enlever, ou les détruire.

Il a avec lui quinze cents cavaliers et autant de fantassins. Il les réunit, les harangue, et leur montre leurs adversaires; tous jurent de faire leur devoir et de passer sur le corps des Marocains. Alors, il fait rassembler un grand nombre de chameaux et de bœufs qu'il fait enduire de poix, de graisse, de résine, et couvrir de fascines. Au milieu d'une nuit profonde, les fascines sont allumées, et ces brûlots vivants sont lancés sur les camps que commandent en personne les fils du shérif. Ces animaux, excités par les flammes et la douleur, poussant des beuglements furieux, se précipitent tête baissée au milieu des tentes ennemies. Derrière cet immense rideau de feu et de fumée s'avançaient silencieusement les cavaliers et les fantassins de l'émir prêts à frapper. Ils frappent... Tout fuit, tout se disperse; le désordre et la frayeur des Marocains paraissent à leur comble. Mais à peine Abd-el-Kader et ses réguliers sont-ils de l'autre côté du camp, que de fortes masses de soldats surgissent de terre en poussant des ricanements diaboliques, les entourent, les chargent et les écrasent.

Ici encore la trahison avait manœuvré dans les ténèbres et averti les chefs marocains.

L'émir, néanmoins, s'échappe avec quelques centaines de braves; puis, rapide comme la foudre, revient sur ses pas, traverse trois fois comme un ouragan les lignes ennemies, et parvient à dégager tous ceux de ses compagnons qui avaient été faits prisonniers. Poursuivi de près, il cherche à rejoindre les débris de sa daïra et à gagner la frontière oranaise ; mais la daïra, errante, est à chaque instant menacée d'être enlevée.

Il se précipite alors vers le sud pour prendre la route du désert. Cette route est gardée partout. Il lui fallait se soumettre aux conséquences de la trahison et à la fatalité.

Il passa la Malouïa et se dirigea, sans rencontrer d'obstacles, vers nos possessions où sa daïra s'était déjà rendue. Il espérait encore qu'une issue lui restait ouverte par le col de Kerbous ; mais, quand il essaya de s'y engager, il fut reçu par des coups de fusil.

La Moricière se tenait en personne à peu de distance avec le gros de ses troupes. L'émir n'avait plus qu'à capituler. La reddition de la daïra avait mis tout le monde sur pied.

Le chef du poste de Kerbous, nommé Bou-Khouïa, lui promit d'être son intermédiaire auprès du général. Abd-el-Kader demandait pour toute grâce d'être conduit à Alexandrie ou à Saint-Jean-d'Acre, exprimant d'ailleurs son intention d'aller finir ses jours à la Mecque.

La Moricière, qui avait grand'peur de le voir
s'échapper, s'empressa de lui faire promettre tout
ce qu'il demandait.

Notre cavalerie arrivait à la hauteur du marabout
de Sidi-Brahim, quand elle aperçut quelques Arabes,
qui agitaient leurs burnous en signe de paix. C'était
l'avant-garde des cinquante ou soixante cavaliers
qui restaient à l'émir. Bientôt il parut à son tour,
et fut présenté à La Moricière, qui l'accueillit avec
de grands égards.

Le même jour — 23 décembre 1847 — on le
mena à Djemmaa-Ghazaouet, où le duc d'Aumale
venait de débarquer, pour surveiller de plus près
le dernier acte de ce grand drame. Une première
entrevue eut lieu immédiatement. L'émir était
ému, troublé ; son visage était pâle. « Il y a longtemps que tu devais désirer ce qui s'accomplit aujourd'hui, dit-il au duc d'Aumale en l'abordant.
Tout arrive selon la volonté de Dieu. »

Il ajouta quelques mots pour recommander à la
générosité du prince ses derniers soldats, et, allé-
guant une grande fatigue, demanda à se retirer.

Le lendemain eut lieu l'entrevue officielle. Abd-
el-Kader offrit, en signe de soumission, une belle
jument noire. C'était, aux yeux des indigènes, un
acte régulier d'abdication et de vasselage vis-à-vis
de la France : « c'était une véritable révolution politique en Algérie. »

Il rappela les promesses qui lui avaient été faites par le général de la Moricière et le prince les ratifia. Le même jour, il s'embarquait pour Oran, d'où il fut dirigé sur Marseille. Il se battait contre nous depuis 1832.

Je crois devoir donner ici, à titre de curiosité, le récit de la prise d'Abd-el-Kader fait par le commandant Bazaine, chef du bureau arabe de Tlemcen, récit dont l'original, mis au net par le Maréchal à Madrid le 31 mai 1883, est en ma possession :

Pendant les derniers mois de l'année 1847, l'émir Abd-el-Kader, ne pouvant plus faire vivre sa deïra en Algérie, vint se réfugier au Maroc, parmi les tribus des montagnes du *Riff* et des *Beni-Snassen*, qui, par leur caractère indépendant et leur hostilité presque constante à l'empereur du Maroc, lui offraient un asile assuré. L'influence de l'émir paraissant s'étendre chez ces tribus, le gouvernement marocain en prit ombrage et se décida à le combattre s'il ne voulait pas sortir de bonne volonté du Maroc. Le gouvernement français, de son côté, tentait des démarches auprès de l'empereur du Maroc pour obtenir le même résultat. Enfin, dans le courant de décembre, les troupes marocaines firent éprouver un échec à Abd-el-Kader qui prit la résolution de tenter de traverser la plaine d'Oudjda pour gagner le sud de l'Afrique.

Les forces françaises campées à Lalla Maghrnia étaient sous les ordres directs du lieutenant général de la Morière. Le général de Montauban, alors colonel du 2ᵉ régiment de spahis, et le commandant Bazaine, chef des

affaires arabes, avec 500 cavaliers des contingents des
tribus de la frontière de l'ouest, surveillaient très acti-
vement les passages que l'émir aurait pu prendre ; et
enfin, dans la nuit du 21 au 22 décembre, deux *suifs*
(officiers) d'*Abd-el-Kader*, qui le devançaient, se heurtè-
rent au commandant Bazaine. Il leur donna l'assurance
que l'émir serait très bien reçu et les envoya au général de
la Moricière pour régler les conditions de la soumission
et *comme garantie leur remit son cachet arabe.*

Monsieur le duc d'Aumale, alors gouverneur général
(à 25 ans), vint d'Alger à Djemmaa Ghazaouet pour recevoir Abd-el-Kader, et le fit diriger sur France.

Le chef du bureau arabe de Tlemcen aurait pu
ajouter qu'aussitôt que La Moricière avait appris
l'arrivée d'Abd-el-Kader au milieu de nos avant-
postes, il s'était empressé d'envoyer l'ordre au
colonel de Montauban de ne pas ébruiter sa capture, afin que le duc d'Aumale eût le temps d'ac-
courir d'Alger pour en avoir l'honneur.

Montauban ne voulut rien entendre et brusqua les
événements, ce qui eût pu lui nuire, si la révolution de Février n'était arrivée presque aussitôt pour
le mettre à l'abri des rancunes princières.

Quant à Bazaine, il a pu s'apercevoir, lors de son
procès de Trianon, que le duc d'Aumale n'avait pas
oublié que lui aussi avait été mêlé à l'affaire.

On a vu plus haut que la daïra était tombée en
notre pouvoir. Voici encore à ce sujet une lettre et
un rapport de Bazaine au général de la Moricière :

24 décembre 1847.

Mon général,

J'ai l'honneur de vous adresser la liste des tentes qui composent la deïra, le chiffre total est de 590 tentes.

Je dirige sur Nemours les familles qui doivent partir avec El-Hadj Abd-el-Kader; plus les nègres, négresses ou bêtes qui lui appartenaient.

A neuf heures je mettrai là deïra en route pour aller camper aujourd'hui dans les environs de *Nadcomali*.

Ci-joint une lettre de Si-el *Haounii*. J'ai envoyé à Si-Saïd l'aman afin qu'il puisse venir à Nemours aujourd'hui.

Je suis avec respect, mon général,

Votre dévoué serviteur

BAZAINE.

A M. le lieutenant général de la Moricière.

DÉCOMPOSITION DE LA DEIRA

Beni-Ahmen Charagas.

Tentes.

Oulad-Sliman	Tayeb-o-el-Hadj Abd-el-Kader, Sy-Hamet-ben-Abd-Allah.. . .	19
Azedj.	Sy-Abd-el-Kader ben Gamen. .	15
Assassua.	Abd-el-Kader-ben-Djebara. . .	12
	Total des Charagas. . . .	46

Beni-Ahmen Sarabas.

Tentes

O-Khralfat.	Sy-Abd-Djelil.	19
	Les tentes de *Bou-Hamuly* et de El-Hadj Ham-et-o-Al-Azery (o-El-Abbéi) sont dans ce douar.	
O-Zeïr.	Sy Mᵈ Attab	1
O-Sidy-Abd-Ally.	Bet-Kassem.	2
	Total des Sarabas. . . .	22

Djaffras.

	Tentes.
Mohamed-o-Ramoun	51
Hamet-ben Abd-el-Kader.	7
Zérouki-ben-Zid	6
Djelloul-ben-Hamlett.	7
Ben-Al-Azély.	5
Total des Djaffras.	76

Beni-Meniiaria.

Mohamed-ben-Saraouy . . . . . . 13 tentes.

Hachem Cheragas.

		Tentes.
O-Aïssa-bel-Abbès o-el-Abbes.	Abd-el-Kader-o-ben-ali. . .	15
	Djélali-o-Adda-o-Moh^d. . . .	22
Hal-Egreiss ou Dreidib.	Abd-el-Kader-o-Loged.	44
Total des Hachem Cheragas.		81

Depuis la mort d'*Abda-o-Mohamed*, les trois chefs cités ci-dessus alternent pour le commandement des Cheragas, sans qu'un seul ait été nommé agha.

Hachem Sarabas.

		Tentes.
	Mohamed-o-el-Hadji-Ali (agha).	1
Emtchachil.	Mohamed-ben-Cheriff	48
	L'Habib-o-Aïssa.	
O-Hâbed.		30
O-Abd-el-Ouad.	Mohamed-o-el-Hadji-Ali. . . .	50
Total des Hachem-Sarabas.		129

Tentes.

O-Sidy-Aïssa du sud-est Ziban.	Sidy-Hamet-ben-Amar, ex-khalifat du Ziban.	20
El-Boussea.	El-Hadj-Hamet-ben-Abd-el-Baki.	44
Beni-Chougram.	Hamet-bel-Bou-Kouch.	45
Beni-Mdian.	Moustapha-bel-Abbes.	8

Total des fractions isolées. . . 117

Deïra proprement dite . . . . 106 tentes.

Ces *106* tentes sont composées de gens qui campaient presque toujours avec le douar de El-Hadji *Abd-el-Kader*, et sont de toutes les tribus de la province. Le temps a manqué pour en dresser la liste détaillée.

Total général : 590 tentes.

Réguliers.

Infanterie.	Sy-el-Missoum (agha). Mohamed-bel-Khréir (id.) Mohamed-ben-Khaelda (id.) Bouzid. Sous-officiers et soldats : 55 hommes. Les aghas ont leur tente, mais généralement les soldats sont sans famille.
Khrüla.	Kaelda bel Hachemi (agha). Etfiany (agha), 23 cavaliers. Segroü-ben-Iklef (agha). L'Harbi-ben-Hammon (agha).

Les cavaliers de *Kaelda-bel-Hachemi* sont avec lui à Nemours, ainsi que ceux du fanion de Ben-Iklef et de l'*Harbi-ben-Hamour*.

Toutes les illustrations algériennes furent prises

au dépourvu par cet événement. Sans doute,
l'émir poursuivi, traqué par nos colonnes volantes,
ne pouvait plus tenir longtemps. Mais chaque chef
espérait le prendre de vive force, en 1848, au plus
tôt. Sa décision trompa bien des ambitions et des
espérances, et dérouta pas mal de combinaisons
politiques et militaires.

Chacun ne s'en hâta pas moins de revendiquer
une part, et la plus large possible, dans ce succès
inespéré. Le général La Moricière, le mieux placé,
n'eut qu'à laisser parler certains journaux de
Paris en sa faveur, et pour être plus sûr de son
fait il se détermina à partir pour la France, après
avoir adressé de nouveau les reproches les plus
amers au colonel de Montauban.

La mauvaise volonté de cet officier supérieur
avait obligé le général à faire établir un dossier
relatif à la soumission de l'émir, et destiné à
prouver que si le duc d'Aumale n'avait pu avoir les
honneurs de cette prise importante, la faute ne
pouvait en être attribuée au commandant de la division d'Oran.

La lettre suivante, dont l'original est entre mes
mains, ne laisse aucun doute sur l'établissement
de ce dossier :

Oran, 8 janvier 1848.

Mon cher commandant,

Au moment de partir pour France, je m'aperçois

que je n'ai point en ma possession la lettre que j'ai écrite
à Abd-el-Kader le 22 décembre. Cette lettre m'est tout
à fait indispensable pour compléter mon dossier relativement à la soumission de l'émir. Si par hasard une
copie de cette lettre ou une traduction se trouvait parmi
vos papiers, je vous prie de l'adresser sans retard au
capitaine de Senneville, mon aide de camp, qui reste à
Oran et qui me la fera parvenir.

Recevez, mon cher commandant, l'assurance de mon
attachement.

Le lieutenant général commandant la province d'Oran,

DE LA MORICIÈRE.

M. le commandant Bazaine,
    chef du bureau arabe de Tlemcen.

Le général Cavaignac qui, depuis quinze jours,
avait quitté Paris pour revenir au chef-lieu de sa
subdivision — subdivision heureuse puisqu'elle
avait été le théâtre de la prise de l'émir — fit valoir bien haut ses titres.

Le général Renault avait remplacé Cavaignac à
Tlemcen pendant ses trois mois de congé, et il
était rentré à Mascara juste au moment précis de
l'aventure ! Il ne s'en consolait pas. Au milieu des
officiers du 6e léger, son beau, son ancien régiment,
réunis tout exprès pour l'entendre, il attribuait à
ses habiles dispositions, ainsi qu'à la crainte que
son nom inspirait aux Arabes, tout le mérite de
l'affaire.

Tous, tous, jusqu'aux simples mâtins, intendants, chefs de bureaux arabes, prétendaient à un fragment de la peau du lion du prisonnier.

Or, la vérité vraie, la voici :

Ce furent les dispositions habiles prises par le maréchal Bugeaud ; ce furent ses colonnes mobiles, légères, agissant depuis la Tunisie jusqu'au Maroc, et perpendiculairement à la mer, qui, ayant depuis 1844 poursuivi Abd-el-Kader, — au prix de quelles fatigues, Dieu le sait ! — de province en province, de refuge en refuge, lui avaient successivement enlevé l'appui des tribus rapprochées, puis celui des tribus lointaines, pris ses tentes, ses convois, en partie sa daïra, et enfin l'avaient acculé à ce Maroc où il espérait trouver un sûr abri ; ce fut, Muley Abd-er-Rahman, à qui l'on dut de tenir en notre pouvoir notre irréconciliable adversaire. Les sévères leçons d'Isly, de Mogador et de Tanger agirent moins sur sa détermination tardive d'exécuter le traité qu'elles lui avaient imposé, que le soin de sa sûreté personnelle et de la conservation de sa couronne, menacées par l'énorme influence politique et religieuse donnée à l'émir par sa longue lutte contre les *Roumis*. Les Halaf ne prirent les armes, pour seconder, à la dernière extrémité, les troupes marocaines, que lorsqu'elles eurent dépassé Thaza.

Le rôle des autres personnages eut sa haute utilité, sans doute ; mais le dénouement de l'action

surgit indépendant de leur habileté et de leur vouloir. Ils ne furent que des comparses.

Beaucoup s'indignèrent des conditions faites à
l'émir, même après que le gouvernement de Louis-
Philippe, prétendant que les engagements de La
Moricière et du duc d'Aumale étaient téméraires
et qu'ils avaient outrepassé leurs pouvoirs, l'eût
emprisonné au fort Lamalgue.

Ces gens ne se rappelaient que du massacre des
prisonniers français, en oubliant les tueries ordonnées par Yusuf et compagnie ; les déplorables habitudes de sauvagerie et de représailles à outrance
contractées par nos soldats ; les grands chiens européens, nourris par l'administration militaire et
répartis par compagnies, dressés à la chasse aux
Kabyles qui, voulant être libres, avaient refusé
leur concours à Abd-el-Kader et auxquels on avait
promis qu'il ne leur arriverait aucun mal de notre
part, s'ils gardaient la neutralité ; les soldats du
maréchal Bugeaud coupant les quatre membres aux
femmes, qui n'étaient pas toujours des cadavres,
pour s'emparer des cercles d'argent rivés à leurs
jambes et à leurs bras, et leur arrachant lès oreilles
pour avoir plus tôt fait, afin de leur prendre leurs
anneaux, etc., etc.

D'autres, ne considérant que ses talents, son patriotisme, sa qualité de prisonnier volontaire, auraient voulu que l'on respectât la parole d'un fils

de roi donnée au fils de Mahiddin. Les ministres
qu'effrayait la possibilité de sa rentrée en Algérie
où il ne manquerait pas, selon eux, de recommencer à prêcher la guerre sainte, ne s'arrêtèrent pas
un instant à cette opinion.

Pourtant Abd-el-Kader ne resta pas, comme on
sait, au fort Lamalgue. Il fut interné au château de
Pau, puis à celui d'Amboise où Louis-Napoléon
le visita, lors de la proclamation de l'empire, et lui
rendit la liberté, contre sa promesse de ne jamais
retourner en Algérie.

Par cet acte de générosité politique, le nouvel
empereur affirmait sa force aux dépens des d'Orléans, et, qui sait? pouvait prétendre avoir reçu le
fameux empire arabe, l'un de ses rêves, des mains
de l'homme qui avait essayé de le fonder sur les
ruines de la souveraineté turque.

A Alger, comme à Paris, la reddition de l'émir
parût plus importante que plusieurs victoires et
l'on y vit la fin de la guerre d'Afrique. Le 6 janvier 1848, un *Te Deum* solennel, prescrit par l'évê-
que, fut chanté dans toutes les églises catholiques
des trois provinces. Chant d'actions de grâces inutile et encens brûlé bien mal à propos. On allait
bientôt s'apercevoir qu'Abd-el-Kader « n'avait emporté avec lui ni le génie arabe, ni la haine que
portent aux chrétiens les sectateurs du Koran »,
comme l'écrivait Yusuf; que l'étincelle couvait sous

la cendre et qu'il suffisait d'un souffle pour la rani-
mer.

On allait voir également que si, comme l'a dit
M. A. de Broglie, « le meilleur produit que nous
ayons tiré du sol africain était notre armée d'A-
frique », cette armée continuait plus que jamais à
regarder le sol qu'elle occupait comme un champ
fertile, où poussaient rapidement et en grand
nombre les fortunes militaires, et où la chasse au
Bédouin rapportait de plantureuses curées.

CHAPITRE XXVII

Dans les premiers jours du mois de mars 1848,
la proclamation suivante fut mise à l'ordre du jour
de la subdivision de Mascara :

Au quartier général à Alger, le 3 mars 1848.

M. le général Changarnier remplira par intérim les
fonctions de gouverneur général jusqu'à l'arrivée à
Alger de M. le général Cavaignac, nommé gouverneur
général de l'Algérie.

En me séparant d'une armée, modèle d'honneur et
de courage, dans les rangs de laquelle j'ai passé les
plus beaux jours de ma vie, je ne puis que lui souhaiter
de nouveaux succès. Une nouvelle carrière va peut-être
s'ouvrir à sa valeur : elle la remplira glorieusement,
j'en ai la ferme conviction.

Officiers, sous-officiers et soldats, j'avais espéré com

battre encore avec vous pour la patrie ; cet honneur
m'est refusé... mais du fond de l'exil, mon cœur vous
suivra partout où vous appellera la volonté nationale•:
il triomphera de vos succès ; tous ses vœux seront toujours pour la gloire et le bonheur de la France.

HENRI D'ORLÉANS.

La France était en république.

Le nouveau pouvoir, se berçant des mêmes illusions que celui qu'il remplaçait et regardant du
côté des Alpes, enleva d'un seul coup dix régiments
inutiles à l'Algérie. Le 6ᵉ léger fut du nombre. Il
reçut l'ordre de quitter Mascara, de partir pour
Oran où l'attendaient les bateaux qui devaient le ramener en France, et je dus dire adieu à mon cher
village de Saint-André, pour ne plus jamais le revoir. Je donne ici l'ordre de la division dans lequel
le général Pélissier, commandant par intérim, nous
fit ses adieux. Il ne contient rien que notre régiment ne méritât, puisque nous avions perdu en
sept ans 22 officiers par la maladie ou par le feu
de l'ennemi ; mais il est d'autant plus précieux pour
le corps, qu'il émane d'un général qui n'avait pas
l'habitude de flatter ni celle de s'attendrir :

ORDRE DE LA DIVISION

Au quartier général à Oran, le 9 avril 1848.

Officiers, sous-officiers et soldats du 6ᵉ régiment d'infanterie légère, recevez les adieux de la garnison d'Oran.

Ce n'est pas sans émotion que je vous ai transmis les ordres qui vous rappellent dans la patrie. Parmi les vaillants régiments qui ont dignement soutenu, en Algérie, la réputation de l'infanterie française, vous êtes celui peut-être auquel m'a le plus souvent réuni ma destinée militaire : de loin comme de près, je vous serai toujours lié par le souvenir du danger.

Vous débarquiez à Mers-el-Kébir, il y a sept ans, le 3 avril 1841 ; vos premières opérations se concentrèrent dans la zone d'Oran, de Mostaganem et de Mascara ; vous étiez à la seconde prise de possession de cette capitale de l'émir. Vous avez vu flotter votre drapeau sur les ruines fumantes des forts de Tegdempt et de Saïda, par lesquels il croyait avoir assuré sa puissance militaire.

Bientôt s'ouvrit cette campagne de Mascara, titre si brillant pour le jeune général qui a tout fait pour l'avenir de cette province et pour la gloire de nos armées.

Il vous souvient, soldats, de cette vie d'épreuves... Bien grandes étaient les difficultés, mais plus grands encore furent votre discipline, votre patience, votre courage. Rien n'abattit vos cœurs intrépides, ni les marches incessantes, ni la faim, ni les neiges de Frendah.

En 1843, vous occupiez Bel-Assel et Orléansville, vous coopériez à la soumission de la vallée du Chéliff et des revers de Soumata et du Mouzaïa.

En 1844, on vous voit partout : à Bel-Assel, à Mostaganem, à Zebdou, à Aïn-Témouchent, à Lalla-Maghrnia, à Djemma-Ghazaouâ ; vous assistiez à la journée d'Isly : là, sous les regards victorieux du Maréchal, nous avons vu fuir, désespérée, cette cavalerie si nombreuse et si vantée du Maroc.

En 1845, quelques fanatiques tentaient une surprise sur votre garnison de Sidi-Bel-Abbès ; ils y trouvèrent leur tombeau. Bientôt, passant dans la province d'Alger, vous gravissiez les pentes de l'Ouaranséris; puis vous entriez dans le Dahra, où vous avez contribué à châtier complètement des tribus insolentes et perfides. L'expédition de Delhys vint couronner tant de marches et de travaux. Depuis rentrés dans l'Est, vous avez occupé Tlemcen et Mascara, et trois fois vous avez pris part aux courses lointaines exécutées dans le désert.

Pendant sept ans de séjour, vous vous êtes embarqués six fois. Vous avez fourni deux généraux à l'armée d'Afrique, et tous deux s'enorgueillissent de leur titre de colonel.

Vous partirez, braves soldats du 6ᵉ léger, avec la conscience du devoir accompli; vous partirez animés de cet esprit d'union et d'ordre qui a toujours fait de votre régiment une famille généreuse : ce lien sacré de la discipline, qui vous a rendus si forts devant l'ennemi, vous le rapporterez intact au sein de la République.

Jusqu'à ce jour rien n'a pu l'ébranler chez vous, ni chez vos frères d'armes de la province : c'est là ce qui fait la dignité et la force de cette division et de cette noble armée d'Afrique, dans le cœur de laquelle seront empreints à jamais le respect des lois militaires et l'amour de la patrie.

Le général de brigade, commandant la province
d'Oran par intérim,

Signé : PÉLISSIER.

Pour ampliation :
Le chef d'état-major de la division,
 Signé : DE CISSEY.

Le 23 avril, j'étais en mer sur un vapeur dont je ne me rappelle même plus le nom; le 25, je dé-

barquais à Port-Vendres et le 6ᵉ léger se dirigea
sur Avignon. Tout chemin mène à Rome.

A peine les troupes rentrées en France eurent-
elles été concentrées pour former l'armée des
Alpes, que les marabouts prêchèrent à qui mieux
mieux. Ils avaient vu distinctement de saints guerriers, destinés à chasser des infidèles qui avaient
détrôné leur roi et étaient menacés d'une coalition
européenne.

Du reste, quand les marabouts manquent de
raison immédiate pour une prise d'armes, ils en
ont toujours une sous la main. Un de leurs saints
a prédit que les Français seraient jetés à la mer
l'un des septièmes anniversaires de la prise d'Alger. C'est toujours infailliblement une insurrection
septennale, ici ou là, sur la planche, sans compter
celles que chacun est libre de provoquer dans les
moments de chômage : bureaux arabes, pour se
donner de l'importance ; grands chefs arabes, pour
se venger d'administrés peu dociles à leurs exac-
tions ; chefs militaires, pour conquérir un galon,
deux ou trois étoiles.

On ne chôma guère en Algérie, où une nouvelle
couche de généraux avait besoin de se produire,
après la révolution de Février.

Tout en se battant un peu partout, on en finit
avec Ahmed, l'ex-bey de Constantine, qui avait
assez duré et dont la voix ne trouvait plus d'écho

parmi les populations. Il était si peu redoutable qu'on l'interna simplement à Alger, où il mourut le 30 août 1850; mais sa capture fit des heureux.

En 1849, Bou-Zian, qui s'était fait remarquer en 1833 et 1838, lors de la double attaque d'Ahmed-Bey et d'Abd-el-Kader, nécessita le siège de Zaatcha, qui fut suivi d'une répression après laquelle les Sahariens restèrent frappés d'une terreur profonde, mêlée de plus de haine encore.

Bou-Zian s'était rendu. On le fusilla.

En 1850, ce fut le tour de la Kabylie. Il était nécessaire, urgent, de mettre en belle et vive lumière Saint-Arnaud qu'on voulait grandir en vue du coup d'État.

En 1851, toujours l'insurrection kabyle. Camou et Bosquet brûlent plus de trois cents villages — trente dans un seul jour — et des milliers d'oliviers. Ils ne se reconnaissent plus au milieu du massacre : des tribus amies sont égorgées et les habitants d'un village, restés tranquillement chez eux, fusillés sur un soupçon.

En 1852, les guerriers de Laghouat, que nous avons vus nous aider à piller leurs voisins, se soulèvent à la voix du marabout Mohammed-ben-Abdallah, et sont châtiés... à la française.

Les tribus limitrophes du Maroc sont, elles, en perpétuelle insurrection et font courir nos colonnes, auxquelles elles échappent dans les sables.

En 1854, le colonel Desvaux se dirige sur Tuggurt, dont le bey avait offert ses services, qui furent rejetés :... les deux étoiles! Pendant qu'il envoie chercher des échelles à Biskra, pour franchir une muraille, entourée d'eau, à laquelle il ne s'attendait guère, le chef d'escadrons Marmier, de son régiment, — le trait est noir, — battant l'estrade, livre avec ses spahis, appuyés de chasseurs d'Afrique, un combat en avant de la ville et y pénètre pêle-mêle en poursuivant les fuyards, par la porte qu'ils n'ont pas le temps de refermer. Tuggurt est pillée de fond en comble, au grand déplaisir du colonel, très arabophile, qui arrive trop tard avec ses échelles... Mais le commandant Marmier eut le cinquième galon qu'il rêvait, et le colonel reçut ses deux étoiles comme fiche de consolation.

En 1857, le maréchal Randon, que les lauriers de Saint-Arnaud empêchaient de dormir, monte à l'assaut de la Kabylie *pour exercer* ses vingt-cinq mille hommes, et y recommence les incendies de ses prédécesseurs.

C'est dans cette expédition qu'on vint dire au général Yusuf : « Encore une tribu, mon général, qui en a assez et demande aussi l'aman. » — « Non, répondit Yusuf; il y a là sur notre gauche ce brave colonel qui n'a encore rien eu. Laissons-lui cette tribu à éreinter; cela lui fera un bulletin : on donnera ensuite l'aman. »

Pendant l'hiver 1858-1859, un marabout, du nom de Si-Saddock, prêcha la guerre sainte dans le sud de la province de Constantine. Le général Desvaux, qui commandait la subdivision de Batna, marcha contre cet aventurier précieux, que quatre hommes et un caporal auraient suffi pour arrêter au début. Il le laissa bien pérorer, recruter des adhérents tout à son aise et, même, venir l'insulter jusque dans son camp.

Ce ne fut que sur la menace du général commandant la division d'envoyer son chef d'état-major prendre la direction des opérations et en finir qu'il attaqua et prit son adversaire. Le combat fut brillant — tous les partisans du marabout, sauf une trentaine, se sauvèrent — la lutte avait été longue et pénible. Si-Saddock valut au général sa troisième étoile et à sa colonne des promotions et des récompenses.

Le voyage de l'empereur en Algérie, voyage pendant lequel ses idées d'empire arabe, lui firent pencher la balance contre les colons en faveur des indigènes, exalta l'orgueil de ceux-ci. Et pourtant Napoléon III faillit trouver sur le sol africain la fin de ses aventures.

Près de Relizane et avant d'arriver à la ville, les Arabes se ruèrent sur sa voiture et l'entourèrent avec tant d'insistance, que lui et son entourage crurent qu'ils étaient tombés dans un piège. Aussitôt cris, fureur ; on fait demi-tour au galop et l'on tance d'importance le bureau arabe qui n'avait pas prévenu un pareil désordre.

A ce bureau, on avait proposé le chaouch pour la croix. Tout fut manqué, puisque l'empereur s'était retiré en toute hâte. Cet Arabe, furieux de l'échec de sa croix — parce qu'elle aurait été payée, — s'exprimait hautement et avec violence contre Napoléon, disant que, s'il avait prévu pareille chose, il l'aurait fait mettre en pièces par les Arabes. « Il était sur les lieux, disait-il, à l'incident de la calèche, et il n'avait pour cela qu'un signe à faire. »

Ce voyage, malgré les faveurs et les grâces dont le souverain combla ses nouveaux sujets, et l'accueil que reçurent aux Tuileries leurs chefs, attirés à Paris, ne changea absolument rien aux mœurs et coutumes algériennes.

Pour l'Arabe, le Roumi resta l'envahisseur à jeter à la mer à la première occasion et, pour le Roumi, l'Arabe un excellent terrain pour faire pousser la graine d'épinards et la fortune.

Les révoltes succédèrent aux révoltes à brefs intervalles. Les oreilles des indigènes valurent longtemps encore dix francs la paire et leurs femmes demeurèrent, comme eux d'ailleurs, un gibier parfait.

En 1864, ce sont les Oulad-Sidi-Cheikh avec Si-Sliman qui tue le colonel Beauprêtre et est tué par lui. Après Si-Sliman, son frère, Si-Mohammed-ben-Hamza, réunit dans une levée commune de boucliers, Oulad-Sidi-Cheikh, Laghouatis et autres tribus oranaises. En plein Tell, près de Mostaganem, les Flittas font à leur tour défection, entraînant les Harars et les Beni-Ourag... Et cependant c'est le terrible maréchal Pélissier qui gouverne l'Algérie !

Un marabout célèbre, Si-Lala, se joint à Si-Mohammed-ben-Hamza et, celui-ci tué à Garet-Sidi, continue la guerre sans interruption, en se réfugiant, après chaque défaite, dans les régions inaccessibles du Sahara.

En 1871, au bruit de nos désastres, Si-Kaddour-ben-Hamza, chef religieux en même temps que politique, vint appuyer Si-Lala, tandis que Mokrani, ancien invité de Napoléon III à Compiègne et commandeur de la Légion d'honneur, traité avec insolence par les bureaux arabes, faisait reprendre les armes aux Kabyles, qui brûlèrent vifs nos colons.

Mokrani fut tué. Si-Lala disparut. Mais Si-Kaddour, indompté, parvenait, en 1879, à nous mettre sur les bras les montagnards de l'Aurès, et Bou-Amena massacra tout sur les Hauts Plateaux en 1880.

C'est au milieu de ces luttes que la mission Flatters fut détruite et que celles des ingénieurs Choisy et Pouyanne, qui poursuivaient le même but, durent rétrograder. Elles furent assez heureuses pour se replier sans catastrophe.

La tactique des rebelles de s'enfoncer dans le désert pour se dérober à nos coups a eu pour conséquence de nous faire étendre notre domination, plus nominale qu'effective, sur des contrées pour nous inhabitables. Tuggurt était déjà loin, puisqu'il nous a fallu en confier la garde aux tirailleurs. Nous avons dépassé El-Goléa, dans le pays des Chamba, à un degré et demi de latitude au sud de Tuggurt : qui trop embrasse, mal étreint.

Il résulte de cette extension anormale, des colonnes expéditionnaires forcées, courant au milieu des sables en hiver pour faire rentrer les impôts dans les oasis les plus reculées... et chercher l'occasion de quelque coup de main fructueux. On tâte le Saharien.

Les régiments du corps d'armée ayant à garder des espaces considérables se trouvent disloqués en détachements, placés à de grandes distances les uns des autres, et ne sont plus dans la main de leurs colonels, au détriment de leur instruction et de la discipline. C'est la désorganisation en permanence. La chasse aux Khroumirs et aux tribus tunisiennes, suivie de l'établissement de notre protectorat, n'a pas amélioré les choses.

Il ne sera pas sans intérêt de placer ici le jugement que le général Trochu a porté dans son livre remarquable, l'*Armée française en* 1867, sur l'état d'infériorité dans lequel la guerre d'Afrique a mis nos troupes, au point de vue de la tactique :

« La conquête de l'Algérie et les insurrections qui nous ont plus d'une fois troublés depuis la conquête, ont été pour l'armée française une école de guerre d'un haut intérêt. Il y a fallu de considérables efforts de toute sorte qui nous ont appris à résister aux grandes fatigues, à exécuter de pénibles travaux, et qui nous ont conduits à vaincre un ennemi entreprenant, mobile à l'excès, difficile à saisir. Mais en dehors de quelques actions de guerre d'exception, qui ont exigé un certain déploiement de forces engagées suivant des règles déterminées, nos opérations avaient pour objet habituel de « battre l'estrade », comme on disait autrefois. Des luttes partielles, souvent imprévues, quelquefois dramatiques, exerçaient continuellement l'intelligence des officiers, des sous-officiers, des soldats, et développaient parmi nous des habitudes d'*individualisme militaire* qui sont devenues excessives. En un mot, notre éducation pratique de combat comporte une certaine part de laisser aller et de décousu, auxquels il faut appliquer des redressements, en vue de grandes opérations de la guerre ordinaire et des batailles en ligne, qui exigent absolument le calme, le coude à coude, la méthode, dans un ensemble silencieux et bien ordonné. »

Le général Yusuf nous a dit qu'Abd-el-Kader n'avait emporté avec lui ni le génie arabe, ni la haine que

portent aux chrétiens les sectateurs du Koran, haine
que nous avons tout fait pour accroître. Il va nous
apprendre que nous ne les civiliserons pas :

« L'Arabe sobre, se contentant de peu, — écrit-il
(*De la guerre en Afrique*) — préfère sa tente à nos
plus beaux palais. Nos arts, notre industrie, il les dé-
daigne. Il n'a pas changé depuis les âges bibliques ;
ses mœurs, et même son costume, sont restés
immuables. Enfin, il n'éprouve aucun des besoins
d'un peuple civilisé ; et lorsque nous le traitons de
barbare, il nous prend en pitié ; il veut vivre et
mourir comme vécurent et moururent ses pères. »

Une anecdote fera comprendre pourquoi les Arabes
dédaignent nos arts.

Je connaissais assez intimement un tout jeune
homme, fils du général Mustapha, notre allié, et
l'ennemi personnel d'Abd-el-Kader, qui avait fini
par le faire tuer par surprise. Or, en causant avec
cet indigène, lequel parlait assez bien le français,
lorsque jouait notre musique, il me dit tout naïve-
ment qu'il ne comprenait pas pourquoi les musi-
ciens jouaient tous ensemble, ce qui produisait un
charivari effrayant à son oreille ; tandis qu'un solo
de cornet à piston, de petite flûte ou de tambour,
lui faisait tant de plaisir.

Cette impression du jeune chef arabe était par-
tagée par tous ses coreligionnaires. En un mot,
autant ils étaient sensibles à la mélodie, autant

l'harmonie les trouvait indifférents et fatigués.

Je compris alors que la musique était une science qui, comme toutes les sciences, demandait une étude approfondie; et que ce sentiment du jeune Arabe devait être celui des enfants qui ne deviennent harmonistes que par goût, par habitude, et lorsqu'une oreille juste se joint à l'expérience.

Ce n'était pas tout. En peinture, nos pauvres Arabes étaient à peu près aussi forts qu'en musique.

Je me rappelle avoir montré au jeune Mustapha des lithographies d'après les tableaux d'Alfred de Dreux. Certes, si un sujet devait lui plaire, c'était la reproduction fidèle sur le papier du noble compagnon de ses courses, de sa tente, de ses plaisirs. Eh bien! il n'y voyait rien absolument que du blanc et du noir, et j'étais obligé, pour ouvrir son intelligence à la compréhension du dessin, de lui en détailler toutes les parties :

— Vois-tu là une oreille?

— Oui.

— Un œil?

— Oui.

— Une bouche?

— Oui.

— Alors, tu vois la tête ?

— Ah ! oui.

— Vois-tu le cou, le ventre, le dos, les jambes, la queue, etc. ?

— Oui.

— Tu vois donc tout le cheval.

Et ma main lui faisait suivre avec la sienne les contours du dessin. Il paraissait tout surpris et comme des ombres épaisses tombaient de ses yeux.

Mais si, en peinture, la démonstration était facile, il n'en était pas de même pour la musique.

Arabes et Français n'ont échangé que leurs vices, en gardant avec un soin jaloux leurs qualités respectives.

Un jour, un spahi, Hassen-ben-Signy, se promenait *très ému* par les rues de Constantine. Il pressait amoureusement sur son cœur une bouteille d'absinthe et criait aux passants : « Voilà la civilisation française ! »

Civiliser des nomades, c'est-à-dire les transformer, quel rêve !

Phéniciens, Romains, Vandales, Grecs de Byzance et Turcs les ont tenus sous le joug sans y parvenir. Ils ont toujours été et seront toujours ces Numides, dont Jugurtha et Abd-el-Kader furent les plus hautes expressions.

Tous les conquérants qui ont passé sur leur sol ont été obligés d'y entretenir de nombreuses armées, qui ruinaient presque autant le vainqueur que le vaincu. Seuls, les Turcs ont échappé au sort commun et Kheïr-Eddin, le second Barberousse, avait conquis toute la Régence d'Alger avec

moins de huit mille Osmanlis ou renégats; mais
les envahisseurs étaient de la même religion que
les envahis, et les tribus, divisées entre elles
comme elles le sont encore, n'avaient pas pour les
grouper contre l'ennemi le fanatisme suscité par
la crainte de voir le triomphe d'un culte étranger.

Depuis que l'Algérie est en notre possession,
trois moyens ont été proposés pour asseoir définitivement notre conquête :

L'assimilation, c'est-à-dire la civilisation des
Arabes dont nous venons de voir la difficulté, pour
ne pas dire l'impossibilité absolue;

Leur refoulement dans le désert;

Leur destruction complète.

Ces deux dernières façons d'agir, qui ont eu de
chauds partisans et tendent, toutes les deux, au
même résultat, ne nous paraissent pas dignes de
discussion. Les dénoncer suffit pour qu'une nation
comme la France les repousse.

C'est dans le caractère des indigènes que nous
trouverons, si nous le voulons sérieusement, le
moyen de nous les attacher autant qu'ils peuvent
l'être. L'intérêt les domine et par lui nous pouvons
les dominer à notre tour.

Au nombre des qualités de l'Arabe, la reconnaissance brille au premier rang.

Nos bienfaits répandus sur eux ne risquent donc

pas de tomber sur une pierre où ne saurait germer aucune semence.

On a dit à leur sujet un mot cruel :

« Lorsqu'on les voit, on les aime ; quand on commence à les fréquenter, on les hait; et, plus ample connaissance faite, on les méprise. »

Cette appréciation était fort en faveur au moment où les Arabophiles malgré tout luttaient contre des adversaires non moins exclusifs. Ce temps est loin, et nous croyons qu'à l'heure actuelle, on juge les Arabes avec plus de raison, sans enthousiasme irréfléchi, comme sans parti pris de haine. L'exagération de ces deux sentiments a causé plus de maux qu'on ne le croit généralement à notre colonie, à nos colons, et même à notre armée.

L'Arabe doit être convaincu de notre force invincible, de l'impossibilité matérielle de nous chasser jamais et, en même temps, appelé par nous à jouir de tout le bien-être que comportent notre civilisation plus avancée que la sienne, notre science et nos arts.

Peuple pasteur et agricole, il ne peut être insensible à ce que nous ferons pour qu'augmentent entre ses mains les produits de sa terre et de son troupeau.

On voulait le refouler dans le désert ! Refoulons, au contraire, le Sahara le plus possible. Agrandissons les oasis. Faisons-en surgir de nouvelles du milieu des sables, en amenant à leur surface les eaux des rivières qu'ils ont englouties et qui n'en coulent pas moins à des profondeurs que nos instruments perfectionnés se feront un jeu d'atteindre. L'Arabe nous en tiendra compte et sera désarmé, s'il est trop vieux croyant pour s'attacher bien franchement à nous.

Qu'on se souvienne des massacres de Syrie. La générosité de la France envers Abd-el-Kader a valu alors aux chrétiens d'Orient la puissante protection de celui-ci, et son palais de Damas a servi de refuge à bien des missionnaires et à bien des néophytes.

Le peuple arabe ressemble en ceci à son ancien chef, c'est qu'il est rare que l'ingratitude habite son cœur.

FIN

TABLE DES MATIÈRES

Paris. — Typ. G. Chamerot, 19, rue des Saints-Pères. — 27026.

9 782014 025484